中国社会调查报告

CHINA SOCIAL RESEARCH REPORT

# 中国卡车司机调查报告 No.2

## 他雇·卡嫂·组织化

## Chinese Truck Drivers II: Employment,Kasao and Organization

传化慈善基金会公益研究院“中国卡车司机调研课题组” 著

# 出版者的话

调查研究是谋事之基、成事之道。没有调查，就没有发言权，更没有决策权。研究、思考、确定全面深化改革的思路和重大举措，刻舟求剑不行，闭门造车不行，异想天开更不行，必须进行全面深入的调查研究。

习近平，2013 年 7 月 23 日

改革开放四十年来，我们对于中国历史和现状的研究都取得了重大进步，获得了丰硕成果，对于民众、决策层、学者从多个角度了解国情、制定政策、发展学术发挥了实实在在的作用。但必须看到，当代中国发生的巨变是结构性、整体性、全方位、多层面、多纵深的，再加上国际形势和全球化趋势的深刻影响，数字化和新技术的迅猛发展，中国的经济发展、社会结构、产业运行、组织机制、日常生活、群体身份、文化认同等方面都正在发生巨大变迁，这增加了认知的难度。

在这一背景下，重拾调查研究，对于我们深刻准确地了解国情无疑是一条重要的渠道。在诸种调查研究中，基于学术和学科的专题调查研究具有特别重要的意义。它能够提供对某个问题较为透彻、深入的理解，是把握国情的重要保障。有鉴于此，从 2018 年起，我们开始推出“中国社会调查报告”系列。

“中国社会调查报告”是面向整个社会科学界征稿的开放性系列图书，分主题定期或不定期连续出版。每部报告的出版都需经过严格的专家评审、专业的编辑审稿，并辅以定制式的学术传播，其目标是促进调查报告的社会影响、学术影响和市场影响的最大化。

报告的生产应立基专业学术，强调学理性，源于专业群体的专门调研，是学界同人合作研创成果。

报告应拥有明确的问题意识、科学严谨的方法、专业深度的分析、完善的内容体系，遵循严格的学术规范。

每部报告均面向边界清晰的调研对象，全面深入展现该对象的整体特征和局部特征。

报告的写作应基于来源统一的数据，数据的收集、分析、呈现遵循相应规范。数据既可以是定量的，也可以是定性的，可以通过问卷、参与观察、访谈等方式获得。

报告应提供相应结论，结论既可以呈现事实，也可以提供理解框架，还可以提供相应建议。

报告应按照章节式体例编排。内容应包括三部分，一是交代调查问题、调查对象和调查背景，二是交代调查方法、调查过程、数据获得方式、调查资助来源，三是分主题呈现调查结果。

报告应具有充分的证据性和清晰性，提供充足的证据证明结果和结论的正确性，报告的写作应清晰、一目了然，前后具有明确一致的逻辑。

报告应提供一个内容摘要，便于读者在不阅读整个报告的情况下掌握其主要内容。

“中国社会调查报告”将按照每部报告的篇幅分为两个系列，一为小报告系列，二为常规报告系列。前者为 10 万字以下的报告，后者为 10 万字以上甚至三五十万字的报告。

希望“中国社会调查报告”能为理解变动的世界提供另一扇窗口，打开另一个视界。借着这些调研成果，我们可以建设更美好的社会。

社会科学文献出版社社会学出版中心

2018 年 1 月 29 日

# 内容提要

在2018年3月出版《中国卡车司机调查报告No.1》时，我们已经说明，本课题组对中国卡车司机群体的调查将会持续开展三年，每年出版一个调查报告，每个调查报告都有不同的侧重点，而三个报告合拢起来，将力求比较全面地反映中国卡车司机的现实状况。现在出版的《中国卡车司机调查报告No.2》就是第二本报告，包括三个不同的主题："他雇卡车司机的群体特征与劳动过程"、"卡嫂：男人世界中的女人"以及"卡车司机的组织化"，故在结构上分为三篇。

亓昕和周潇承担了第一篇"他雇卡车司机的群体特征与劳动过程"的调研与写作。第一篇分为四章，在交代了调查方法和样本情况后，她们把主要的研究发现概括为六点。

第一，与自雇卡车司机一样，他雇卡车司机是一个以男性和农村户口为主、受教育程度较低、家庭负担较重的职业群体。他们的年龄集中在31岁到45岁，这与自雇卡车司机有所不同，表现出资本对精壮劳动力的甄选和青睐。

第二，相当比例的他雇卡车司机曾经自己养过车，他们从"自雇"转向"他雇"的一个主要原因是不愿承受自己养车的风险和压力。他雇卡车司机更换雇主较为频繁，但是他们一旦认定雇主，也可能长时间为之工作。高度的流动性和适当的稳定性并存是他们从业的一个特点。

第三，他雇卡车司机的工作强度大，收入相对较低，健康状况堪忧。绝大部分他雇卡车司机认为自己处于社会的下层。因为驾驶卡车风险大、收入低等原因，他们不愿意子从父业。一些卡车司机希望未来可以“转行”，但是事实上可供他们选择的职业很少，向上流动的空间也十分有限。

第四，不同雇佣模式导致他雇卡车司机的劳动过程存在差异。在个体雇佣模式下，工资计算方式往往以包月制为主；时间要求相对宽松；工作任务较为繁杂；个体车主对劳动过程的控制以私人关系为基础，私人关系中蕴含的道义、人情等因素形塑了车主和卡车司机的行为方式，形成以“关系霸权”为特征的生产体制。在企业雇佣模式下，工资计算方式以绩效制居多，时效性更强，工作任务相对明确，企业对劳动过程的控制主要基于制度和信息系统。企业通过明确、严格的规章制度对卡车司机进行约束，通过卫星定位系统对卡车司机和车辆进行全景敞视监控。物流信息化系统使得企业可以实现成本利润的精准核算和对货物的实时跟踪，他雇司机的工作也因此受到更为细密的控制。

第五，在两种雇佣方式下，他雇卡车司机都对劳动过程中的控制表现出一定的洞察，他们也对雇主要求赶时间、线路规制、烦琐的App操作等感到不满。私下吐槽、公开谈论、请假歇工和辞职离去是他们主要的抗议方式。特别是离职，对于招聘和保留司机本来就较为困难的企业来说颇具威胁，是他雇卡车司机有力的议价手段。

第六，尽管存在各种抗议形式的微小实践，但他雇卡车司机和雇主之间却更多地展现出“共识”而非对抗。这是因为，其一，管理中人情/关系的存在、人格化要素和非正式运作使得他雇卡车司机并不总是置身于冰冷的雇佣关系之中；其二，货运行业的特殊性使得他雇卡车司机和雇主之间存在高度的利益一致性，雇主的控制因而更易获得他雇卡车司机的认同；其三，共同面对的充满“敌意”的外部环境使雇主和他雇卡车司机之间的矛盾从纵向转为横向，得以弱化和分散；其四，他雇卡车司机受到的结构性限制和他们对自身的认知使之更容易对当前的处境感到满足。

马丹对卡嫂的调研结果和写作构成本报告第二篇“卡嫂：男人世界中的女人”的主要内容。本篇共分五章，揭示了卡嫂作为男性卡车司机的配偶在公路货运劳动和家庭生活等方面的地位和作用。

该篇按照“是否跟车”将卡嫂大致分为“留守卡嫂”与“跟车卡嫂”两个类型。总的来说，在卡车司机家庭中，卡嫂承担着多重角色。

在描述与比较的基础上，该篇提出四个关键性的概念。

第一，“双重家计”。“男主车、女主家”的“双重家计”是卡车司机家庭性别分工的重要特征。“双重家计”指的是车、家分离的家计分工，其分离程度受到卡嫂是否跟车的影响，也与性别因素有所关联。相比于跟车卡嫂，留守卡嫂与丈夫的分工更多地呈现出“双重家计”的特征，“留守的家计”与“车上的家计”各自独立的程度较高，分别由妻子与丈夫各负其责。跟车卡嫂虽然与丈夫共同管理“双重家计”，但是丈夫仍然主要负责车，卡嫂仍然主要负责家，只是分离程度更低一些。

第二，“隐性劳动”。公路货物运输是一项复杂、细碎的系统工程，相比于丈夫开卡车的显性劳动，跟车卡嫂的付出更多的是“隐性劳动”，也可以说她们的劳动在一定程度上被“隐形化”了。“隐性劳动”的主要表现是：在“跟车”“陪伴”“打杂”“帮忙”这一类模糊不清、过于简单的劳动指称之下，卡嫂事实上从事着长时间、高强度的综合性劳动。“隐性劳动”的隐形化特征伴随着卡嫂自身与整个公路货运业关于“开车中心化”与“陪伴边缘化”的意识形态，又与卡嫂本身的劳动性质息息相关：她们的劳动碎片化、不显著，被认为是家务劳动的延伸，又是女性无酬劳动对于男性有酬劳动的替代，这种性别化的替代劳动掩盖了跟车卡嫂的劳动价值，以“陪伴”与“家务劳动”的名义将之消解，并通过卡嫂自身的认定与叙述变成整个行业的共识。

第三，“身体规训”。为了适应公路货运劳动的要求，跟车卡嫂需要规制与训化自己女性的身体去适应相对男性化的生产过程。“身体规训”包括日常规训、孕期规训与生理期规训，积累到一定程度会威胁卡嫂的健康，其规训结果也表现出跟车劳动的异化特征，即许多卡嫂描述的“身不由己”与“不由自主”。卡嫂的“身体规训”实践不是权力 - 惩罚意义上的规训，也不是文化 - 适应意义上的规训，而是生发于劳动过程、具有性别意义的规训，因而是一种独特的身体规训形态。

第四，“角色互构”。卡嫂的女性角色与丈夫的男性气质之间存在一种互相建构、相辅相成的“角色互构”。丈夫的男性气质、辛苦劳累的高风险工作、家中经济支柱的地位与传统的性别观念一起影响了卡嫂对女性角色的建构与选择：她们一般会以家庭需求为主要出发点安排自己的生命周期、职业选择与生活状态。同时，卡嫂对于丈夫男性气质的理解，经历了从“崇拜”到“心疼”的心理过程，因而她们大多会主动进行“自我的边缘化”，尽量不让丈夫做家务，并且总是让渡最终的决定权，一方面支撑、成就丈夫的男性气质，另一方面抚慰丈夫养家糊口的重压。因此，从经济资源上来看，是丈夫在养家糊口；而从时间分配、性别分工、“隐形劳动”、“身体规训”等来看，卡嫂以更加隐形的方式支撑着丈夫与整个家庭。

通过对四个概念的梳理，该篇研究表明：卡嫂不只是生产帮工与生活主妇，更是公路货运行业不可或缺的劳动者。作为男人世界中的女人，她们堪称日常生活与劳动中的无名英雄。

本调查报告的第三篇研究“卡车司机的组织化”，由沈原和游睿山承担调查和写作。第三篇共分四章，以“中国龙”、“东北虎”、“卡友地带”和“传化安心驿站”四个不同的卡车司机组织为案例，分析了在目前的“卡车界”中，卡车司机的组织化大潮及其前景。本篇的主要发现有三个方面。

第一，自 2014 年以来，卡车司机越来越热衷于创建自己的组织，主要是试图借助组织的架构和力量，应对他们在劳动过程中面临的“四大需求”，即救助、讨债、议价和认同。“四大需求”构成推动卡车司机走向组织化的根本动力。

第二，根据卡车司机建立自己组织的不同基础和不同资源，概括出卡车司机组织的三个类型：基于“原生性社会关系”的“龙群”和“虎群”、基于商业关系和商业手段的“卡友地带”以及基于公益理念的“传化安心驿站”。三种不同类型的组织架构和运作逻辑，巩固和塑造了卡车司机的三种不同面向：素朴自发的互助团结品质、市场运作的理性计算能力和面向社会的公益精神。

第三，从长时段着眼，对卡车司机群体自计划经济时期以来数十年间的组织形态演化历程进行描述，划分出计划经济时代的“他组织”、改革开放前中期的“无组织”和现在的“再组织”三个阶段，并且初步描述了在“再组织”阶段，卡车司机通过自主建构组织而表现出强烈要求“承认”的实践取向。

《中国卡车司机调查报告 No. 2》是对卡车司机调查研究的深化与拓展，通过对他雇司机的调查研究，试图展示较为完整的卡车司机的分类；通过对卡嫂的描述与分析，试图展现男人世界中两种性别之间的关系架构与女性的重要角色；通过对卡车司机组织化的阐述与分类，试图探寻卡车司机“虚拟团结”背后更广泛的意义。课题组所抱希望，是通过这三篇调查报告，更全面地展示出卡车司机劳动过程以及这一劳动过程的微观基础与宏观环境，为进一步的理论探讨夯实基础，为相关政策的制定提供依据。

# 前　言

《中国卡车司机调查报告 No. 2》是 2018 年 3 月出版的《中国卡车司机调查报告 No. 1》的续篇。如我们在第一个报告中所说明的，“中国卡车司机调查报告”是“传化慈善基金会”支持，由“传化慈善基金会公益研究院”承担的一项为期三年的自主课题，因此将会连续出版三个各有侧重的调查报告。本书是第二本调查报告，包括三个主题：“他雇卡车司机的群体特征与劳动过程”、“卡嫂：男人世界中的女人”以及“卡车司机的组织化”。与之相应，整个报告也分为三篇。

第一篇“他雇卡车司机的群体特征与劳动过程”的调研工作和写作由首都经济贸易大学社工系教授亓昕博士和中国劳动关系学院劳动关系系讲师周潇博士承担。她们的调查状况在第一篇的第一章中已有陈述。亓昕和周潇分别撰写了本篇各章草稿，最后由周潇修改定稿。首都经济贸易大学社工系硕士研究生白宗艺和于静参与和协助了调查。

第二篇“卡嫂：男人世界中的女人”由北京市社会科学院社会学研究所马丹博士承担，她的调查状况也在第二篇的第一章中做了详尽阐述，于兹不赘。本部分的写作由马丹博士独自完成。清华大学社会学系本科生喻加耀参与了田野调查，并在整理访谈资料、绘制相关图表等方面做了大量工作。香港浸会大学社会学系的彭铟旎博士给予卡嫂研究许多有益的思想启发与经验分享，令研究更加深入。

第三篇“卡车司机的组织化”的调研工作由清华大学社会学系教授沈原博士和清华大学教育基金会游睿山博士承担。清华大学社会学系硕士研究生王凡参加了部分访谈。游睿山博士承担了相关问卷调查的工作并撰写了本篇第三章中“卡友地带”的初稿。本篇的其余各章节由沈原博士完成并最后统定。喻加耀在绘制图表方面提供了大量帮助。

本报告能够出版，首先需要感谢的是接受我们访谈和参与问卷调查的卡车司机与卡嫂，以及接待访谈的各卡车司机组织的领导者们。虽说按照社会调查的要求，我们需要隐去他们所有人的真实姓名，但他们的帮助都是实实在在、不可或缺的，也是我们本次调研能够获得成功的重要前提和保证。

中华全国总工会海员工会的各位领导，当然更是位于应该感谢之列。没有他们的指导和帮助，我们就无法进入像“卡友地带”这样的大型卡车司机组织进行访谈。与海员工会各位领导的合作在本研究的历史上留下了深刻而愉快的印记。此外，北京市环保局的宫宝涵先生为他雇司机的调查提供了重要的帮助。

最后，也是最应当感谢的是“传化慈善基金会”的各位工作人员，他们是涂猛秘书长、王飞总干事以及童新、柏喆、聂欢欢、王慧冬等。在田野工作中，他们的热情帮助时刻伴随着我们。没有他们的鼎力支持，本调查断乎不可能完成。他们不仅悉心安排我们的访谈，而且他们本身也是我们访谈的对象。宽容、耐心和效率只是几个尚不足以充分描写他们热情帮助的词语。

由于得到了如许之多的帮助，所以在一定意义上说，《中国卡车司机调查报告 No.2》其实是一个集体智慧的结晶。卡友、卡嫂、卡车司机组织的领导者们用他们的才智和能力做成了平凡而又伟大的事业，我们则通过手和笔将他们的所思、所想、所为录写下来。如果这份报告能够帮助全社会更为深切地了解卡车司机的工作与生活、了解卡嫂的劳动与付出、了解卡车司机组织化的需求与形态，如果这份报告能够有助于卡车司机群体获得他们应有的光荣与尊严，那么这正是我们的希冀所在。

# 目　录

## 第一篇　他雇卡车司机的群体特征与劳动过程

亓　昕　周　潇

## 第二篇　卡嫂：男人世界中的女人

马　丹

## 第三篇　卡车司机的组织化

沈　原　游睿山

# 第一篇
# 他雇卡车司机的群体特征与劳动过程

亓 昕 周 潇

# 第一章　研究问题、研究对象与方法

## 一　研究对象与研究问题

改革开放四十年来，我国公路货物运输业经历了飞速发展，基础设施建设不断扩张，载货汽车数量、吨位、公路货物运输量以及公路货物周转量虽然在少数年份有所下降，但总体上呈上升趋势，且规模一直维持在较高水平。

根据交通部发布的交通运输统计公报，2017 年末全国公路总里程为 481. 39 万公里，比 2016 年增加 11. 76 万公里，比 2011 年增加 70. 75 万公里；2017 年公路密度为 50. 15 公里/百平方公里，比 2016 年增加 1. 23 公里/百平方公里，比 2011 年增加 7. 38 公里/百平方公里。

从 2011 年到 2014 年，全国载货汽车数量持续上涨，2014 年共有载货汽车 1453. 36 万辆，比 2011 年增加了 273. 95 万辆，增幅为 23%，2015 年和 2016 年有所下降，2016 年末共有载货汽车 1351. 77 万辆。[①] 从 2011 年到 2016 年，载货汽车吨位数不断上升，2016 年底达到 10827 万吨，比 2015 年增长了 4. 4%，比 2011 年增长了 49. 1%。

如图 1 -3 所示，从 2011 年到 2017 年，公路货运量一直维持着较大的规模。2013 年和 2015 年，公路货运量比前一年度都有所下降，但是 2016 年和 2017 年增长迅猛。2016 年全国公路货运量为 334. 13 亿吨，比上一年增长了 6. 07%，2017 年公路货运量达到 368

① 载货汽车数量的下降可能与近年来环境保护政策的趋紧有关。

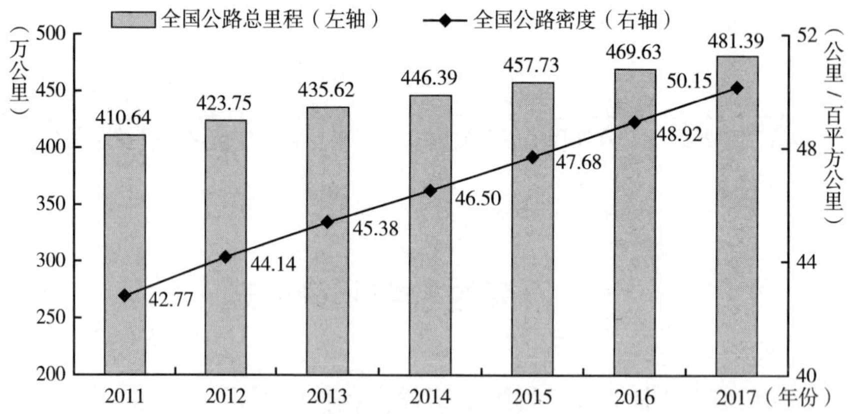


**图 1-1　2011～2017 年全国公路总里程与公路密度**

资料来源：中华人民共和国交通运输部官网。

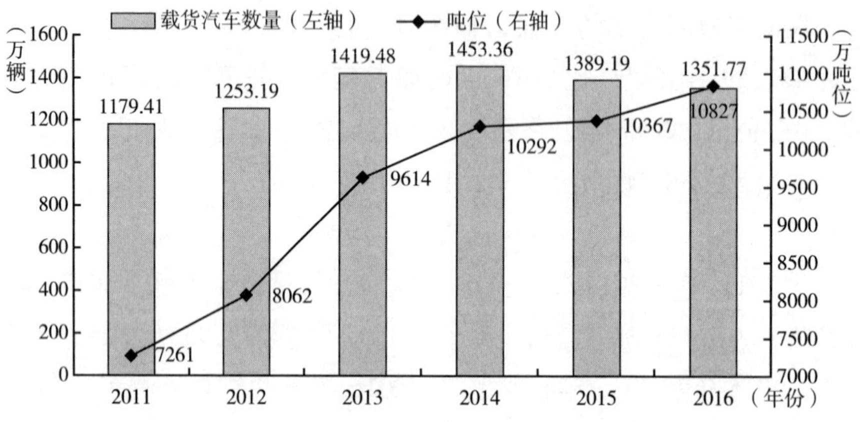


**图 1-2　2011～2016 年全国载货汽车拥有量及吨位**

资料来源：中华人民共和国交通运输部官网。

亿吨，比上一年增长了 10.14%。图 1-4 显示了 2018 年 1 月到 9 月的公路货物运输量和公路货物周转量。可见，从 2 月开始一直到 9 月，公路货运量和货运周转量均呈增加趋势（其中 7 月较 6 月略有下降），2018 年 9 月公路货运量达到 371090 万吨，公路货物周转量达到 67586572 万吨/公里。

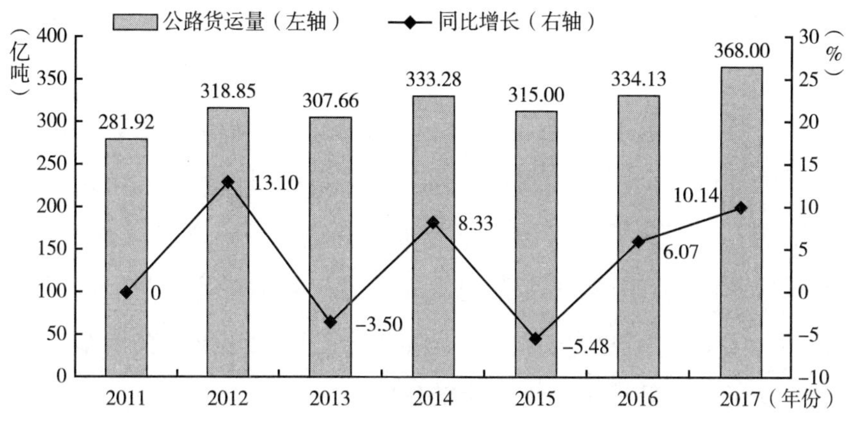


**图 1－3　2011～2017 年公路货运量**

资料来源：中华人民共和国交通运输部官网。

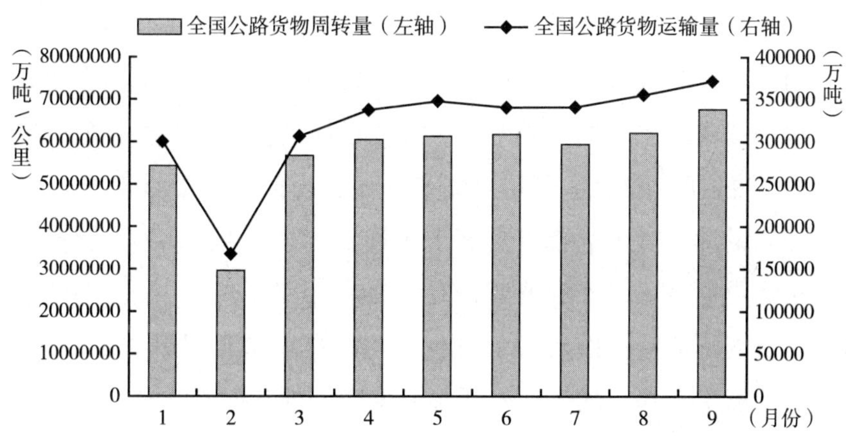


**图 1－4　2018 年 1～9 月公路货物运输量和公路货物周转量**

资料来源：中华人民共和国交通运输部官网。

与公路运输业快速发展相伴的是规模不断扩大的卡车司机群体。根据中国道路运输协会发布的报告，当前卡车司机已经达到约 3000 万人。他们日复一日地奔跑在路上，承受着各种各样的风险和压力。然而一直以来，这个群体并未引起社会的普遍关注，学术研究更是稀少。针对当前“研究货运行业多，研究卡车司机少，在寥寥可数的关于卡车司机的作品中，又是媒体报道多，学术报告少”的研究现状，2017 年下半年传化慈善基金会公益研究院与清华大学合作，对卡车司机进行了全国性的调查，并在抽样问卷调查和深度访谈所得资料的基础上，完成了《中国卡车司机调查报告 No. 1》。[①] 该报告较为具体深入地描述和分析了卡车司机的人口社会学特征、劳动过程以及塑造其工作生活的制度要素，并提出了一些政策建议，在卡车司机群体内部以及社会各界引起了一定的反响。

在《中国卡车司机调查报告 No. 1》中，课题组根据公路货运厂商组织和市场组织的两种形态，将卡车司机区分为两类：自雇卡车司机和他雇卡车司机。前者是指卡车产权属于司机所有，司机既是车主即小私有者，同时又大多亲自从事驾驶工作，因而又是劳动者。他雇卡车司机则不具有卡车的产权，他们为公司或者个体车主担当驾驶工作，从公司或车主那里支领工资。需要说明的是，《中国卡车司机报告 No. 1》的研究对象主要是自雇卡车司机。问卷主要针对自雇卡车司机加以设计，被调查者以自雇卡车司机为主（根据 1779 份有效问卷的统计数据，71.2% 的被调查者为自雇卡车司机），报告所呈现的卡车司机的群体特征以及劳动过程也均以自雇卡车司机为主要对象。因此，他雇卡车司机的工作生活等诸多方面的状况尚未进入我们的细致考察中。尽管我们难以对其群体规模进行准确的估算，但是根据市场上涌现和存续的数量繁多、大大小小的物流企业可推断，他雇卡车司机的人数绝不在少数。

无疑他雇卡车司机在诸多方面与自雇卡车司机相似，但是因为雇佣关系的存在，他们的工作和生活，尤其是劳动过程，又与自雇卡车

① “中国卡车司机调研课题组”：《中国卡车司机调查报告 No. 1——卡车司机的群体特征与劳动过程》，社会科学文献出版社，2018。

司机存在较大的差异。因此，在本报告中，我们将焦点转向他雇卡车司机。他雇卡车司机具有哪些群体特征？他们的家庭规模、健康状况、从业经历、自我认知、职业计划和子女期望如何？他们的工作内容、工作强度、收入和社会保障状况如何？雇主如何对卡车司机的劳动过程进行管理和控制？这如何形塑了卡车司机对工作的感受和体验？他们如何面对劳动过程中的控制？本报告拟对这些问题予以回答。

## 二　研究方法

对他雇卡车司机的研究，我们在数据收集上主要使用了问卷调查和访谈的方法。

### （一）问卷设计

关于他雇卡车司机的问卷主要包括几个部分：基本人口社会学特征（包括年龄、婚姻、户口、家庭状况等）、雇佣关系（包括入职途径、保险、合同、培训、考核、收入等）、劳动过程（包括工作时间、工作强度、工作自主性等）、地位认知和职业期待等，共70题。

问题全部为封闭式，即使是本应由填答者给出具体数量的问题，如工资、驾驶里程等，问卷也提供了选项。这是因为，在2017年对卡车司机的问卷调查中，我们发现开放式的问题容易出现填答错误。虽然将定距变量降低为定类变量，损失了部分信息，但是问卷填答的准确性大有提高。

### （二）抽样及问卷发放

因为缺乏抽样框，加之卡车司机的高度流动性，对卡车司机的问卷调查难以进行随机抽样。在2017年的问卷调查中，课题组以“传化安心驿站”为基本依托，通过其遍布全国各地的站点，先将电子问卷发给驿站长，再通过驿站长将问卷发给驿站内的卡车司机。最后回收问卷2200份，经清洗后获得有效问卷1779份。

本次对他雇卡车司机的问卷调查，同样遇到没有完整的抽样框以及司机的高流动性的难题。不仅如此，我们甚至难以继续使用“传化安心驿站”这一途径进行问卷的推送。因为进入“传化安心驿站”的主要是自雇卡车司机，如果继续通过安心驿站进行推送，就难以保证他雇卡车司机的样本量。为此，本次调查采用了通过企业找司机的方法。考虑到不同规模的企业卡车司机的工作条件以及企业劳动控制上的差异性，我们选择了两类企业：一类为规模较大、管理较为规范的企业，包括JD、RQ和DB公司；另一类为规模较小的物流企业，如北京的JYH公司和JC公司、杭州的YX公司和XH公司等。需要说明的是，这里对企业规模的划分主要依据企业的营业额和业内声誉。我们也留意了企业运输的货物类型，一家企业专门承运危险品，还有一家企业专门进行冷链运输，其他的企业均承担普通货物运输。从地域来看，地处北京的企业共5家，地处苏州与杭州的企业共8家。在选出企业之后，我们一般把问卷交给企业负责管理车队的车队长，由车队长向卡车司机发放。最后共收回问卷528份，清洗后的有效问卷为496份，数据质量较好。需要说明的是，虽然我们在问卷设计时考虑到了受雇于个体车主的卡车司机这一类型，但是由于这类卡车司机较难寻找，因而没有向他们发放问卷。也就是说，问卷调查所覆盖的卡车司机均为受雇于企业的卡车司机。

本次调查所使用的抽样方式可视为配额抽样。配额抽样是一种非概率抽样，它与概率抽样中的比例抽样相似，都是按调查对象的某种属性或特征将总体中所有个体分成若干类或层，然后在各层中抽样。不同的是，分层抽样中各层样本是随机抽取的，而配额抽样中各层样本是非随机抽取的。在本次调查中，我们主要依据受雇企业的规模对卡车司机进行分类，将之分为受雇于大型企业的司机和受雇于中小型企业的司机。之后按照先抽企业再抽司机的方法在每一类中抽取了一定数量的司机。在最后得到的有效样本中，受雇于大型企业的卡车司机共 297 人，受雇于中小型企业的卡车司机共 199 人。由于各类在总体中的分布状况难以确知，因而分配给各类的名额具有较大的主观性。

### （三）访谈

除了问卷调查之外，访谈是我们获得数据的另一个重要途径。访谈对象主要包括两类：一类为企业主和车队管理者，另一类为受雇卡车司机。而接受访谈的卡车司机又包括两种类型，一类为受雇于个体车主的卡车司机，另一类为受雇于企业的卡车司机。最后整理的访谈文本共 36 份。此外，我们在写作过程中还参考和使用了“2017 年中国卡车司机调查”中形成的关于他雇卡车司机的 7 个访谈文本。

对他雇卡车司机的调查难度较大。这是因为，一方面，企业多不愿意接受调研；另一方面，司机们没有固定的休息时间，我们往往只能在公司等他们出车归来之后抓住机会进行访谈。经常发生的情况是，卡车司机们因为满身疲倦而不愿多说话；访谈正待深入的时候，他们却被安排出车，交流因而无法继续。因为这些条件的限制，本部分的研究发现可能存在值得商榷的地方，我们期待日后通过进一步的调研，在获得更充分的信息的基础上进行补充和修正。

# 第二章　他雇卡车司机的人口社会学特征

人口社会学特征是特定群体的基本信息，是我们对特定群体进行深入分析的起点。利用获得的496份有效问卷和访谈资料，本章首先对他雇卡车司机群体的人口社会学特征，包括个人和家庭基本状况、从业特征、社会地位认知等进行描述，并在某些方面与自雇卡车司机①进行对比。

## 一　他雇卡车司机的个人与家庭概况

### （一）性别、年龄与婚姻状况

与自雇卡车司机一样，他雇卡车司机是一个以男性为主的群体。在496个他雇卡车司机样本中，男性占97%，女性占3%。

他雇卡车司机的平均年龄为38.4岁，年龄在36～40岁的卡车司机占比最高，为34.1%；其次是31～35岁的卡车司机，占比为27.2%；再次是41～45岁的卡车司机，占比为23.4%。

他雇卡车司机的年龄集中在31～45岁，此区间的个案占比为84.7%，这与自雇卡车司机相比有所不同。自雇卡车司机该年龄区间的占比为71.7%，比他雇卡车司机低13个百分点。两者的差别

① 本章中的所有自雇卡车司机相关数据均来自“2017中国卡车司机调查”。

不难理解，雇主总是希望寻找最精壮的劳动力。31～45 岁可谓驾驶卡车的黄金年龄段，过于年轻缺少经验，年老的虽然经验丰富，但是可能体力不支。一位企业的车队长谈到招聘司机时的年龄限制：

> 我们一般太年轻的不要，二十几岁的不要，一般要超过三十岁。太大了也不行，一般在四十岁以下，三十到四十几岁。（MX－ZMQ 访谈录）

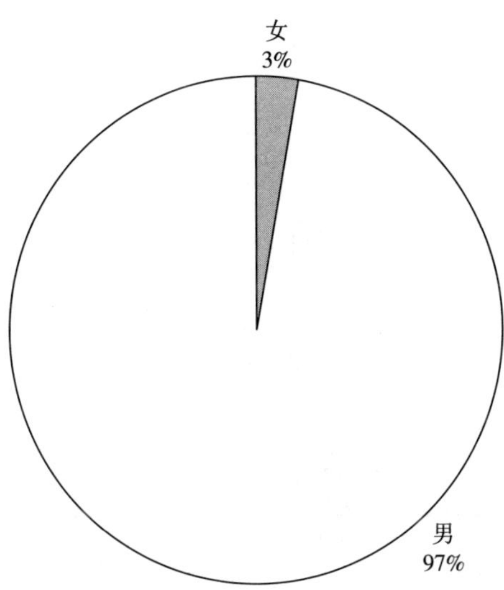


**图 1－5　他雇卡车司机的性别构成**

资料来源：2018 中国卡车司机调查。

他雇卡车司机已婚比例很高，共占 96%，其中初婚者占 78.2%，再婚者占 11.5%，另有 6.3% 的人处于离婚状态。这与自雇卡车司机的婚姻构成极为相似。调研中有企业负责人指出，卡车司机因为长年“不着家”，婚姻存在较大的危机，他甚至估计卡车司机的离婚率在 15% 以上（JCJB－WH 访谈录）。

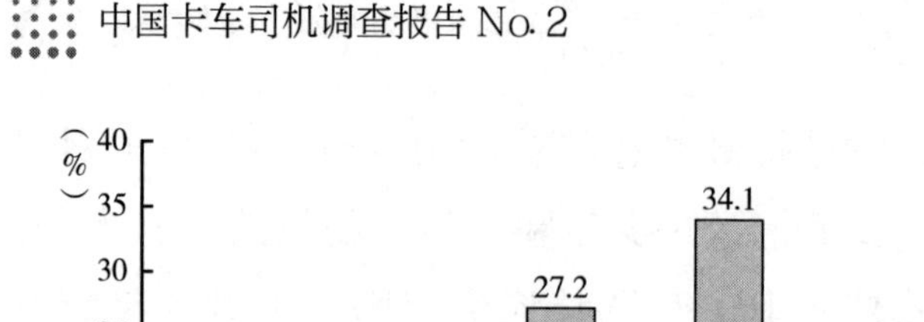


**图1－6　他雇卡车司机的年龄分布**

资料来源：2018 中国卡车司机调查。

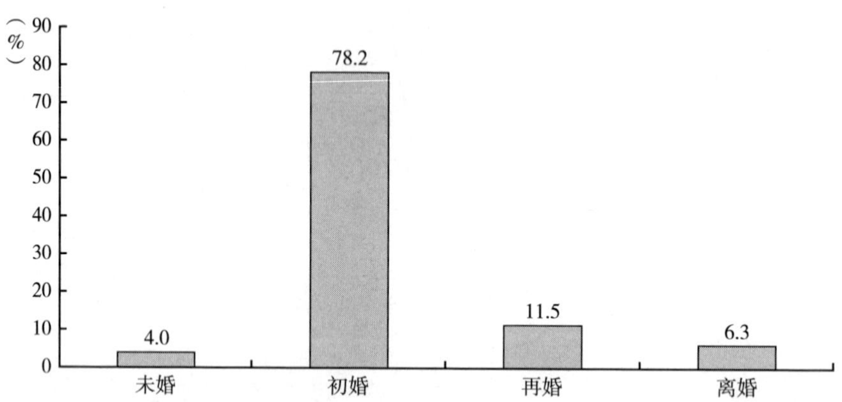


**图1－7　他雇卡车司机的婚姻状况**

资料来源：2018 中国卡车司机调查。

## （二）受教育程度与户口类型

被调查的他雇卡车司机群体中，受教育程度为“初中”的占58.1%，受教育程度为“高中”及“职高或技校”的占34.5%（“高中”占25.2%、“职高或技校”占9.3%）。自雇卡车司机这两个比例分别为 60. 5% 和 30. 6% 。可见，与自雇卡车司机一样，他雇卡车司机是一个受教育程度较低的职业群体。

就户口类型来看，他雇卡车司机中，农村户口占 82% ，城镇户口占 18% ，农村户口占据了绝大多数。

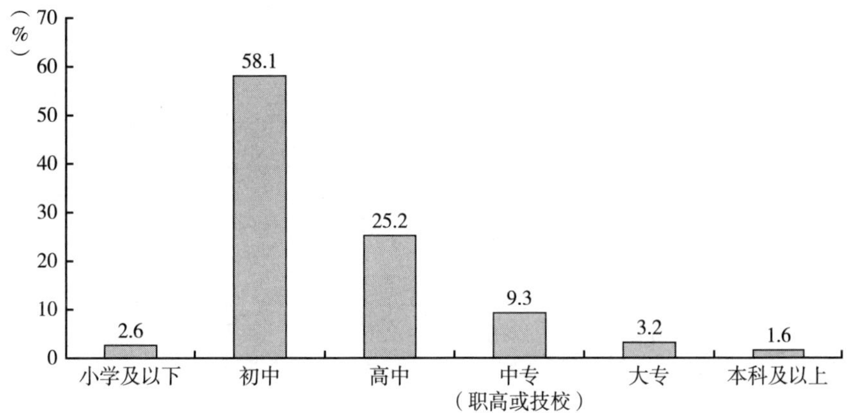


**图 1 –8　他雇卡车司机受教育程度**

资料来源：2018 中国卡车司机调查。

### （三）子女与配偶状况

49. 6% 的他雇卡车司机育有两个孩子，有一个孩子的他雇卡车司机的比例为 42. 2% ，有三个及以上孩子的比例为 5. 7% 。自雇卡车司机相应的数据分别为 53. 0% 、35. 3% 和 6. 8% ，相差不大。二者差别比较明显的是他雇卡车司机无孩比例很低，仅为 2. 5% ，而自雇卡车司机这一比例为 5. 0% ，为前者的两倍，这与自雇卡车司机低年龄段比重相对较高有关。

35% 的他雇卡车司机最大（或唯一）孩子年龄为 6 ~ 12 岁，即处于小学阶段。23% 的他雇卡车司机最大（或唯一）孩子年龄为 13 ~ 15 岁。最大（或唯一）孩子年龄在“15 岁及以下”的占比为

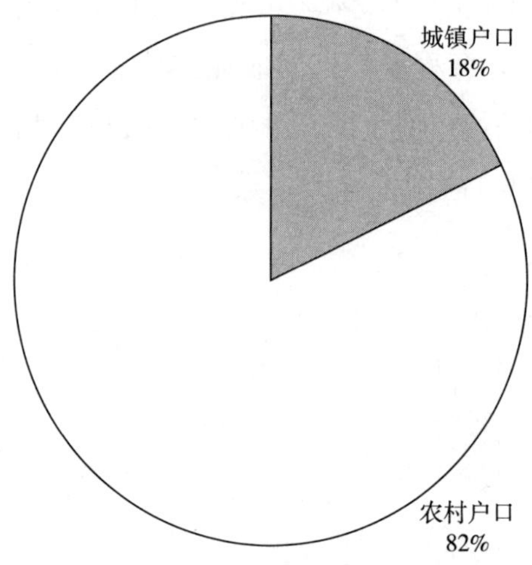


**图 1-9 他雇卡车司机的户口类型**

资料来源：2018 中国卡车司机调查。

67%，“18 岁及以下”的占比为 82%。这意味着他雇卡车司机的孩子多处在未成年阶段，他们担负的家庭负担较重。

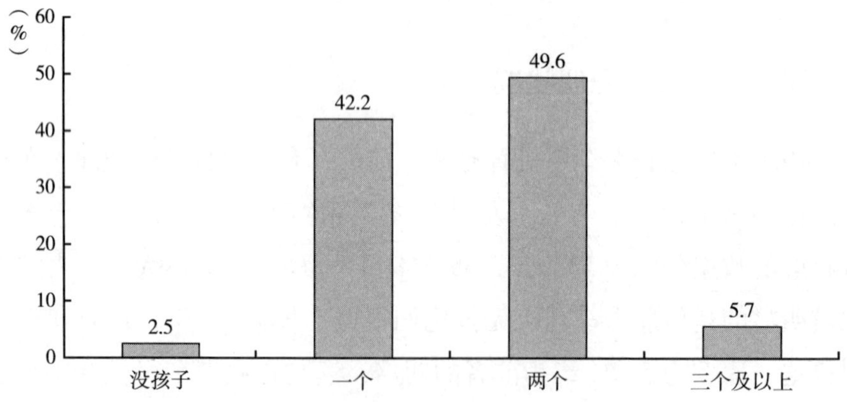


**图 1-10 他雇卡车司机子女数量分布**

资料来源：2018 中国卡车司机调查。

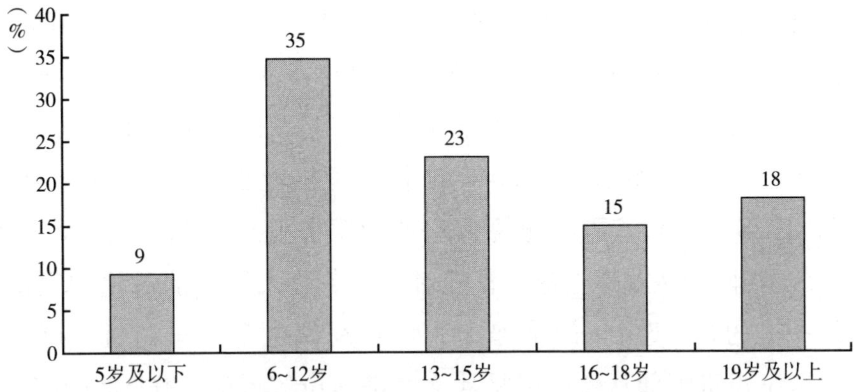


**图 1－11　他雇卡车司机最大（或唯一）孩子的年龄分布**

资料来源：2018 中国卡车司机调查。

14% 的他雇卡车司机最大（或唯一）的孩子已不再处于就学状态。图 1－12 显示了已经不上学的他雇卡车司机最大（或唯一）的孩子的最后学历分布。其中，29. 9% 的最后学历为初中及以下，最后学历为高中和中专的占比相同，为 16. 4%，最后学历为大专和本科的占比均为 14. 9%，最后学历为研究生的占 7. 5%。相比他雇卡车司机的受教育程度，他雇卡车司机子女的学历水平显然有所提高。这在某种程度上或许预示了其子代向上流动的可能性。

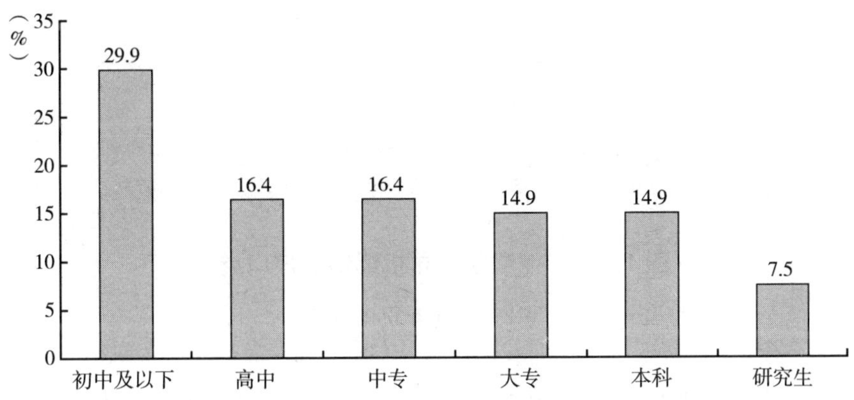


**图 1－12　最大（或唯一）的孩子的最后学历**

资料来源：2018 中国卡车司机调查。

已婚他雇卡车司机配偶的户口类别，80%为农村户口，20%为城镇户口，这与自雇卡车司机配偶的户口类别（分别为81.4%和18.6%）几乎没有区别。从职业构成看，42.2%的他雇卡车司机配偶处于“无业”状态。18.0%的卡车司机配偶为“普通产业工人”，17.8%的卡车司机配偶为“商业服务业员工”，配偶为“政府机关干部/公务员”“企业管理者”“专业人员”的占比均很低。值得一提的是，3.4%的他雇卡车司机配偶也是卡车司机。可见，他雇卡车司机配偶从事的多是社会经济地位较低的工作。相当比例的卡车司机配偶处于“无业”状态，表明了他雇卡车司机这一群体漂泊在外、难以顾家的特点。换言之，他们往往是不得不选择留在家里养育孩子、照顾家庭，他们的“无业”不过是没有承担受薪的工作而已。

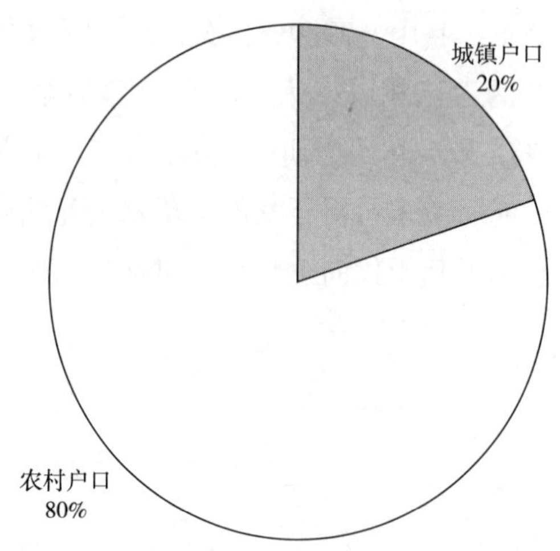


**图1－13　他雇卡车司机配偶的户口类型**

资料来源：2018中国卡车司机调查。

51.8%的他雇卡车司机家人（已婚指配偶，未婚指父母）居住在村庄，16.5%居住在乡镇，16.1%居住在县城/县级市，居住在地

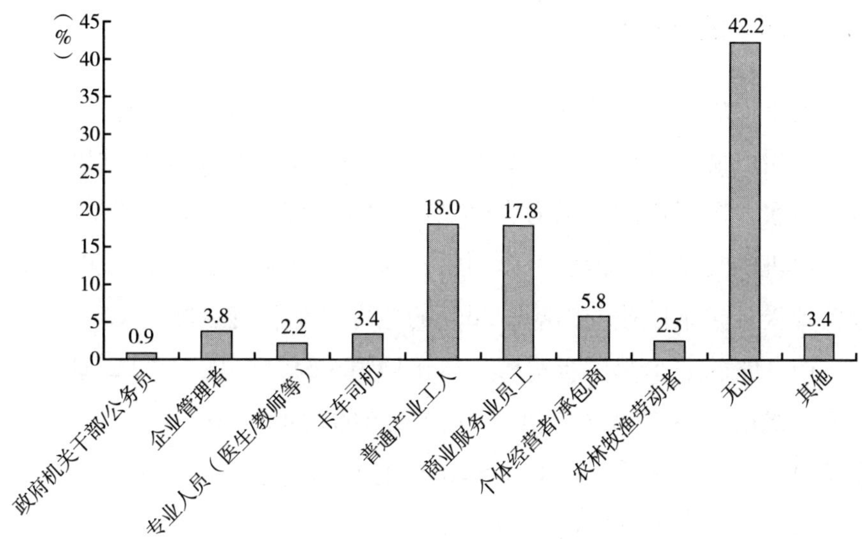


**图 1－14　他雇卡车司机配偶的工作**

资料来源：2018 中国卡车司机调查。

级市的占 7.3%。由于他雇卡车司机工作地点多在城市，他们的休息时间很少且不固定，所以他们与家人之间聚少离多为常态。

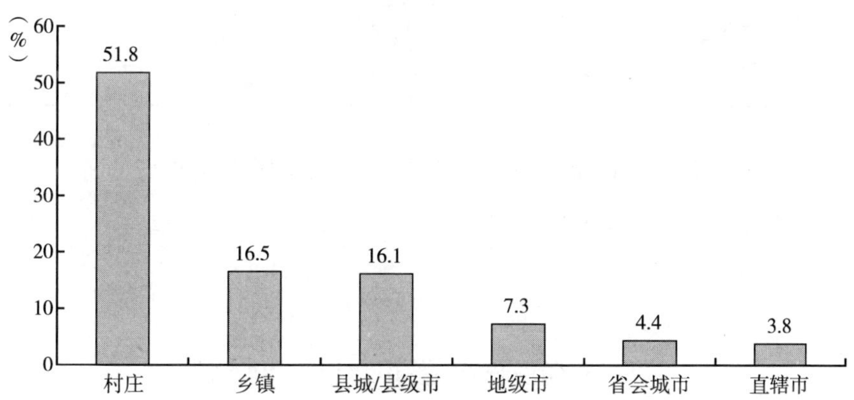


**图 1－15　他雇卡车司机家人居住地点**

资料来源：2018 中国卡车司机调查。

### （四）家庭背景

关于他雇卡车司机的家庭背景，我们主要从两方面进行测量。一是卡车司机父亲的职业和户口类型，二是卡车司机是否在城里买房。84%他雇卡车司机的父亲为农村户口，16%为城镇户口。90%的他雇卡车司机的父亲没有做过卡车司机，这意味着他雇卡车司机职业的选择较少受到父亲职业的影响。36%的他雇卡车司机在城里买了房，其中，15.1%的卡车司机所购房产位于城镇，51.4%位于县城/县级市，处于地级市的占17.9%，处于省会城市的占12.8%。从父亲户口和在城里购房情况来看，他雇卡车司机的家庭社会经济地位总体较低，极少数人具有较强的经济实力。

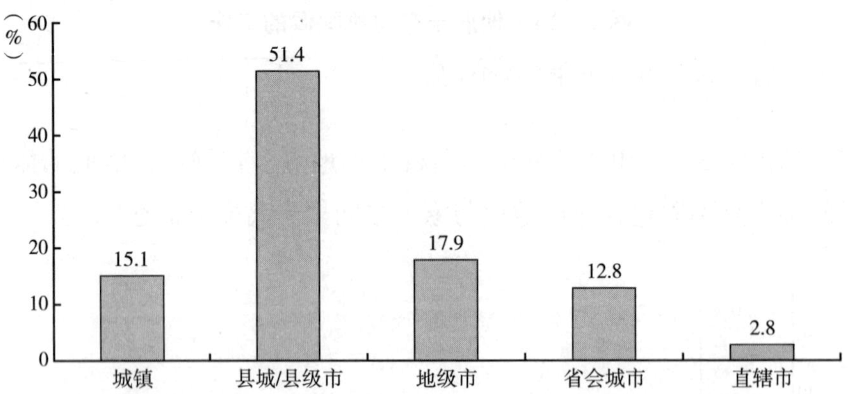


**图1－16　在城里购房的他雇卡车司机所购房产的地域分布**

资料来源：2018中国卡车司机调查。

## 二　他雇卡车司机的从业特征

### （一）从业经历

根据问卷统计数据，他雇卡车司机开卡车之前的身份，为“普通产业工人”的占34.1%，为“个体经营者/承包商”的占14.1%，其他各类占比均较低，但是多属于社会经济地位较低的职业。从普通产业工人转行到卡车司机，一个主要的原因是卡车司机收入水平相对较高。

一个有趣的现象是，被调查的他雇卡车司机中有43%的人曾经自己养过卡车，他们之所以不再自己养车的主要原因多种多样，其中“自己养车风险大、压力大”占比最高，为50.2%，“车被淘汰了”占17.4%，“想和家人在一起”占7.5%，“给别人开车收入更有保障”占6.2%，“还不起贷款，车被收了”占3.3%。访谈中曾经有养车经历的卡车司机均表示帮别人开车更轻松，自己养车既操心，也不挣钱。

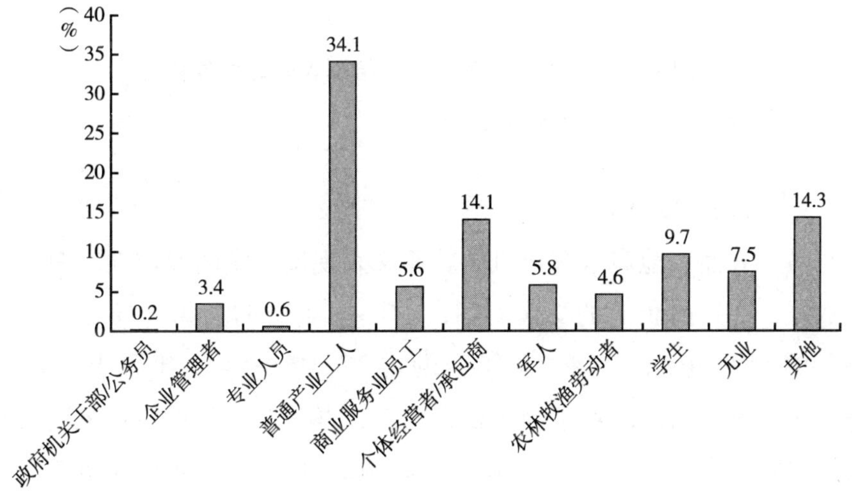


**图1-17　他雇卡车司机开卡车之前的身份**

资料来源：2018中国卡车司机调查。

## （二）流动性

他雇卡车司机换工作比较频繁。针对“到目前为止，您为几家企业/个体车主开过卡车?”的问题，回答“一家”的占20.8%，回答“两家”的占31.0%，回答“三家”的占23.2%，回答“四家及

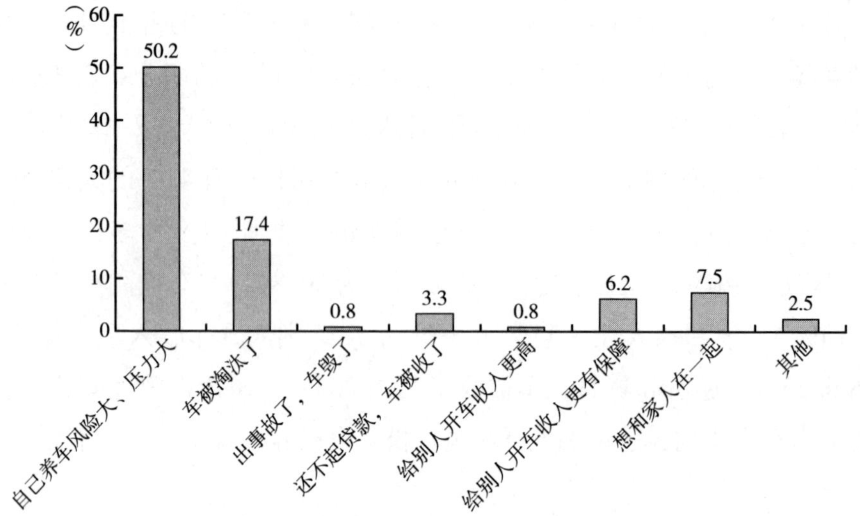


**图 1－18　从自己养车转向给别人开车的原因**

资料来源：2018 中国卡车司机调查。

以上”的高达 25.0%。

另一方面，他雇卡车司机的就业又表现出一定的稳定性。根据统计数据，在当前企业的受雇时间，“0～1 年”的为 32.3%，“2～3 年”的占 24.4%，“4～5 年”的占 17.3%，“5 年以上”的占 26.0%，各时间段的数量分布较为均匀，“0～1 年”的占比最高，其次为“5 年以上”。访谈中得知虽然物流企业卡车司机的流动性比较大，但是企业中工作一定年数的“老”司机也占有相当的比例。由此我们大致可推断，卡车司机在一家企业或者是短期雇佣，或者是长期雇佣。他们可能入职不久便很快离开，但是一旦在一家企业工作几年，他们就更倾向于稳定下来。尽管卡车司机面对的是一个宽松的劳动力市场，但是一旦司机认定了企业，他们也往往会尽力保住自己的饭碗。

## （三）驾照类型、驾驶卡车年限与驾驶卡车车长

样本中的他雇卡车司机驾驶卡车的年限都比较长，83.9% 的人驾

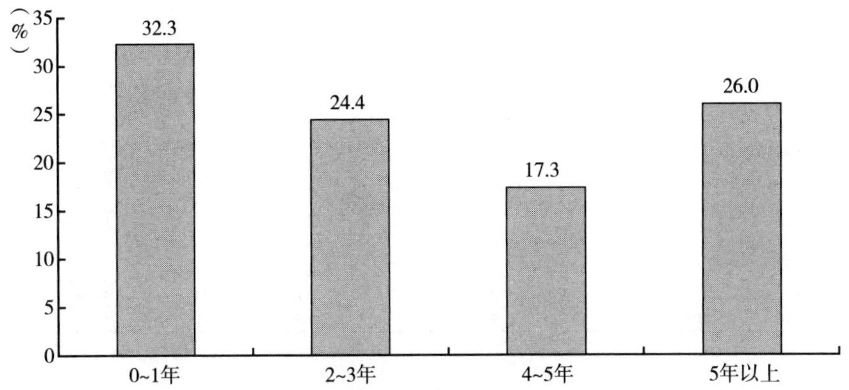


**图1－19　他雇卡车司机受雇于当前企业的年数**

资料来源：2018 中国卡车司机调查。

驶卡车年限在5年以上。驾驶卡车年限在“0～1年”“2～3年”“4～5年”的占比较为接近，分别为4.6%、6.9%和4.6%。

64.1%的他雇卡车司机具有A2驾照资质，22.8%的具有B2驾照资质。与2017年调查所得自雇卡车司机的数据相比，他雇卡车司机拥有A2驾照的比例比自雇卡车司机高14.6个百分点，拥有B2驾照的比例比自雇卡车司机低16个百分点。这或许与企业更青睐持A2驾照的卡车司机有关。

关于当前驾驶的卡车长度，“9.6米及以下”的占41.5%，“13米及以上”的占58.5%。驾驶14.6米卡车的司机占比最高，其次是驾驶9.6米和17.5米卡车的司机，占比分别为21.2%、19.2%和18.8%。可见，他雇卡车司机中驾驶重型卡车和牵引车的比例较高。

### （四）工作强度

他雇卡车司机的工作状况是我们尤为关注的问题。在第三章，我们将对其劳动过程进行更深入和更具体的描述与分析，在此我们主要透过问卷调查数据展现其工作强度。

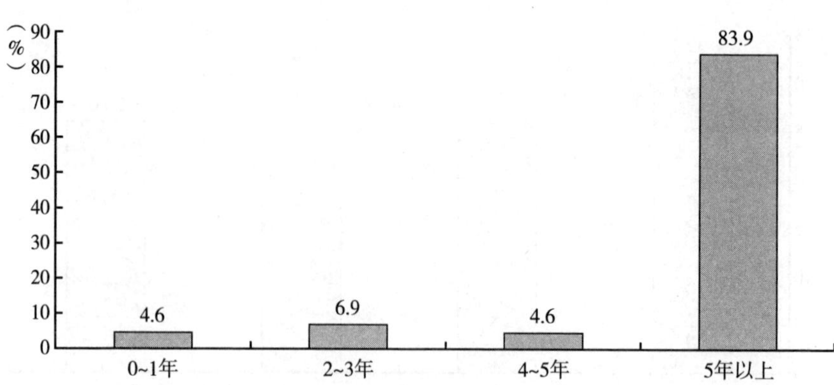


**图 1-20　他雇卡车司机驾驶卡车年限**

资料来源：2018 中国卡车司机调查。

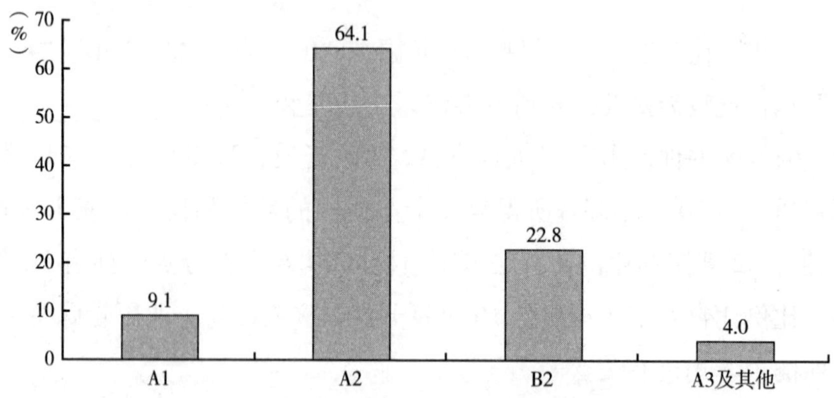


**图 1-21　他雇卡车司机的驾照资质**

资料来源：2018 中国卡车司机调查。

他雇卡车司机每天驾驶卡车的时间平均为 8.2 个小时。每天开车“6～8 小时”的占比最高，为 31.9%；其次是“9～11 小时”，为 26.6%；每天开车时间在“9 小时及以上”的占 45.5%，比自雇卡车司机每天开车时间在“9 小时及以上”的比例（35.8%）高出 9.7 个百分点。持不同类型驾照的他雇卡车司机每天驾驶时长没有明显差别。

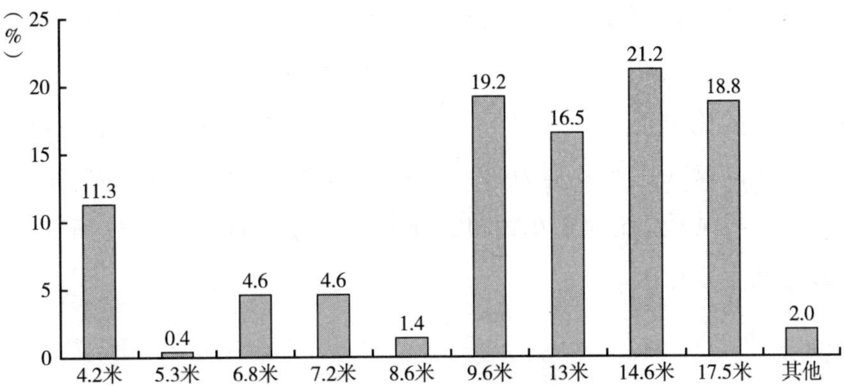


**图 1－22　他雇卡车司机当前驾驶的卡车车长**

资料来源：2018 中国卡车司机调查。

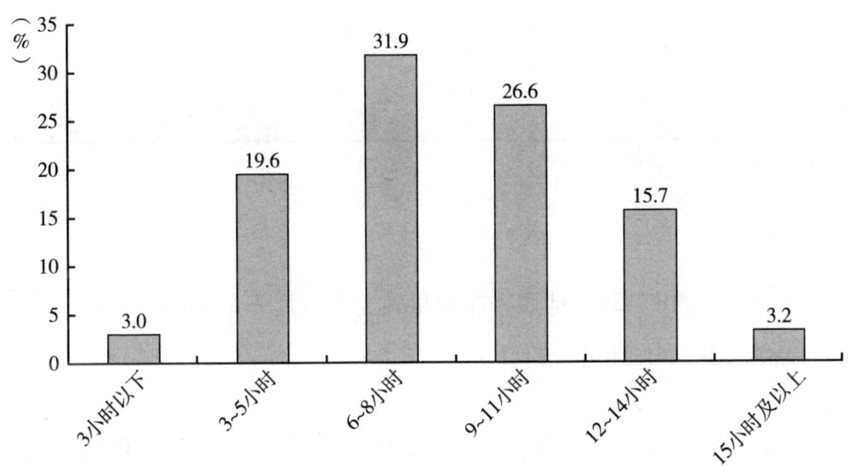


**图 1－23　他雇卡车司机一般情况下每天驾驶卡车时间**

资料来源：2018 中国卡车司机调查。

晚间驾驶时长是反映他雇卡车司机工作强度与工作特点的重要指标。根据统计数据，他雇卡车司机晚上八点后的驾驶时间，占比最高的是“3～4 小时”（32.7%），其次为“5～6 小时”（26.6%），再次为“1～2 小时”（19.8%），“不开车”的仅有 7.9%。这表明他雇卡车司机普遍存在夜间劳动的现象，且相当比例的卡车司机夜间劳动时间较长。从驾照类型来看，持 A2 驾照的他雇卡车司机晚上 12 点以后行车的比例很高，达到 48.1%，而持 B2 驾照和其他驾照的他雇卡车司机的这一比例分别为 22.1% 和 29.2%。A2 驾照的准驾车型为牵引车，持 A2 驾照的卡车司机以跑长途居多，这是他们夜间工作时间较长的主要原因。

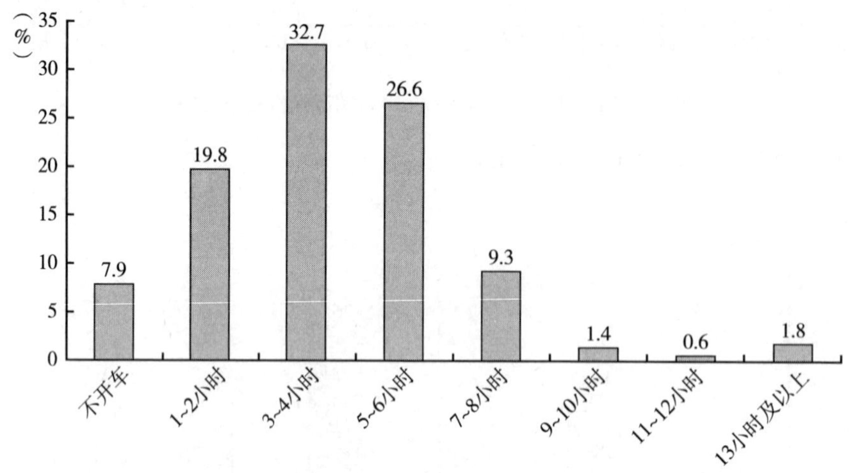


**图 1－24　他雇卡车司机晚上八点后开车时间**

资料来源：2018 中国卡车司机调查。

驾驶里程从另一个侧面反映出卡车司机的工作强度。他雇卡车司机“去年行驶的公里数”平均值为 11.2 万公里，与自雇卡车司机去年行驶里程均值 11.5 万公里相差无几。他雇卡车司机去年行驶里程在“10 万～15 万公里”的占比为 27.8%，在“16 万公里及以上”的占比为 32.0%，自雇卡车司机相应的比例分别为 38.3% 和 21.7%。从驾驶里程似可判断他雇卡车司机在驾驶方面的工作强度要高于自雇卡车司机。

持不同类型驾照的他雇卡车司机年行驶里程数存在显著差异。持

B2 驾照的卡车司机去年行驶公里数在“9 万公里及以下”的占大多数（61. 1%），而持 A2 驾照的他雇卡车司机 69. 2% 的人 2017 年行驶里程在 9 万公里以上，其中行驶里程数在“20 万公里及以上”的占 32. 7%。持 B2 驾照的卡车司机去年行驶里程在“20 万公里及以上”的仅占 6. 2%。可见持 A2 驾照的卡车司机跑长途运输的人相对较多。

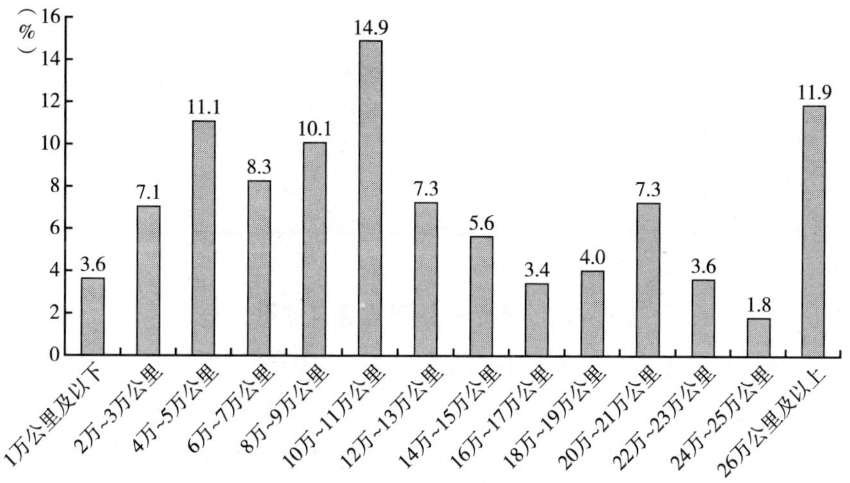


**图 1－25　他雇卡车司机去年驾驶里程数**

资料来源：2018 中国卡车司机调查。

**表 1－1　持不同类型驾照的他雇卡车司机 2017 年行驶公里数**

单位：%

| 行驶公里数 | A2 驾照 | B2 驾照 | 其他 | 总计 |
|---|---|---|---|---|
| 9 万公里及以下 | 30. 8 | 61. 1 | 49. 2 | 40. 1 |
| 9 万公里以上 15 万公里及以下 | 28. 3 | 27. 4 | 26. 2 | 27. 8 |
| 15 万公里以上 20 万公里以下 | 8. 2 | 5. 3 | 7. 7 | 7. 5 |
| 20 万公里及以上 | 32. 7 | 6. 2 | 16. 9 | 24. 6 |
| 总　计 | 100. 0 | 100. 0 | 100. 0 | 100. 0 |

资料来源：2018 中国卡车司机调查。

至于休息时间，32.7%的卡车司机每月休息天数为“3～4天”，23.8%的卡车司机每月休息天数为“5～6天”，21.6%的卡车司机休息时间为“1～2天”，一天都不休息的占16.1%。

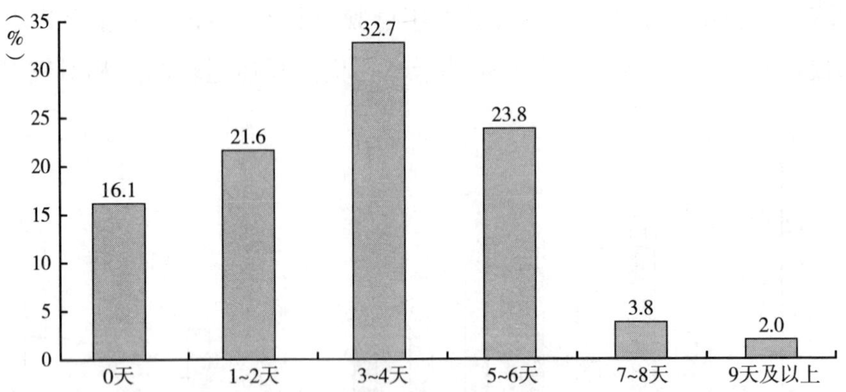


**图1－26　他雇卡车司机每月休息天数**

资料来源：2018中国卡车司机调查。

将企业规模与卡车司机每月休息天数进行交叉分析后发现，受雇于大型企业的卡车司机，一天也不休息的占9.8%，而受雇于中小型企业的卡车司机，一天也不休息的占25.6%，大大高于前者。大型企业中35%的卡车司机每月休息“5～6天”，而中小型企业这一比例只有7%。大型企业卡车司机每月休息天数比例最高的是“3～4天”

**表1－2　企业规模与卡车司机每月休息天数交叉分析**

单位：%

| | 每月休息天数 | | | | | |
|---|---|---|---|---|---|---|
| | 0天 | 1～2天 | 3～4天 | 5～6天 | 7天以上 | 合计 |
| 大型企业 | 9.8 | 11.4 | 36.0 | 35.0 | 7.7 | 100.0 |
| 中小型企业 | 25.6 | 36.7 | 27.6 | 7.0 | 3.0 | 100.0 |
| 合　计 | 16.1 | 21.6 | 32.7 | 23.8 | 5.8 | 100.0 |

资料来源：2018中国卡车司机调查。

（36%），而中小型企业卡车司机休息天数占比最高的是“1～2天”（36.7%）。概言之，大型企业卡车司机每月休息的天数更多。

事实上，无论是在大型企业还是在中小型企业，少有卡车司机有固定的休息时间。只要有活，他们就得出车上路。对许多卡车司机来说，等待装卸货的时间可能就是他们唯一能够休息的时间。

## （五）健康与疾病

高强度的工作使得卡车司机的健康问题不容忽视。根据调查数据，他雇卡车司机认为自己健康状况“很好”和“比较好”的分别占28.6%和16.9%，认为自己健康状况“不太好”和“很不好”的比例分别为13.5%和1.0%。可见，他雇卡车司机对自身健康状况的评价较为乐观。

但是事实上，与自雇卡车司机一样，他雇卡车司机也受到多种疾病的困扰。在问卷中，我们请被调查者选择1～3项最困扰自己的疾病并按照重要性进行排序。根据统计结果，排序第一的疾病，占比居前三位的分别是颈椎病（43.8%）、胃病（19.8%）和腰痛（15.5%）。排序第二的疾病，居前三位的仍然是上述三类疾病，只

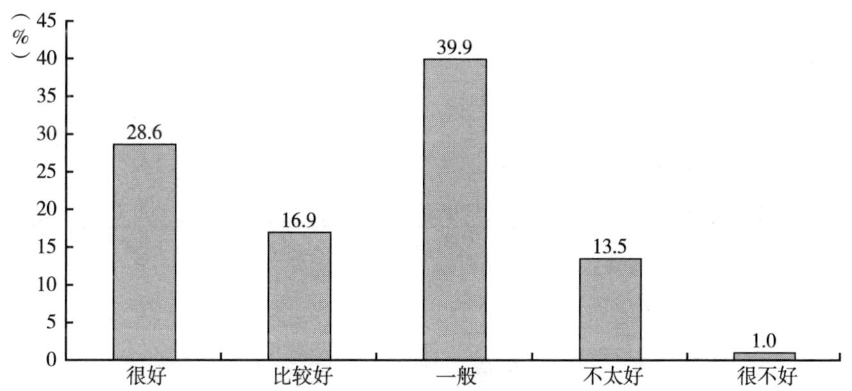


**图1－27　他雇卡车司机对自身健康状况的认知**

资料来源：2018中国卡车司机调查。

是占比有所变化，占比由高到低依次为腰痛（43.7%）、颈椎病（29.0%）和胃病（10.6%）。

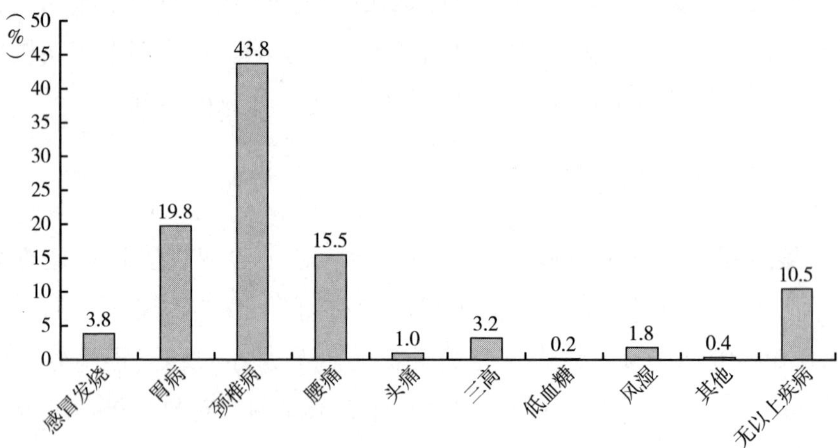


**图1－28　最困扰他雇卡车司机的疾病（排序第一）**

资料来源：2018 中国卡车司机调查。

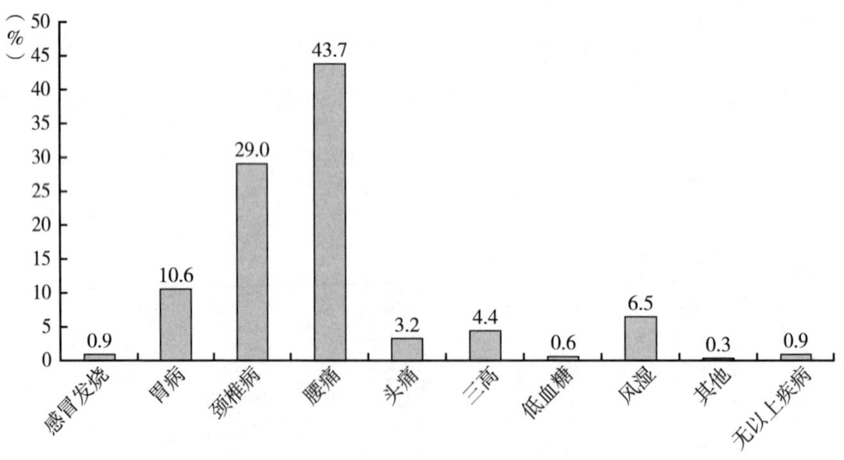


**图1－29　最困扰他雇卡车司机的疾病（排序第二）**

资料来源：2018 中国卡车司机调查。

## 三　他雇卡车司机的收入、保险和福利

### （一）收入

他雇卡车司机的年平均收入为7.8万元。33.1%的卡车司机通过开卡车获得的年收入为“5万~6万元”，30.4%的卡车司机年收入为“7万~8万元”，20.4%的卡车司机年收入为“9万~10万元”。收入为“4万元及以下”的占7.5%，“11万~12万元”的占5%，13万元及以上的仅占3.6%。可见卡车司机的收入水平较低。

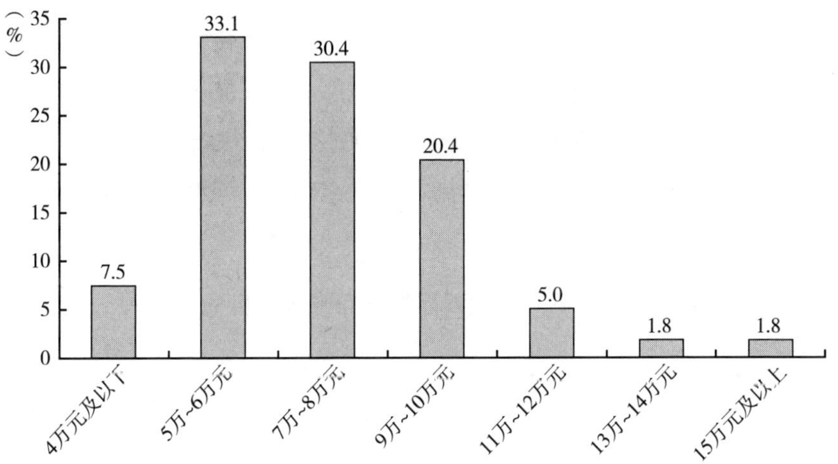


**图1－30　他雇卡车司机通过开卡车获得的年收入**

资料来源：2018中国卡车司机调查。

卡车司机的年收入与其受雇的企业规模相关性较弱，但是与卡车司机拥有的驾照类型高度相关。将卡车司机的年收入与其驾照类型进行交叉分析后发现，拥有A证的司机比拥有B2证的司机收入要高不少。持A证司机年收入额度占比最高的是“7万~8万元”

(32.5%)，其次为“5 万~6 万元”(27.5%)，再次为“9 万~10 万元”(25.6%)。持 B2 证司机年收入额度占比最高的是“5 万~6 万元”(51.3%)，其次为“7 万~8 万元”(23.9%)，再次为“4 万元及以下”(16.8%)。10.4%的持 A 证卡车司机年收入在 11 万元及以上，持 B2 证卡车司机年收入在 11 万元及以上的则寥寥无几。此数据也符合我们在访谈中获得的印象。一般来说，持 A 证的卡车司机月收入比持 B 证的司机至少高出 1000 元。因此不少卡车司机努力争取从 B 证增驾到 A 证，这一般需要在取得 B 证的三年之后方可。一位卡车司机曾提到自己从 B 证增驾到 A 证的经历：

> 我 2001 年办的 B2 证。给人家打工，开一体车，车长 9.6 米。那时工资 2900 元，管吃管住。有一次我们从内蒙古回来，堵在路上，遇上开挂车的司机，一问人家挣 5000 多元，我一想，一样开车，人家 5000 多元我才 2900 元，我就对老板说，咱们回去后你再找人开吧，我要增驾，升级。(SY－WLX 访谈录)

**表 1－3　持不同类型驾照的他雇卡车司机的年收入**

单位：%

| | 通过开卡车获得的年收入 | | | | | |
|---|---|---|---|---|---|---|
| | 4 万元及以下 | 5 万~6 万元 | 7 万~8 万元 | 9 万~10 万元 | 11 万~12 万元 | 13 万元及以上 |
| A1 和 A2 | 3.9 | 27.5 | 32.5 | 25.6 | 6.3 | 4.1 |
| B2 | 16.8 | 51.3 | 23.9 | 5.3 | 0.9 | 1.8 |
| 其他 | 20.0 | 30.0 | 30.0 | 10.0 | 5.0 | 5.0 |
| 合　计 | 7.5 | 33.1 | 30.4 | 20.4 | 5.0 | 3.6 |

资料来源：2018 中国卡车司机调查。

## （二）保险与住房公积金

在 496 位被调查的卡车司机中，企业为之缴纳基本养老保险的比例为68.1%，缴纳基本医疗保险的比例为68.8%，缴纳工伤保险的比例为65.5%，缴纳失业保险的比例为48.8%，缴纳生育保险的比例为36.1%，缴纳意外伤害保险的比例为62.7%。将是否缴纳保险与企业规模进行交叉分析后发现，受雇于大规模企业的卡车司机拥有社会保险的比例要远远高于受雇于中小型企业的卡车司机。如受雇于大型企业的卡车司机，企业为之缴纳基本养老保险的比例为85.5%，缴纳生育保险的比例为50.2%，但是受雇于中小型企业的司机，对应的数据则分别是42.2%和15.1%。

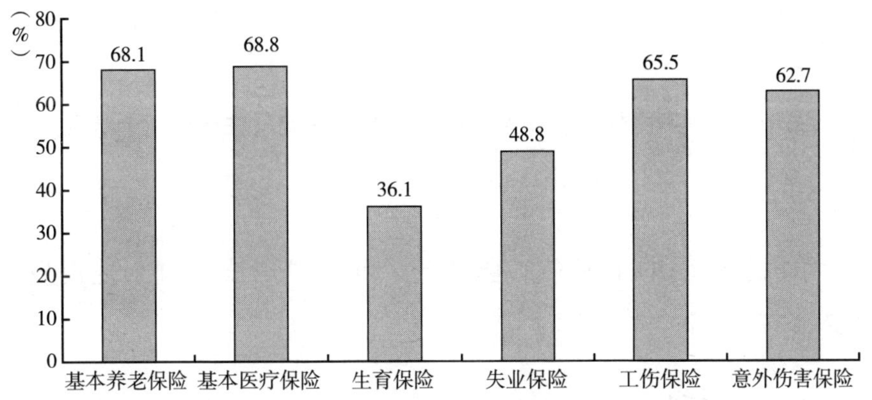


**图1－31　企业为卡车司机缴纳保险状况**

资料来源：2018中国卡车司机调查。

47.4%的卡车司机所在企业为之缴存了住房公积金。将“企业规模”和“是否缴存住房公积金”进行交叉分析发现，大规模企业的卡车司机拥有住房公积金的比例为76.1%，而中小型企业的比例仅有4.5%。

事实上小型物流企业一般不会给卡车司机缴纳保险和住房公积金。有企业负责人声称，尽管企业有意愿为司机缴纳保险，但是司机的意愿并不强烈，有的司机甚至予以反对。原因在于，一旦缴纳了保

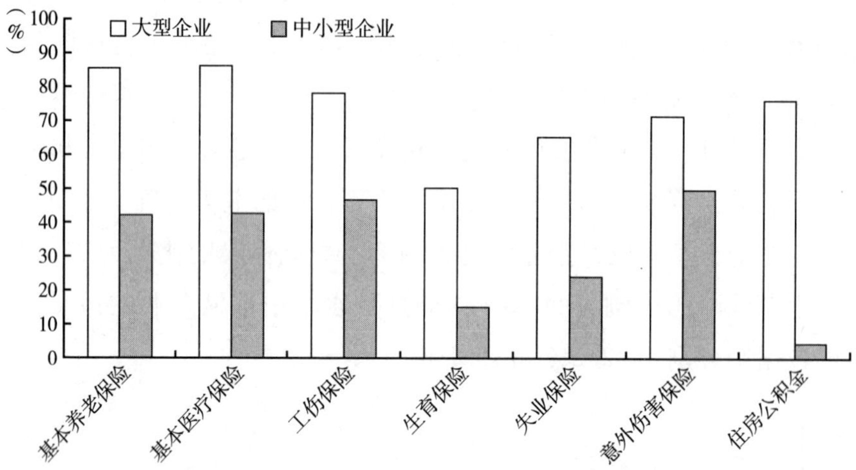


**图 1-32　不同规模企业为卡车司机缴纳保险与住房公积金状况**

资料来源：2018 中国卡车司机调查。

险，司机拿到手的工资必然会降低。可见“现钱”对于他们更显重要。

## （三）福利

关于企业提供的福利，45.4%的司机选择了“发放劳保用品”，54.0%的司机选择了“提供宿舍”，48.8%的司机选择了“过年过节发东西”，“解决孩子上学问题”和“解决配偶工作问题”占比均很小，分别为4.2%和2.6%。将企业规模与福利类别进行交叉分析后，我们发现受雇于大型企业的卡车司机，比受雇于中小型企业的卡车司机有更高的比例获得劳保用品，在公司“提供宿舍”方面比例几乎一样（54.9%和52.8%），在“过年过节发东西”方面，前者比例更高（55.9%和38.2%），至于“解决配偶工作问题”和“解决孩子上学问题”，两类企业比例都很低，数值也相近。

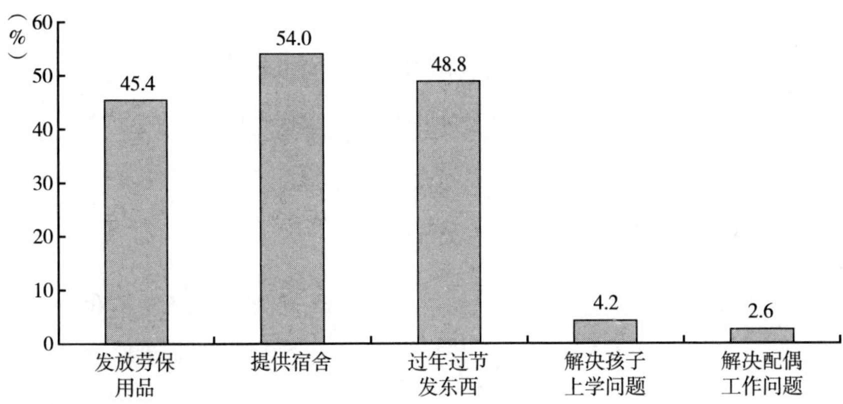


**图 1-33　企业为卡车司机提供福利状况**

资料来源：2018 中国卡车司机调查。

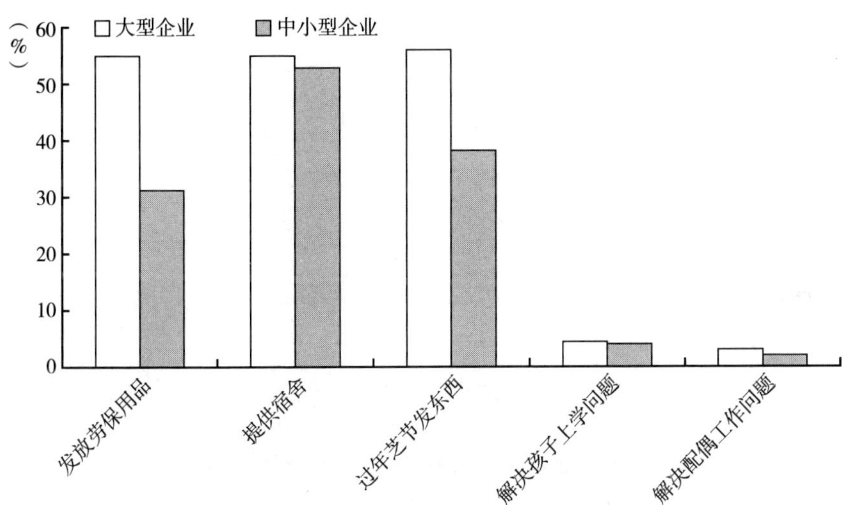


**图 1-34　不同规模企业为卡车司机提供福利对比**

资料来源：2018 中国卡车司机调查。

## 四　他雇卡车司机的社会地位认知、未来从业计划与子女期望

### （一）社会地位认知

他雇卡车司机对自身社会地位认知普遍较低。64.5%的他雇卡车司机认为自己的社会地位处于“下层”，25.2%的卡车司机对自己的社会地位层级表示“说不清”，认为自己处于“中层”乃至“上层”的占10.3%。相比之下，自雇卡车司机认为自己的社会地位处于“中层及以上”的占17.6%，高于他雇卡车司机7.3个百分点。但是自雇卡车司机中认为自己处于下层的比例（65.8%）与他雇卡车司机相近。

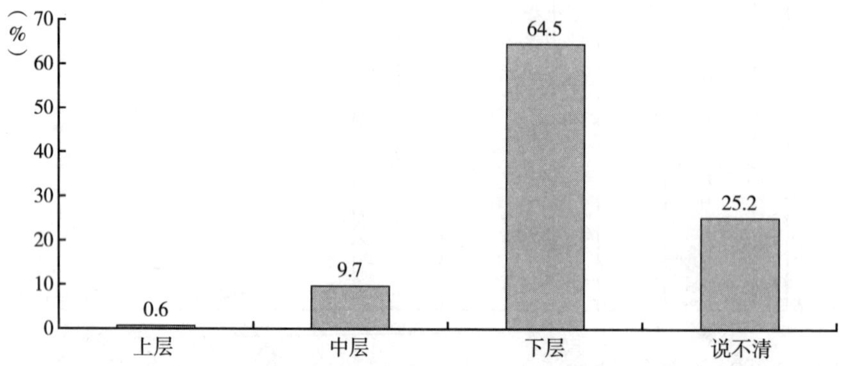


**图1－35　他雇卡车司机对自身社会地位的认知**

资料来源：2018中国卡车司机调查。

### （二）未来从业计划

关于未来的从业计划，占比最高的为“转行”（41.3%），其次

是“继续为当前雇主开卡车”（40.1%），打算“自己买卡车”的占8.7%，计划“做货代”的占2.4%，“去为别的公司开卡车”的只有1.4%。“转行”和“继续为当前雇主开卡车”的比例相近且都数值较高，是一个值得玩味的现象。

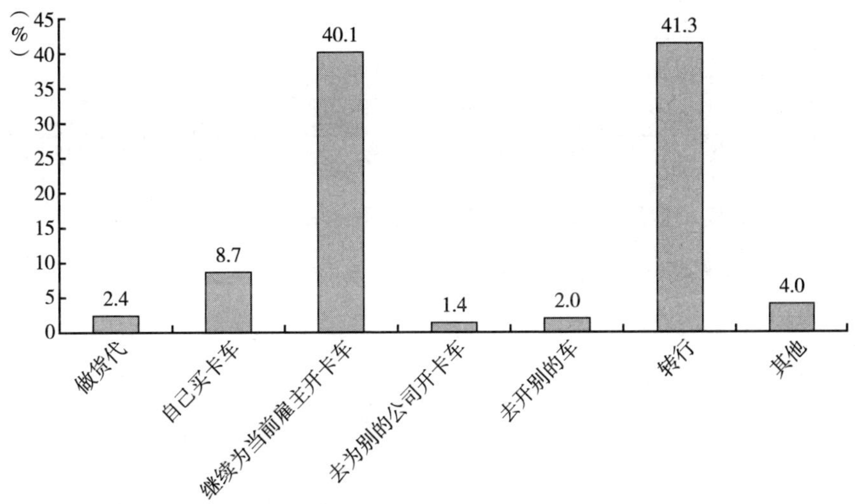


**图1－36　他雇卡车司机对未来从业计划**

资料来源：2018中国卡车司机调查。

## （三）对子女的职业期望

父母对子女的职业期望是影响子代职业选择的重要因素，也是反映父母对自身职业认同的重要指标。由问卷统计数据可知，高达97%的他雇卡车司机不愿意让子女从事卡车司机这一职业。至于不愿意让子女从事该工作的主要原因，按重要程度排序后，排序第一的因素按照占比由高到低的顺序，分别为“风险高”（67.5%）、“收入低”（14.7%）、“不能很好照顾家人”（8.8%）。

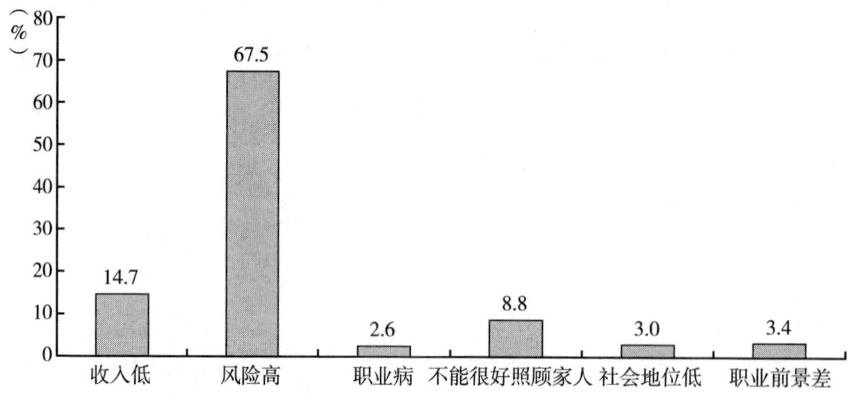


**图 1-37　他雇卡车司机不愿意子女开卡车的原因（第一选择）**

资料来源：2018 中国卡车司机调查。

## 五　小结

本章主要通过问卷统计数据勾勒了他雇卡车司机的群体特征。概言之，他雇卡车司机是一个以男性和农村户口为主、受教育程度较低、家庭负担较重、社会经济地位较低的群体。在这些方面，他们与自雇卡车司机非常相似。他雇卡车司机的年龄集中在 31 岁到 45 岁，与自雇卡车司机相异，表明资本对精壮劳动力的甄选和青睐。

他雇卡车司机并非一开始就选择了驾驶卡车这一职业，而是有着在工厂做工、务农或个体经营等多种经历，之所以转而从事驾驶卡车的工作，主要是出于增加收入的考量。相当比例的他雇卡车司机曾经自己养车，因为不愿承受自己养车的风险和压力而选择受雇于人，这在某种程度上或许可视为一种向下的流动。他雇卡车司机进入货运行业之后，往往频繁地更换雇主。不过他们一旦认定一个雇主，也可能长时间为之工作。高度的流动性和适当的稳定性并存是他们从业的一个特点。

他雇卡车司机的工作强度大，休息时间少，健康状况堪忧，与家人聚少离多。虽然一些大中型企业为卡车司机提供诸如五险之类的社会保障，但是仍有相当多的他雇卡车司机没有从雇主那里得到任何保障。

他雇卡车司机对自身社会地位的认知偏低，绝大部分认为自己处于社会的下层。因为驾驶卡车风险大、收入低等原因，他们不愿意子从父业。将近一半的卡车司机希望未来“转行”，但是事实上他们转行非常困难，自己养车和做货代也非易事。无论卡车司机如何频繁地在企业间流动，他们中的绝大多数人只能是水平流动，而少有可能向上流动。

# 第三章　他雇卡车司机的劳动过程

本章集中阐释他雇卡车司机的劳动过程。按照著名社会学家麦克·布洛维（Michael Burawoy）的界定，劳动过程具有双重面向：一为实践面向，即工人用生产工具改变原料的过程；二为关系面向，即工人与管理者、工人与工人之间的具体而复杂的关系，也就是生产关系（relations in production）。其中，关系面向尤其是工人与管理者/资本之间支配与抗争的权力的关系，构成了社会学劳动过程研究的关键议题。

在《中国卡车司机调查报告 No. 1》中，我们重点关注了自雇卡车司机的劳动过程。由于自雇卡车司机所拥有的“自雇”特点，这里的劳动过程主要指向卡车司机工作的实践面向，而并不涉及工作现场中的权力关系。但是在对他雇卡车司机的劳动过程的研究中，雇主对其劳动过程的管理和控制、司机对控制的体验和回应等，就成为我们研究的主要问题。本章首先基于问卷统计数据和访谈资料对他雇卡车司机工作的基本状况予以描述，之后按照不同的雇佣方式讨论他雇卡车司机劳动过程的特点，最后阐述卡车司机对劳动控制的体验、洞察和抗争方式。需要说明的是，本章行文中的“司机”“卡车司机”如无特别说明，均指他雇卡车司机，之所以不一概使用“他雇卡车司机”，是为了避免行文的生硬。

## 一　他雇卡车司机工作的基本状况

在第二章，我们已经描述了他雇卡车司机的工作时间、休息时间、收入、福利和保障等与工作相关的情况。在这一章，我们对其工作基本状况的描述主要放在他们劳动过程的展开以及他们对工作的体验和感受上。应该说，他雇卡车司机与自雇卡车司机在劳动过程的诸多方面相似乃至相同，因此我们的叙述与《中国卡车司机调查报告No. 1》中以自雇卡车司机为主要研究对象的劳动过程的叙述必然会有雷同之处，但是我们认为仍然有必要将之呈现，以完整地呈现他雇卡车司机的工作状态。

### （一）入职

根据问卷统计数据，49.2%的卡车司机通过“亲友介绍”找到当前工作，29.0%的卡车司机则是经由公司招聘。可见通过初级社会关系找工作是卡车司机求职的主要途径。受访的卡车司机表示，卡车司机找工作多是亲戚好友之间互相介绍，哪里的“活好”就去哪里。从雇主一方来看，个体车主招聘司机时，首先考虑的无疑是自己的亲戚好友或他们介绍的人；而企业无论规模大小，也都倾向于通过员工介绍的方式来找司机，既简单易行，又知根知底。

卡车司机不仅通过关系找工作，也带着关系进入职场。换言之，卡车司机和雇主、管理者以及企业的其他卡车司机之间不仅存在业缘关系，而且可能存在血缘和地缘关系。这些关系在很大程度上影响到劳动过程控制和抗争的形态，这一点我们将在后文详述。

### （二）面试、试用与入职培训

在卡车司机被正式录用之前，往往会经过简单的面试。在企业，面试通常由企业管理卡车司机的车队长负责。面试除确认应聘者的驾照资质之外，主要内容是对其驾驶技术进行考核。车队长通过应聘者对倒车、入库、停车等驾驶过程中重要环节的操作，确认应聘者是否能够胜任驾驶工作。

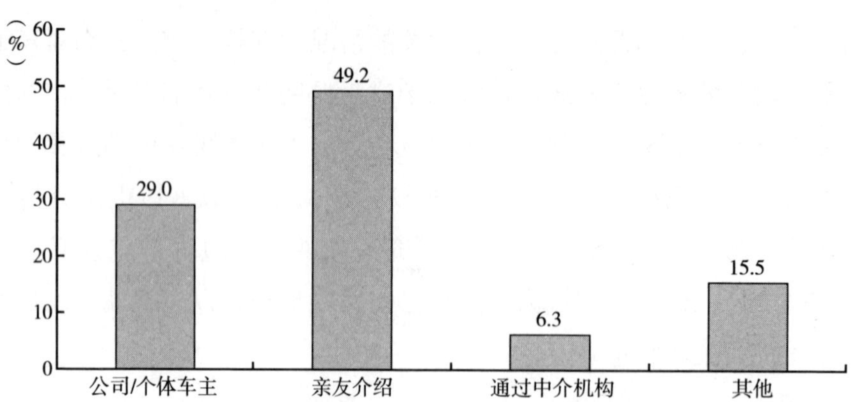


**图 1－38　他雇卡车司机找到当前工作的途径**

资料来源：2018 中国卡车司机调查。

> 一上手就知道你到底行不行了，你会不会停车，技术到底娴熟不。还有倒车什么的，还有装货，你装货的时候车停在那里的位置。（CY－BRH 访谈录）

对驾驶技术的测试一般首先在企业的停车场进行，之后车队长往往会安排应聘者与企业的某个驾驶员一起出一趟车，以进一步确认应聘者的驾驶技术。以下是一位卡车司机对所在企业面试方式的介绍。

> 他（指车队长）一开始就在停车场考验你开车，他开车时间长嘛，一看就差不多了。你出一趟车回来他也要咨询一下另一个司机，这个人怎么样，开车技术怎么样。通过别人的评价来判断。他偶尔也跟车，看下新驾驶员（怎么样）。（KS－WYQ 访谈录）

面试之后往往还有试用期。试用期内，车队长一般会安排企业的老驾驶员一对一带新入职的司机，这既是对新手的进一步测试和考察，也是对新手的入职培训。“以老带新”是企业惯常使用的试用考察和培训的方式。一位车队长介绍了企业对新司机培训的方式、培训的必要性和培训内容。

> 我们是以老带新，因为驾驶员换一个工作，路线啊，装的货都有区别。像我们装的货比较高，特别在转弯的时候就要慢一点，货高转弯就容易翻车。还有盖雨布，消防啊，万一抛锚的话得有人会处理，还有驾驶员单子问题，我们也得说清楚。（XH－FZX 访谈录）

### （三）分工

通过试用期后，应聘者就正式开始了他的劳动过程。一些大中型企业会跟应聘者签订劳动合同，并按规定为之缴纳社会保险。但是小型企业和个体车主通常不会与司机签订劳动合同，也不会提供任何类型的社会保障。

企业管理者会根据卡车司机的驾照类型和运营需要确定卡车司机的工作内容。虽然卡车司机的工作主要就是开车，但是具体也有分别。

1. 提货/送货

一般来说，物流企业的卡车司机根据其工作的内容，大致可以分为两类：一些卡车司机负责送货，另一些卡车司机负责提货。卡车司机驾驶提货车到厂家把货物提到公司，然后其他的卡车司机负责往外运送。有时负责送货的卡车司机也会直接去厂家提货。

专门设置提货车的情况较多地发生在零担运输的条件下。卡车司机把货物提回到企业之后，往往要根据地域进行分类，然后或者企业自行派车运送到目的地，或者把去往同一个地方的货物集中送往货站或其他专线物流公司。

> 拉的这个货，全国各地的都有。回来之后先卸到库房里，然后再用小车发到各个货站。比如这个货是到重庆的，公司不可能有专门到重庆的车。这样就联系专门的货站，专门发重庆的货站。货站集中一大批，一起发。……厂家全国各地的都有，四川、河南、广州。我最多的时候一车提过18家，就是18个地方的。（RQ－SMG访谈录）

2. 长途/倒短

运送又分长途和短途。长途运输司机需要办理的手续比较简单，短途则相对烦琐，要来回“办单”；长途司机通常难以避免熬夜，短途则不需要，因此长途司机更容易疲劳驾驶，危险性更大，“倒短的一般就是剐个镜子，剐个厢。长途的一出事故就是大的，过度疲劳”（RQ－SMG访谈录）；长途如果是专线，卡车司机路线熟悉，驾驶相对容易，短途则不然，如果点比较多，司机熟悉路况需要较长的时间，也会面临较大的闯禁区的风险。以下是一位师傅对长短途的比较：

> 长途就有一个（不好的地方），熬夜。领一下单子，换一下证，直接就开了走了，别的没什么要负责的。转的话（指短途），你来回办单、接单，天天去的路线都不一样，很麻烦的。你每天去装货的厂子是不一样的，不可能说你这厂里面货我包了，然后我回来就装你的了，那就省劲了。我们定点的（指长途）跑来跑去，就这几个点，天天跑的路线，几点可以走，几点不能走，哪里是禁区也都知道。……倒短也有专线。以前我在上海那边干，倒短，就一直是从上海到南京那一段。上海、昆

山、无锡、常州、丹阳，就来回在那里面穿插着跑。有专线但是不定点。你就来回往那边跑，上海大了，转一圈就一百多公里，一会儿跑到浦东，一会儿跑到浦西，你要一年两年才能（熟悉），知道大概位置，但是禁区不禁区你不知道。（ZB - PPY 访谈录）

3. 装卸货

关于是否需要参与装货和卸货，24.2%的司机表示“需要”，32.5%的司机表示“有时需要，有时不需要”，43.3%的司机表示“不需要”。装卸货的参与程度与企业规模有一定关系，规模越大的企业，卡车司机中不需要参与装卸货的比例越高。但是在许多情况下，即使司机不亲自装卸货，他们也得监督装卸货的过程，以避免发生差错。零担运输尤其容易发生货物数量上的差错，因为司机需要从很多厂家提货，卸货的点也很多，所以发生串货的可能性很大。

一位负责提货的卡车司机如此讲述他在装卸货时的工作：

装卸货的时候我们基本上休息不了，因为装货的时候我们都要点数的，要检查有没有破损。装完这一家，我们一般还要做一个记号。卸货的时候要根据我们这个记号，别卸串了货。……我们的活有时候是相当麻烦的。有时候把货提回来，货要是相当乱的时候，你还得看着他分货呢。万一搞错了就麻烦了。公司经常出现串货这种现象，就是没把货分好。所以有时候我得盯着。（RQ - SMG 访谈录）

## （四）对工作的体验

以上我们叙述了卡车司机工作展开的过程和他们工作的主要内

容，下面转入对其工作体验的描述，从中我们可以更深入地洞悉他们工作的特点。

1. 劳累

劳累是卡车司机普遍的感受，这是因为，其一，他们长时间坐着。即使是一辆车上有两名司机，一名司机一次也要驾驶三四个小时。

> 确实是累，一坐坐三四个小时，老让你固定着不动。（JYH－WL访谈录）

其二，工作时间长，且常常夜间行车。根据统计数据，卡车司机每天驾驶时间在“6～8小时”的占个案总数的31.9%，驾驶时间在9小时以上的占45.5%，可见他们工作时间之长。不仅如此，他们常常不得不在夜间长时间劳作。夜间驾驶是卡车司机工作的常态，这是因为：（1）许多司机从事长途货运，自然无法回避晚上驾驶；（2）由装卸货的时间而定，因为装货需要的时间长，装完货往往就到了晚上；（3）许多禁行区域只准许夜间通行。此外，晚间驾驶也有利于规避执法者。无疑夜间行车是非常疲惫的，更何况他们常常在白天也得不到很好的休息甚至不能休息。

其三，因为堵车、走下道等延长了驾驶时间。一些企业或车主为了节省高速路上的过路过桥费，而要求司机尽可能走下道。另外从事特殊货物运输——如危险品运输——的司机，因为许多高速路段禁行，而常常不得不走下道。走下道延长了驾驶时间，而且司机走下道比走高速更为紧张，因而也就更加劳累。

> 反正危险品运输，哪哪都管，确实不容易。太累了。正常你驾车四小时走高速就能到。你要走下道，这儿不让走，你绕那儿去，你绕来绕去，绕多少公里啊？还是这一趟活。那是不是人太

> 累了？走高速毕竟精神上缓冲点，你走下道，危险性肯定要高了，你精神上就要高度集中了，就太累了。（JYH－WL 访谈录）

堵车是卡车司机最不愿遭遇的情况之一，一旦堵车，不仅延长了驾驶时间，而且如果不是“一动不动”的情况，司机还得“盯着”，这进一步加剧了疲劳感。

> 一堵车就什么都耽误了。有个说法是，不怕车一动不动，就怕它慢慢地动。一会儿动，一会儿不动。你还不敢熄火，还得在那儿盯着。（RQ－SMG 访谈录）

其四，吃不好，睡不好。吃住在车上是卡车司机的常态。因为服务区饭菜价格高，且质量无保障，卡车司机多选择在车上做饭，但是因为条件的限制，在车上往往也只是煮方便面或者做点其他极简单的饭菜。虽然有的企业有食堂，但是因为司机出车不定点，一般很难吃上食堂的饭菜。睡眠更是问题：工作时间的不确定，导致休息的时间也不确定，生物钟完全紊乱。服务区睡觉太贵，因此大多数情况下卡车司机就睡在车上。而且因为偷油偷货频发，他们往往不敢安心睡觉。长年累月的低质量短时间睡眠和缺乏营养的饭菜，使得他们更感劳累。

2. 危险

驾驶货车无疑是高危职业。因货车导致的交通事故往往是致命性的。交通事故主要源自疲劳驾驶，疲劳驾驶最主要的诱因是赶时间。超限超载是危险的另一个来源：车辆过重会刹不住车，过长不好转弯，且倒车看不见后面的情况。超限超载是货运行业长时间以来的积弊。随着国家治超政策日益严厉，超限超载现象日趋减少，但是仍然在一些地域广泛存在。这类现象更多地集中在个体车主和小物流企业上。潘师傅如此讲到自己惊心动魄的超载经历：

那时候拉的，估计你们坐都不敢坐。整个车超了一圈，那个板本身就三米长，屁股后面再超出三米，然后上面一直拉到高到什么程度？那一路最矮的桥是多高就按那个（高度）装。那时候隧道还没有三跑道，都是两跑道，我们进去要走的话，就骑着线走。两个道都占完。（ZB－PPY 访谈录）

此外，从事危险品运输的卡车司机面临另一种危险，他们甚至称自己拉着的是“行走的炸弹”。JYH 公司的卡车司机运输的是石油，虽然他们每天驾驶的时间相比其他企业要短，但是司机们认为自己承担的风险其实要大得多。

我们天天跟玩命似的。为什么一个车要俩人呢？普通活一个人就干了，你担着风险呢。尤其是危险品行业，你要拉一车沙子，要追就追，没事。你拉着液体，要给撞了怎么办？好多高速路不让危险品走啊，影响太大，一泄漏就免不了着火啊、爆炸啊。说白了，拉着罐体车，整个就一个行走的炸弹。（JYH－WL 访谈录）

3. 提心吊胆

提心吊胆是卡车司机工作中的强烈感受。运输途中，除了担心发生交通事故，司机们最担心的是遇到偷油偷货的情况。偷油偷货是货运行业中的一个突出问题，偷窃者手段高明，瞬间即可将油箱抽干，他们甚至与服务区看守者串通一气，使得司机更是敢怒不敢言。根据问卷调查数据，如果发生了油货被偷的情况，46.2% 的人选择自己需要赔偿。而对超过 50% 的不需要自己承担费用的司机来说，保证油货的安全也是他们的应尽之责。如果时不时发生油货被偷的问题，他们自然难以向雇主交差。这也正是他们为何不会长时间停留在服务区或路边的主要原因。

卡车司机除了要保证按时将货物送到，还需要保证货物的数量准确无误，且完好无损。根据调查数据，如果发生了货物损坏，28.8%的人选择了自己承担相关费用。访谈中得知司机是否担责往往视情况而定，如果是司机的过错，司机通常要给予赔偿。货物的缺失往往需要司机来承担，所以司机在装卸货时要特别留心。一旦数量不符，就得自己补上。

> 你得看着装卸工。他只管效率，问你这个货到哪里，哗地给你倒下去，他也不管对不对。有的卸货的时候随便一点，多个一箱两箱，他也不给你，到了下一站再卸的时候，你就得自己掏钱。（ZB－PPY 访谈录）

另外一个让司机提心吊胆的问题就是罚款和扣分，尤其是扣分。交通违规罚单分两种：电子单和现场单。电子单的扣分可以用其他人的驾照去消分，现场单却不行。根据公安部 123 号令，持有大型客车、牵引车、城市公交车、中型公交车、大型货车驾驶证的驾驶人“在一个积分周期内有记满 12 分记录的”，车管所将注销其最高准驾车型驾驶证资格，并通知驾驶人在 30 日之内办理降级换证业务。驾照降级对卡车司机影响巨大，从 C 证到 B 证再到 A 证，每一次的驾照升级，都需要经过学习、考试，还需要满足一定的年限才可，其间产生的各种费用也不菲。而驾照的等级又与收入紧密相关。所以，对卡车司机来说，遇到现场单是最头疼的事，一旦驾照扣过分，上路总是提心吊胆。

调查中一些企业负责人指出，现在禁行区域太多，虽然明面上有通行证制度，但是一般不发给外省市的车辆，本省市的车辆甚至也拿不到。这就使得“闯禁行”成为“必需”，司机因此面临很大的驾照扣分的风险。一位车队长说到因为无法办理通行证而不得不违章的无奈：

> 现在办通行证，你所有手续都有，对不起，我不给你办。这帮办证的，甚至连眼皮都不抬，都不搭理你。你都订好合同了，你跑不跑？跑的话，你司机就得违章，那没办法。（JYH－CHEN访谈录）

我们访谈的一位师傅因为扣了9分而不敢上路，不得不歇了一个月。

> 禁行的区域太多。我们的本就12分。一回禁行，罚100（元），扣3分。我已经扣了9分了。害怕，都休息一个月了。我想也不能总歇着，就又开始开。只剩3分了，提心吊胆的。（RQ－SMG访谈录）

## 二　不同雇佣方式下卡车司机劳动过程的差异

不同的雇佣方式下，卡车司机的劳动过程存在较大的差异。我们在此区分两种雇佣方式：被个体车主雇佣和被企业雇佣。企业因为规模不同，对卡车司机的劳动过程的管理和控制也有所不同，但是我们在此不进行进一步的细分，而是将之作为一个理想型与个体雇佣模式相对应。因此，需要说明的是，我们总结出的企业雇佣模式下劳动过程的特点并非显现于所有的企业，而个体雇佣模式下的特点也不一定就不存在于某些企业之中。

## （一）受雇于个体车主

一些个体车主购车之后，会雇用一名乃至两名卡车司机。尽管因为运价低迷，钱越来越难挣，个体车主日益倾向于自己驾驶，但是仍然存在相当数量的被个体车主雇用的司机。这类卡车司机的劳动过程与受雇于企业，尤其是大中型企业的司机颇为不同。

1. 时间相对宽松

虽然货运一般都有时效要求，但是在访谈中得知，如果是给个体车主开车，除非是运送绿通等时效性特别强的货物，一般情况下并不需要特别“赶”，“只要货主不催就没事”。曾经给个体车主开车的潘师傅指出：

> 他们（指个体车主的散货车）很少拉一票的，一拉就是两票、三票，你算好了时间跑，从上海往温州那边过去，第一站就是福鼎，从福鼎开始卸货，然后是福州，你算好了，只要第一站能到就行了，时间没那么急。你要是感觉时间充足的话，可以在那边睡一觉。……只要货主不催。要是一天有四票的话，你卸了三票或者两票，感到实在太累的话，就在那边睡一夜，没事。找个停车场或找个旅社，好好歇一歇，然后第二天再去送。老板也不会说什么，只要货主不催就没事，老板那边好说。（ZB－PPY访谈录）

另一位受雇于个体车主的高师傅也谈到送达的时间规定并不严格，但是如果迟到，需要提前和货主沟通。

> 这个货一般是当天发货，第二天要求到，但是他没有规定几点，可以上午到，也可以下午到。你要是有什么情况需要提前沟

通，一般人家（货主）都还是比较理解的。你要提前沟通啊，你要是有什么情况不提前沟通，不打电话，上午过了，下午也没到，人家货主说你没信誉啊，你要是提前沟通好了，这个就没有问题了。(ZB－GAO 访谈录①)

2. 活杂事多

受雇于个体车主的卡车司机工作内容比较繁杂，主要表现在两方面。第一，除了开车，他们往往还要参与拉绳、盖苦布等工作。个体车主厢式货车较少，板车居多，所以拉绳、盖苦布等是必要的工作，而这自然都是卡车司机的分内之事。如果一辆车配有两名司机还算好，否则对一名司机来说这些工作极为辛苦和麻烦。潘师傅谈到自己过去给个体车主开车时拉绳的经历：

那种车子是大板车，最少是五块篷布，一个网，一圈绳子捆下来，一个人捆至少要半个小时。碰见厂里面有叉车的话，给你挑上去盖一下也行。要是没有的话，你一个人根本没办法。要不然你跟个窜天猴似的，上一下、下一下的，系个绳子甩上去，拉上，然后再下来。(ZB－PPY 访谈录)

有的卡车司机除了开车、拉绳、盖苦布之外，甚至还要负责找货源。2017 年我们在成都物流港遇到一位来自河南的给个体车主开车的师傅，他其时已在物流港等了两天，但是一直没有配到货，因而极为疲惫和焦虑。

在这里都是我们司机联系货，车主负责从家那边发货，一出

① 此段内容来自“2017 年中国卡车司机调查”的一份访谈记录。

来司机就联系货源，一般不空车返程，那赔得更多，跟老板汇报，老板觉得合适再装货。（CD－ZMD 访谈录）

第二，各种拉，到处跑。个体车主处于货运市场的最底层，除了少数有“门路”的车主之外，大多数个体车主货源有限，且不稳定。近年来随着国家经济下滑和环保政策频出，个体车主的货源进一步受到冲击。这就意味着卡车司机往往要全国各地跑，哪里有活去哪里，有什么货拉什么货。“各种拉”意味着他们可能“不得不拉一些别人不敢拉的”，因而风险增大；“到处跑”则意味着他们往往会面临路况的不确定性，而这其实是对司机的一个重大挑战，对路况的不熟悉可能致使频繁闯禁区，进而招致扣分和延误。此外，他们也可能不时处于等货的焦灼状态。

跟私人老板，活比较杂，什么都要干，而且是不固定的。你老是闯一些禁区，驾驶证有的都能扣到报警。没办法，有的禁区你不能不进。

他（指车主）不可能让你在那里闲着，有什么活都得干……拉一些别人不敢拉的。（ZB－PPY 访谈录）

王师傅讲到自己跟着个体老板四处跑车的辛苦经历：

我们从海南到哈尔滨，四五天就得到，都是蔬菜水果。到抚顺卸完香蕉，就开车到铁岭拉玉米，到河南卸到饲料厂，拉麸子到广东，给人家加工厂送去，卸完了就装上卷纸，到海南。有机会能睡一宿，没机会装上就上海南。开车上船，第二天早上到海南，卸了纸，又往东方跑，到了地方就半夜 12 点了，在那里装上装香蕉的纸箱子，1 点装完，睡三四个小时，到 5 点就去香蕉

地里，装上香蕉就接着跑。这一路上睡饭店的机会很少，就车上睡，饿了就在路边找地方吃一点。(SY - WLX 访谈录)

3. 包月制工资

受雇于个体车主的卡车司机工资多为包月制，车主通常根据卡车司机的驾照类型确定卡车司机每月工资额度。这种雇佣模式下的卡车司机往往少有固定的线路，当运货到一个地方之后，他们可能很快又要转到另一个地方。他们也不像企业的卡车司机那样，或者跑长途，或者倒短，而是长短途交替。这些都使得按照驾驶的里程数或者趟数来计算工资不大可能。此外，许多个体车主货源不大稳定，如果实施绩效工资，可能会使得司机的工资波动较大，而这必然是司机不愿意承受的。有的个体车主会在包月制工资的基础上，提供小额绩效，以激发司机的积极性。

> 我们那边 A 本的工资是 6500 ~ 7000 元，B 本是 4000 元多一点。B 本开的车小一点，就赚得少一点。A 本开的是半挂。工资是固定的，没法按趟数算。因为有的车出去了之后，不是到那儿了之后马上回来，可能又去别的地方。但是为了让他们多跑，装一票货会给他 50 块钱，出去一趟，要是装了 6 票，就可以挣 300 块钱。这也是为了让司机有个动力，要不然他出车回来累了就不想跑了。他们跑得勤一点，我自己也多挣一点。(SJZ - YL 访谈录)

4. 基于关系的控制

在论述个体车主对卡车司机的控制方式之前，我们需要宕开一笔，先说明劳动控制的必要性以及物流行业雇主对卡车司机控制的主要方面。控制是劳动过程的核心问题。按照马克思的论述，雇主购买的是工人的劳动力，为了将潜在的劳动力转化为劳动，雇主必须对劳动过程进行控制，以消除不确定性，实现雇主利益的最大化。

无论是个体车主还是企业，对卡车司机劳动过程的控制大致是相同的，主要包括以下几个方面。第一，安全行车。无疑这是最基本最重要的方面，正如一位个体车主所言，“只有车和人都平平安安的，才能挣钱”（SJZ－YL 访谈录）。尤其是对个体车主和小型企业来说，一旦发生较大的交通事故，赔付的金额可能需要好几年的时间才能赚回来。

第二，减少违章驾驶。违章驾驶可能导致罚款、扣分、扣车，甚至限制营运。一位企业负责人说自己天天提醒司机注意不要违章，因为违章会给司机和企业带来许多麻烦。

> 现在当地的安委会要求我们，违章总数车辆不能超过20%，还有一个就是每辆车上的没有消除的违章不能超过三条。超过三条，比如我们的车到广州以后，警察一查，车上有三条违章，直接把车给你扣掉。现在还有一个规定，就是一辆车每年只能有三个行驶证去处理，就是一辆车三个本，你超了以后就给你锁本了，锁本以后你要花更大的代价去处理。（JCJB－WH 访谈录）

据 JYH 公司的陈队长介绍，车辆违章罚款需要在一定期限内到罚款地缴纳，过期会有另外的惩罚。

> 违章一个月之内不处理，交通队还要对你进行处罚。违规了要整改，我们领导还要去交通队开会，不会罚钱，但是对公司的惩罚比罚钱还要可怕。限制你办业务，你的车让你停回来，不让你用车，等过了处罚期，七天以后再让走。最多的话能停一个多月。（JYH－CH 访谈录）

第三，满足客户要求，将货物按时、完好无损地送达。

第四，激发司机对工作的投入，防范司机偷懒。

第五，控制成本，减少油耗和路桥费等相关支出。成本控制无疑对所有的企业来说都是重中之重。在物流行业，近年来随着经济下行和市场竞争的加剧，成本控制的压力进一步增加。如一位企业负责人所说："企业要有竞争力，反正运价就这么多，就要靠内部降本增效。"（JCJB－WH 访谈录）

司机工资、油费和路桥费是运输中的主要成本。一位企业负责人大概估算了从北京往返广州的运价和各种费用：

> 油费和高速费基本上是一比一，一个往返的运价是 28000 元，过路费 10500 元、油 9500 元。过路费以前还好，现在好多地方都涨价了，湖北涨过价，江西涨过价，以前我们在 5000 元左右。（JCJB－WH 访谈录）

由于司机工资已经处在一个较低的水平，加之招聘和留住司机的困难，雇主一般不能对工资再行缩减，所以控制的重点就放在油耗和路桥费的支出上。

第六，防范司机做出损害企业利益的行为，如卖油、虚报开支等。据一些企业主介绍，油是卡车司机"捞外快"的一个主要资源，一些卡车司机或者卖油，或者拿老板的油卡给别人充值，然后收钱进入自己腰包。一位企业主谈到司机的种种"捞外快"的策略：

> 司机去加油站加油，往车里加了 1000 块钱的油，正好有辆车过来，跟那个车主聊聊，说："我给你加 300 元钱的油，你给我 200 元就行"，这好事谁不愿意啊，我要是那车主我也愿意啊。然后司机就用加油卡去加 300 元钱油，200 元钱就进了自己兜

里。但是回去老板看到的是加了1300元钱油。300元给别的车了，司机还挣了200元。

我们车老板花六块钱一升买的油，他们在路边三四块就卖掉了。怎么卖呢？有专门的管子往外抽，抽出来之后，论斤论升卖，现场就那么卖了，有很多这种司机。（HD－HF访谈录）

除此之外，司机还可能通过在过路费、修车费上的造假获得一些“小油水”。

司机都可以通过收费站赚钱。比如说半挂车过收费站正常收费是30块钱，他可以绕过这个收费站，有的时候可能从提前一公里半公里的地方，从隔壁村里面就绕过去了。有一些人绕过去之后可能就会造一些假，弄一些假票，假票那个东西很好买，一块钱可以买一本。有的司机过收费站可以从路边捡到票，拿这个票回去就报了。甚至有的回来之后就说我票丢了，财务没办法，补一张其他的东西，一样给你报，这也是可以赚钱的。还有修车，比如我爆胎了，高速路上人家来给换个胎，可能50块钱还不到，他就可能报100块或者更多，那你没法证实啊，我让维修工给我开多少就可以开多少。甚至有很多司机本来车没坏，跟老板说车坏了，回去报个三百五百的，这都很正常。（HD－HF访谈录）

厘清了雇主对卡车司机管理的主要方面之后，我们回到个体雇佣模式下的劳动控制问题。个体车主如何对所雇用卡车司机的劳动过程进行控制？在这里我们看到了一种类似“关系霸权”[①] 的生产体制。

① 关系霸权是我们在对建筑工人劳动过程的研究中提出的概念，其粗略的含义是指通过关系的介入和运作而在劳资之间制造共识。

卡车司机和车主往往本来就是朋友、亲戚或老乡，这种先赋性的社会关系暗含彼此的信任、人情和道义。即使本来没有这层关系存在，在日复一日的面对面的互动中，两者之间的关系也往往会超越纯粹的功利性的劳资关系的层面。卡车司机和个体车主通常深度卷入彼此的生活，他们一起出车，一起喝酒聊天，甚至家人也互相往来。这一方面使他们既有的血缘地缘关系在职场中不断得到强化和再生产，另一方面本来素不相识只能建立冰冷的雇佣关系的主体之间日益建立起一种“哥们儿”情谊。

个体车主一方面表现出对卡车司机的关心，他们把司机“当兄弟”，尽可能地予以各种照顾，如生病期间不克扣工资，尽可能地满足司机的休假要求等。另一方面他们对司机表现出高度的信任，不会对司机的行为施以严密的监控。以控制油耗而言，车主不会规定司机的耗油量，更不会采取诸如锁住油箱的极端方式，因为这样势必会破坏彼此之间的信任。

> 我是把他们当兄弟，待遇好、福利好。一个月有休假日，休息几天没事。我不怎么管理，说得不恰当的话，就是散养。我就一个电话，告诉他活在哪里，司机就去干了。我的司机是相当贴心的。我就记住一句话，你对他好，他就对你好。平常有事该帮就帮，工资该多给就多给，工作上的事就好说了。我说一个企业肯定做不到的事，司机生病了我把他送到医院，工资照开，他这个病可不是因为我得的。(SJZ - QIAO)

如这位个体车主所言，司机很多情况下是“很贴心的”。他们主动保养车辆，“把活干好”。一位卡车司机说道：

> 我平常车保养得好，没有坏过车。在家多费点心，出门就少

操心。就得勤动手。我的心态是，拿老板的车当我哥的车。(SJZ - QL 访谈录)

他们往往对车主报以深深的理解乃至同情。这种认知一方面或许与他们中的许多人有自雇经历相关。自己养车的艰辛使得他们更容易站在车主的位置上，体贴车主的种种难处。另一方面也是因为两者的关系使然。

除贴心之外，卡车司机表现出对个体车主的信任。他们好像不大关心自己的工资额度，而是听凭老板“看着给”。他们也不计算自己应该得到哪些权益。当问及车主给司机上了哪种保险的时候，一位卡车司机如此回答：

我也不知道是什么险。他（指车主）说你拿着，我说我拿那玩意干啥，你拿着吧。(SJZ - QL 访谈录)。

如果车主暂时不能支付工资，他们也不会急于讨要。沈阳的王师傅曾经给一个个体车主开车，因为看到持 A2 证的司机比持 B 证的司机收入高很多，所以向车主提出离开以增驾。

老板说我没有钱给你结账，我说那没关系，你先给我打个条，什么时候有了再给我。老板也不容易，买了新车还要还贷款啥的。(SY - WLX 访谈录)

关系也在一定程度上维系了雇佣关系的稳定性。通常情况下，卡车司机不会为了多挣几百块钱而轻易离职。河北的许师傅说自己不会换雇主，这是因为他和车主本来关系不错，自己又是在车主的车上“学的活”，而且关键是车主“工资不少给”，两个人“脾气对路”。

一个村的，本来关系就不错。我那时就是在人家车上学的活，那时人家工资也不少给。他比我大几岁，对我也不错，完了你反过来找别人，以后你怎么说？说白了你去别处挣，多挣个三百五百的也没有什么意思。这脾气对路，脾气秉性合得来。（SJZ－XU 访谈录）

## （二）受雇于企业

受雇于企业是他雇司机最主要的雇佣模式。与受雇于个体车主的卡车司机相比，受雇于企业，尤其是受雇于规模较大、管理较为规范的企业的卡车司机，其自由度更小，受到的控制相对较多，但是另一方面，他们也会因为路线和任务的相对单一和固定而比受雇于个体车主的司机享有更大的确定性。此外，企业提供的保险、福利、按期的培训、奖励措施等，也让他们有更多的获得感和归属感。

1．“和时间赛跑”

相对于个体车主，企业——尤其是业务量较大的企业——对运输的时效要求较高。原因主要有四个方面。其一，企业的货流量较大，司机则相对缺乏。一方面，因为工作辛苦，“不着家”，获得 A2 证需要的时间长，而收入又没有足够的吸引力，年轻人越来越不愿从事货车驾驶工作。另一方面，老司机到了一定的年龄无法继续工作或者转到其他企业，“新的进不来，旧的保不住”，企业往往存在一定的卡车司机缺口。我们访谈的几个公司负责人都表示卡车司机难招，企业好些车辆不得不闲置。活多人少，这就使得既有的卡车司机往往要马不停蹄，否则无法完成工作量。

其二，便于管理。在大中型企业，对车辆的调度是非常复杂的工作。除非对每一次出车时间有相对精准的把握，否则调度员无法有效地进行货物和车辆的调度。

其三，一些企业与货主签订的运输合同对时效进行了规定，而且这种规定往是比较严苛的。一位企业负责人说到合同的时效规定时很是不平：

> 现在我们接××（某快递公司）的业务，从深圳蛇口跑到北京顺义得30个小时，这是什么概念？用进口的车，我们好多车都是沃尔沃，司机一出来就不吃不喝，平均时速90（公里/小时），包括路上过好多收费站，过收费站得排队，还会堵。这些时间全算上，90（公里/小时），什么概念？你开小车的话，90（公里/小时）也太快了。（JCJB－WH访谈录）

其四，一些企业开始实行甩挂运输。甩挂运输是指货车按预定的计划，在各装卸作业点甩下并挂上指定的挂车，继续运行的一种组织方式。这种运输方式可使载货汽车（或牵引车）的停歇时间缩短到最低限度，从而可最大限度地利用牵引能力，提高运输效能。高效的运输模式使得卡车司机运送货物的时间比定挂模式更加可预期、可计算，因而使得企业对运输时间加以明确规定更为可行。卡车司机也不再有利用装卸货的过程休息的可能，车不停，人不歇，司机的感受就是“每天和时间赛跑”。

2. 任务的确定性

前文提到，受雇于个体车主的卡车司机事多活杂，他们面临的工作任务常常是高度不确定的。但是受雇于企业的卡车司机则不同，他们的任务比较单一，主要就是开车，而不用承担拉绳、盖苫布之类的活。他们或者负责提货，或者负责运送，或者跑长途，或者倒短，而且不论长途还是倒短，他们所走的线路往往是比较固定的。据一位企业负责人介绍：

每家物流企业，包括全国性的大型企业，司机跑的线路都是相对固定的，不是说从广州到上海，又到成都去了，从成都又到重庆，这种情况相对很少，一般的司机驾驭不了。即便说它是全国四通八达，它有 N 条线路，也是每条线有几个相对固定的车。全国都是这种模式，全国转的这种，只有很小一部分个人司机。(JCJB – WH 访谈录)

3. 绩效工资

与个体车主实行包月制工资不同，企业在对卡车司机工资的计算上多使用绩效制。根据问卷统计数据，35.3% 的卡车司机其工资按照驾驶里程计算，26.4% 的卡车司机工资按照趟数计算，23.6% 的卡车司机工资为包月制。可见绩效工资是物流企业普遍使用的工资制度。这也是企业最主要的激励机制。

绩效如何计算，不同的企业有所不同，同一家企业针对不同的司机计算方式也有不同。有的只按趟，有的只按驾驶里程，有的则是底薪加提成，而提成的计算多是行驶里程或/和运费乘以一定的比例。长途和短途在计算方法上也有区别。如 RQ 公司实施的就是保底加提成的工资制度。底薪 2000 元，跑长途的司机提成为每月行驶公里数 ×0.12 元 + 运费 ×10%。负责市内配送的司机提成则是行驶公里数 ×0.18 元 + 运费 ×10%。市内配送司机的提成另外加上一项：配送的点数 ×15 元。据车队长介绍，RQ 公司卡车司机的平均工资为 6500 ~ 7000 元，多的能拿到八九千元。ZB 公司跑淄博—广州专线的司机按趟数计算工资，每辆车配两个驾驶员，主驾每趟 1500 元，副驾每趟 1400 元。司机一个月一般能跑八趟，工资在 12000 元左右。

包月制工资也不鲜见。如在 JYH 公司，卡车司机工资按照驾驶的车型而有所不同，驾驶半挂车的司机月工资约为 7500 元，驾驶大中型货车的司机月工资为 6500 元。之所以没有实行绩效工资，企业负责人解释是因为“业务量不够大”。有的企业对跑长途的司机实施绩效工资，跑短途的司机实施包月工资。如 ZB 公司跑淄博—上海专线的短途司机，就实行包月制，其原因在于“跑不出趟”。

包月制工资在某种程度上是因为管理的需要。倒短的司机因为要进行装卸货的地方很多，而又跑不出公里数，绩效其实往往难以核算。另外，在业务量不是足够大的情况下，如果按照计件工资，司机的收入会比较少，如果因此导致司机离职，无疑对于招人本来就困难的企业来说得不偿失。从这个角度来看，包月制工资也是一种激励机制。

RQ 公司的邵师傅是公司内负责提货的司机，虽然公司负责运货的司机工资都是计件制，他和另外几位负责提货的师傅的工资却是包月制。

> 我们要是按提成的话，有时候就拿不到工资。有一段时间弄过绩效，后来看不行。驾驶员拿不到工资就不愿干了。所以又按照月工资。就是活忙也是那么多钱，活不忙也是那么多钱。不然的话你根本招不到驾驶员。（RQ - SMG 访谈录）

4. 基于制度的约束和激励

与个体雇佣模式下以关系为基础的控制模式不同，企业对司机的控制主要依靠各种制度和信息系统。我们先看基于制度的约束和激励机制。

（1）惩罚制度

企业往往会通过明文规章对卡车司机的劳动过程进行约束。因为企业规模和管理规范程度的不同，规章的订立和执行也不尽相同。一般来说，规模越大的企业，设立的制度规定越多，执行也越为严苛，违反往往会遭受惩罚，如下车学习、值夜班、罚款等，其中罚款是最常见的惩罚形式。

以下为某物流公司的车队管理条例，除 1 条之外，其余的 39 条都是罚款性条款。

1. 无故不参加晨会点名及周日例会罚款 50 元。

2. 不按规定操作的罚款 50 元/票。

3. 车辆乱停乱放及卫生不合格一次罚款 50 元。

4. 行车不关车厢门与只关一个门的罚款 50 元。

5. 上班时间不按规定穿工装的罚款 50 元。

6. 轮胎螺丝松动与缺少罚款 50 元。

7. 进出公司速度高于 15 公里的罚款 50 元。

8. 丢失三角牌、灭火器及配备的车辆所有用品各罚款 50 元。

9. 请假不交钥匙和车辆手续罚款 50 元。

10. 停车不关电源、灯光，罚款 50 元。

11. 按照公司规定，上班期间私自离开公司的罚款 100 元。

12. 车辆不检查（缺机油、水、齿轮油、助力油、液压油、刹车油）影响车辆正常运行的罚款 100 元。

13. 不按时保养车辆、打黄油或维修人员通知不执行的罚款 100 元。

14. 驾驶室前面除联系卡以外，放置其他物品的罚款 100 元。

15. 请假到期无故不回公司上班，超一天罚款 100 元，超过 3 天按自动离职处理。

16. 参加例会与重要会议，违反制度罚款 100 元。

17. 受到客服及客户投诉一次（因个人责任）罚款 200 元。

18. 交车时隐瞒故障不报导致接车人无法工作罚款 200 元。

19. 完活故意不加油、弄虚作假视情节严重罚款 200 元起步。

20. 在外面卸完货不请示调度放空回公司的罚款 200 元。

21. 无故拒单、退单、不接电话的罚款 200 元。

22. 驾驶员未经允许带非公司人员到公司玩耍、拍照罚款 200 元。

23. 产生人为因素导致车辆违章的根据 2018 年运营车辆安全综合考核办法给予 200 元罚款，严重违法行为如超速、闯红灯、走应急车道等给予 500 元罚款。

24. 在公司院内点火、抽烟罚款 500 元。

25. 工作期间不服从管理罚款 500 元。

26. 人为机械故障视情节严重罚款 500 元起步。

27. 丢失行驶证、营运证等证件罚款 500 元。

28. 发生事故隐瞒、逃逸罚款 500 元，严重的交司法机关。

29. 私自拆除、安装车载标志设备罚款 500 元。

30. 丢失回单、一个星期内不交回单罚款 1000 元。

31. 将车交给非公司专职驾驶员驾驶的罚款 1000 元。

32. 故意损坏 GPS、破坏调整里程表罚款 1000 元。

33. 开车干私活、走亲访友罚款 1000 元。

34. 虚开发票、打假过路票罚款 1000 元并作废票据。

35. 挑唆威胁新驾驶员导致辞职或其他后果的罚款 1000 元。

36. 酒后驾驶车辆罚款 1000 元并开除。

37. 聚众闹事扰乱工作秩序的罚款 2000 元。

38. 非法占有公司、客户财物较轻的罚款 2000 元并开除。

39. 请假不准私自回家罚款 2000 元。

40. 造谣惑众损害公司利益的驾驶员在公司除名。

从这些条款可见，企业对卡车司机的控制重在以下几个方面：一是车辆的日常维护；二是要求司机听从运输调度和请假规定，保障运营秩序；三是防止司机弄虚作假、公车私用，从而保障公司利益不受损害；四是防范司机违章驾驶，保证安全行车。

（2）例会

一些物流企业实行例会制度，企业规模越大，例会越是频繁。从事原油运输的JYH公司，每月召开一次安全例会对卡车司机进行安全培训，据称这是危险品运输行业的业内要求，此外公司还每月两次召开司机培训例会，讲解运输途中的应急处置、交通法律法规等方面的内容。RQ公司除每周日晚上的例会外，还有每天早晨的晨会。晨会冬季七点、夏季六点半开始，其时不出车的司机均须参加。在晨会上，车队长会就前一天发生的关于车辆和司机驾驶的异常情况进行通报，警示参会的卡车司机不要犯类似错误。每周日晚上的例会则主要进行安全培训和业务培训。我们曾经参与一次周日晚上的例会，六点半司机们吃完饭后陆续到场，直到九点尚未结束。会上车队长着重讲了与安全相关的问题，包括高温天气如何防护车辆自燃和爆胎、应急自救措施、暴雨天气下的驾驶问题、疲劳驾驶的原因和预防等几个方面，讲解非常详细。此次会上还对卡车司机进行了安全知识测试，据车队长介绍，安全知识测试定期举行，总公司命题，司机的测试成绩分公司每次都要上报总公司。

（3）激励机制

为了激发卡车司机工作的积极性，同时保障司机队伍的稳定性，企业往往会建立一些激励机制。除了前述的绩效工资之外，企业往往会提供保险和其他一些福利，并设立奖金。

虽然企业为员工缴纳社会保险是企业与劳动者建立劳动关系的内在要求，但是在物流行业，雇主为司机缴纳社会保险的并不普遍，个体雇佣和小物流企业尤为少见。

在我们重点调研的 RQ 公司，企业为卡车司机缴纳了“五险”（基本养老保险、基本医疗保险、工伤保险、失业保险和生育保险），JYH 公司则缴纳了除生育保险之外的“四险”。

一些有实力的企业也会提供一些福利，如为司机提供宿舍、餐补、话费补助等。RQ 公司甚至会在可能的情况下为司机的配偶安置工作。RQ 的车队长向我们介绍了企业的福利：

> 签合同，三年。工资月结。每个月 25 号发上个月的工资。从来不拖欠。包吃包住，五险，100 元电话费补助。住的地方有空调、暖气，一日三餐，还有餐补。小的房间的话，三四个人住一间，大的房间住的人会多一些。司机家属不好找工作的，公司内部文员什么的，操作要求比较低一点的工作，可以优先。
>
> 搬到燕郊以后，董事长在那边想办法联系学校。尽量为员工着想，帮员工解决一些问题。（RQ－WJY 访谈录）

问卷统计显示，56.5%的司机从受雇企业获得奖金。企业中比较常见的是安全奖、全勤奖和节油奖，额度都比较小。安全奖多以月计算，金额为每月 100～200 元。有的企业按月发放安全奖，如 RQ 公司规定，卡车司机如果一个月没有发生任何事故，则可以得到 100 元的安全奖。有的企业则要求全年不出事故，才可以获得安全奖。如杭州一家企业规定司机一年内“不出事情”，年终时就可以得到 2400 元的奖励（XH－FZX 访谈录）。全勤奖则多在年末按照全年出勤的天数计算。据苏州 XH 公司车队长介绍，如果卡车司机一年出勤天数达到 330 天，就可以得到全勤奖 300 元。

至于节油奖，公司一般根据卡车的马达大小（马力与载重吨数）核定每百公里耗油量，如果司机的实际耗油量少于核定的标准，节约的额度就会成为司机的奖励。这有效地控制了油耗，并且防范了司机的“卖油”行为。据XH公司的车队长介绍，公司自从实施节油奖以来，偷油的现象减少了。

> 原来的话驾驶员偷油给卖掉。本来我们买来的是六块钱一升，他四块钱卖给路边收油的人。(XH－FZX 访谈录)

节油奖也在一定程度上激发了司机的积极性。在淄博的ZB公司，跑淄博—广州线路的卡车司机每趟能拿到两三百元的节油奖(两名驾驶员共有)，如果每月按照八趟计算的话，他们的收入会增加2000元左右。

> 我们就是用这个细节（指节油奖）来照顾一下司机，就是多挣点钱呗。用这种法子让他们多点积极性，对吧？这样他们各个方面多操点心，责任心更大一点。(ZB－SZK 访谈录)

除了为员工缴存社保、提供福利、设立奖金，有的企业为了更大限度地激发司机的积极性，采取了吸收司机入股的模式。如山东的ZB公司，该物流公司目前已经开辟了六条专线，企业老板一心扩大业务，为了吸纳资金，同时激发司机积极性，2018年开始采取司机入股的方式。具体来说，车队的卡车司机至少出资5万元才可参股，参股之后司机工资照拿，并且一个月根据整个车队的绩效分红一次。这项制度对卡车司机的吸引力很大。到我们调查时为止，已经有四位司机参股，另外的五六个人在等着下一次机会。访谈的一位司机很想参股，只是因为家庭负担过重，手头没有足够的积蓄而暂时难以投资。

5.基于信息系统的全景监控、实时跟踪与精细核算

(1) 卫星定位系统的全景监控

信息技术的发展为物流企业提供了新的控制手段。根据道路运输

规定，货车需安装北斗定位系统以保障行车安全。此系统能够远程监测车辆的行驶速度、时间和所在位置。但是由于北斗定位系统功能有限，且在使用中存在一些问题，很多企业选择了其他的信息系统软件。目前使用较多的是汇通天下、易流和 G7 这几款信息系统软件。每款软件均有多项服务可供选择，企业可以根据自身的业务需求购置。日益强大的信息系统所能够提供的信息越来越多，如车辆位置、车辆行驶速度、车厢温度、车门是否关闭等，而且据称下一步推出的服务将使驾驶员的所有动态都能够被监控到。RQ 公司的车队长介绍了公司当下使用的信息系统。

> 车辆行驶速度，跑的公里数，都能看到。下一步，司机的动态，拿手机、倒水，我们都能监控到。危险品车辆今年年底就要安装，下一步所有的长途货车都要安装了。现在我们能监控到（车辆）每小时（跑）多少公里，跑快跑慢，车厢的温度。我现在手机上就能看到：我们的车在上海几辆、在广州几辆，每个车温度多少。（RQ – WJY 访谈录）

信息系统的全景监控有助于控制行车速度，警示疲劳驾驶和司机的不规范操作，从而在一定程度上保障了行车安全。但是另一方面，司机的一举一动都处在监控之中，这也使得他们多少失去了本可享受的自由。一位在小物流公司开车的师傅如此评价大企业的监控系统：

> 人家大公司比较规范，像 JD（公司），你车上高速之后不能够超八十公里每小时。它规定比较多，车里面全是监控，有定位，你在哪里，你在车里面干什么，比如说你玩手机，它全都知道。很严。但是也有好处，最起码当你司机自己约束不了自己的

时候它可以看着你。我们这个很自由，我们在车上可以随便打电话，可以玩玩手机什么的。现在有的司机，跑长途的司机，开车的时候看连续剧，太危险了，有时候超车啊，他注意不到。（ZB - YD 访谈录）

通过信息系统的全景监控，企业管理者即使远隔千里也能够对路途中发生的一切了如指掌，司机的欺瞒行为、违章行为也因此得到遏制。

（2）物流信息化管理系统的实时跟踪和精细核算

稍具规模的物流企业都会使用物流信息化管理系统，以实施运输过程管理、成本实时性核算以及满足客户的即时性需求。据一位车队长介绍：

现在所有的流程都是录入系统，在系统上操作完成。我们公司有高效的流程管理办法对运营整合。如 TMS 系统能够跟踪运输任务的订单处理、调度配载、运输状态；并管理客户信息、车辆信息、人员信息、货物信息，帮助公司通过信息化手段根据资源情况（路线、重量等）进行相应的配载，同时根据供应商的报价及优势等对托运单的执行进行统筹计划安排并派车；对在途运输的车辆进行跟踪，实时记录车辆位置、运送状态和是否发生故障等信息，及时响应出现的问题。完成从供应商运输至仓库、从仓库退回至供应商、从客户退回至仓库、从生产企业运输至客户等各类业务。（WX - WJ 访谈录）

物流信息化系统从两个方面与卡车司机的劳动过程控制相关联。首先，物流信息化系统有助于企业实现费用和成本的精确核算。通过对货物重量、体积、运输方式、车辆新旧、到达站信息等各个数据的综合运算，信息化系统可以快捷而精确地对单票成本、毛利等进行分析。对成本的精确核算强化了物流企业对成本的控制，卡车司机的劳动过程也因此受到更多、更细密的约制。企业随时可以掌握不同线路、不同运输方式、不同车辆的费用、成本和利润，因而随时可要求卡车司机进行相应的调整，比如走下道、改变行车路线、降低油耗等。

其次，企业使用物流信息化系统对货物的运输状态进行动态跟踪，以满足客户的即时性需求，同时加强对卡车司机工作过程的监管。这往往需要卡车司机通过手机 App 的操作加以配合。在 RQ 公司，卡车司机手机上都有“RQ 物流”App，界面上有“任务接收、提货到达、装货发车、卸货到达、签收登记、回单上传、辅助功能、业绩查询”几个版块。卡车司机每完成一项任务，都要进行相应的操作。

> 我们手机上都有 App。比方今天去大兴提货了，它有定位的这个操作。第一步就是提货车已经到了，第二步就是提货，提完货得在手机上操作，卸完货你还得点卸货。总共几个流程，我卸一次货就得操作一下。……这个是你每天干的活，你不操作不行。它会给你下达任务，你在哪儿提货，比方说今天去廊坊，你必须在廊坊操作，你要在别的地方操作的话，上面显示“位置城区”不一致，它都知道你在哪儿操作，操作完以后，发车走了，卸完货再操作。(RQ－ZHUO 访谈录)

## 三　他雇卡车司机对劳动控制的洞察与抗争

如前所述，劳累、危险、提心吊胆是他雇卡车司机对工作的共同体验。不同雇佣方式下，不同的劳动控制和劳动形态，也在很大程度上形塑了司机对工作的感受。受雇于个体车主的司机，因为缺乏严密的制度约束和控制，自主性更强、自由度更高，他们与车主之间的关系更少功利性、更具人情味。但是另一方面，他们面临的不确定性更强。这种不确定性主要体现在，车主的人格和脾气以及车主的经营状况。如果车主慷慨大方，司机与车主脾气相投，司机自然感到舒心。如果车主有稳定且充足的货源，司机的收入也会较高。但是事实上，近几年，由于经济不景气以及运输结构调整和环保政策出台，个体车主的经营日趋窘困，受雇于个体车主的司机也因此面临更大的风险，车主说不定什么时候就会卖车或者因为难以支付工资而将司机解雇，司机也就随之失业。除就业的不稳定之外，他们也缺乏其他方面的保障。个体车主不会为司机缴纳社会保险和意外伤害保险，一旦出了事故，他们能够得到的赔偿额度很低甚至无法得到赔偿。

对于受雇于企业，尤其是大型企业的卡车司机而言，一方面他们更有保障，就业和收入更稳定；但是另一方面他们也因为严格的制度约束和信息系统的全景监控而多少失去了自由。

开卡车的工作与工厂的工作相比，一个主要的特点就是相对自由。当问及卡车司机为何不去工厂而选择开卡车的时候，他们给出的理由之一就是开车比较自由。然而对于受雇于企业，尤其是大型企业的司机来说，这种自由度显然是大大地降低了。他们在工作中的自主性和自由度其实比较小，他们不能决定拉什么不拉什么，不能决定何时出车，他们的工作就是听从调度，装完货就走，卸完货就等候着下一道指令。他们少有空闲的可以自主支配的时间，除了在等待装货和卸货的过程中能够短暂地休息一会儿，其他时候都在车上。而在信息系统的全方位监控之下，在车上也不再是自由自主的了。

除了交通、路政、运政的诸多管制之外，企业的各种规章制度也限定着他们的一举一动。企业在成本控制和时间控制上的要求，使得他们在车速、停留时间、道路选择等诸多方面受到限制。即使没有任务，他们也往往要在企业里待着而不能回家，哪怕家离得并不远。如果严重违章，他们除了受到执法者的惩罚，还可能被企业罚款。

被时间追逼、被制度束缚、被新技术手段控制，在企业开车的司机更多地感受到工作的异化。有司机感慨自己就像开车的机器：

> 现在给我的感觉就是我们两个人在车上，就是两台机器，开车子的机器。吃饭，睡觉，开车。就这三件事，吃完饭，睡觉，他开，开几个小时，然后再换人。每天就是反反复复的这几件事。（ZB－PPY 访谈录）

无论是哪种雇佣方式，卡车司机都会对劳动过程中所受到的控制表现出一定程度的不满，这主要表现在以下五个方面。第一，对 App 操作、上传图片等烦琐操作的不满。如前所述，稍具规模的企业往往要求司机进行 App 操作，以便对货物实施跟踪。除此之外，雇主还会要求司机在遇到突发情况——如堵车、爆胎等——时，拍照上传。这些操作虽然简单，但是加大了卡车司机的工作量。据 RQ 公司的车队长介绍，一些年纪较大的司机因为对智能手机使用不习惯、不熟练，对司机要进行 App 上的各种操作感到不满。

> 客户要求越来越严格，业务流程比较细。对司机来说比较烦琐。以前司机就是提货送货。现在不是了，现在越来越科技（化）了，操作 App，要上传图片啊，提货、装货，每一步都要操作，监控到每个环节。年龄大一点的司机操作有难度。要求比较多，他就感觉比较烦琐，哪那么多事。（RQ－WJY 访谈录）

第二，对线路规制的不满。雇主为了控制成本，有时要求司机走下道，以节省高速路过路费。下道路况复杂，关卡较多，且时有车匪路霸出没，这不仅延长了驾驶时间，而且使得卡车司机精神高度紧张。尽管有的司机对于雇主要求走下道的苦衷表示理解，但是仍然对于走下道而导致的疲累心生不满。一位师傅向我们抱怨道：

> 累啊。费用太高了，老板不让跑高速。加上高速费，老板就更没钱挣了。高速六个小时，下道得八个小时。（ZB - WCZ 访谈录）

除了高速/下道的取舍，企业还会比较不同线路的费用支出，尽量避免缴费高的路线。如在 RQ 公司的一次例会上，车队长分析了不同线路的收费和罚款情况之后，要求所有车辆避免走六环，因为收费太高。但据司机们介绍，六环最“顺”，是他们最青睐的路线。他们因此很是不满。

第三，对赶时间的不满。如前所述，货运行业对时效的要求越来越高，卡车司机也因此常常处在与时间赛跑的状态。绩效工资制度激发了他们多拉快跑的积极性，但是也加剧了时间的催逼感。为了赶时间，他们常常不得不疲劳驾驶。

> 人都有犯困的时候，基本上出事就是疲劳驾驶，直接致命。私家车的话，旅游或者出去办公务，累了可以去服务区随便躺一下，我们不行，时间就在这里赶着，必须跑。（ZB - PPY 访谈录）

第四，对油耗标准和节油奖的洞察。在企业负责人看来，企业制定的油耗标准是合理的，卡车司机一般都不会超过，而且通常会有结余，因而很容易拿到节油奖。但司机们并不这样认为。一位卡车司机向我们抱怨公司的油耗标准不断降低。

现在的油耗（标准）已经降到不能再降的地步了，但是上面的一把手还要求再降一个油耗。比如跑市区倒短，有个红绿灯，你就得停。一起步就费油，一拉拉七八吨，十来吨，你说怎么可能不费油，它给的油耗，本来就不够。再说驾驶室里得开空调吧，这么热的天，驾驶室里三十七八摄氏度到四十摄氏度，你不开空调根本就没法在里面待。（WX－JI 访谈录）

能否得到以及得到多大额度的节油奖，往往是对卡车司机技术的考验。司机需要在速度和时间上保持平衡。如果驾驶速度太快，耗油就多；如果速度慢，不能在规定的时间内到达，节油奖也不可能拿到。即使能够拿到，额度也不会太高。司机们很清楚，企业不会让他们挣得太多。以下两位师傅的访谈记录很清楚地表明了这一点。

如果要省油的话，速度基本上是七八十公里每小时，都是比较慢的。但如果我回去要24个小时到达的话，那就要上90（公里/小时）左右，有时到110（公里/小时），实际上拿不到多少节油奖。（ZB－XIE 访谈录）

它给我们规定的是有节油奖，就给你那么多油，比如给你100块钱的油，你烧完的话，不够就自己掏钱加。100块钱的你只烧了80块的，那20块就是你们俩的。公司给你算得好好的，省下来的也就是让你在高速上吃吃饭，不可能让你挣很多。（ZB－PPY 访谈录）

第五，对绩效工资的洞察。绩效工资是物流企业普遍实行的重要激励机制。卡车司机们为了增加收入，通常都会尽量多跑，因为多劳多得。但是他们也很清楚，绩效工资事实上增加了他们的劳动强度。一位卡车司机说到企业实施绩效工资后自己工资额度和工作时间的变化。

我现在的工资比去年来说高一点，但是也不多，也就六七百块钱吧，上下浮动的。工资是增加了，但工作时间可长了，实际工资没有提升。（RQ－JIA 访谈录）

卡车司机如何面对他们所受到的管理和控制？对大多数卡车司机来说，不满和抱怨或许就是他们最主要的抗争形式。但是他们通常不会直接找管理者讲述自己的不满，而是在背后吐槽、议论。其实更常见的情况或许是，他们将这些不满存在心里，只有当我们这些研究者“闯入”他们的认知的时候，他们才会倾倒出来。

身体的疲惫和疾病或许可以视为卡车司机的另一种反抗形式。有论者曾提到20世纪90年代深圳工厂的打工妹集体性的身体疼痛是一种用自己的身体对异化的工业劳动的反抗。[①] 在卡车司机身上，我们似乎也约略捕捉到类似的反抗形式。辛苦的工作使得卡车司机总是处在身体疲惫的状态，甚至罹患各种疾病。当无法承受的时候，他们就会要求休息，或者请假回家。虽然在绩效工资制下，休息意味着卡车司机收入的减少，但是在车多人少的情况下，卡车司机歇工对企业的影响也不容小觑。

卡车司机最后使用的抗争武器是离职。卡车司机提出离职主要是因为他们拥有了工资更高的工作机会。

这个行业就是哪里钱多去哪儿，你今天觉得这个地方钱多你来，明天那个地方钱多你就走。（CY－BRH 访谈录）。

除了外在的吸引，如果卡车司机在当下的工作中，经济利益受到威胁，他们也可能提出离职。根据一些车队长的介绍，卡车司机对钱

---

① 潘毅：《中国女工——新兴打工者主体的形成》，九州出版社，2011。

很敏感，一旦他们被要求赔付，他们可能马上就会提出“不干了”。

> 有些东西他不小心搞坏了，你别让他赔钱。你今天让他赔钱，他立马就不做了，往往会这样。最多就是说他几句，批评一下，让他下次小心，就别提赔钱的事情，（一提他就）直接跟你拜拜，就不要扯上钱。（MX－ZMQ 访谈录）

他们的离职“申请”往往突如其来，令管理者措手不及。

> 他们有可能会突然说老板，“不好意思，我不干了”。不是家里有事情，就是什么有事情。他们（离职的）最主要的一个原因就是，有比这个工资还要高的（岗位），就走了。他不跟你说，你加点工资啥的，一般不会谈，因为来的时候都谈好了。……可能今天他啥事没有，明天他可能就说“老板我不做了”。多数的是这种情况。他不做的时候，不跟老板说你看能不能另外找个人，他不会跟你商量。他直接就告诉你，“我不做了，老板，把工资给我结一下”。（MX－ZMQ 访谈录）

前文提到，如今物流企业面临的最严峻的问题之一就是招聘和保留卡车司机。因此司机——尤其是“好”司机——动辄离职对企业的影响极大。一位车队长说到十年来劳动力市场的变化和司机离职对企业的影响。

> 我 2006 年开始管车队，那时候驾驶员多得很，这个驾驶员不干不要紧，明天马上就有人来。现在，这个驾驶员走掉以后，这个车子就停在那里，找不到人车子就停下来了。……现在的驾驶员不怕没岗，我们这物流企业，都有四五个车子停在那里没人

开。他们这里不干了，那里马上就上岗了。(XH－FZX 访谈录)

尽管卡车司机很少以离职为筹码对企业进行“威胁”——他们一旦提出离职就真的不干了——但是正因为离职对企业可能造成重创，所以企业在对司机进行严格的控制和约束的同时，总会避免碰触司机的底线。从这个意义上说，离职无疑是卡车司机对抗劳动过程控制的有效形式。

# 第四章　制造共识

前文我们展示了雇主对卡车司机劳动过程的控制方式以及卡车司机的抗争形式。然而，尽管存在抱怨、歇工、离职这些抗争的微小实践，在两种雇佣方式下，我们更多感受到的是司机和雇主之间的"共识"而不是对抗。如对于车上安装信息系统，司机们似乎并不以为意，"做好自己的事就行了，没觉得有什么大问题"。对企业中繁多而严格的惩罚规定，有的司机表达了对制定这些规矩的"理解"。

> 规定是怎么来的？这么多人，有一个人犯了一种错误，它就会想出来一个规定，所以规定越来越多。其实规定，就是给那些工作干不好、经常出错的人规定的。（RQ－SMG 访谈录）。

"共识"或"同意"的产生，除前文提到的各种激励机制（如奖金、绩效工资、福利等）之外，我们认为主要缘于以下几个原因。第一，人情与关系的运作。个体雇佣下的控制是基于关系和人情的控制，前文已有概论，在此不再赘述。在物流企业，由于企业通过关系雇用司机，司机也通过关系找工作，导致司机与司机之间、司机与雇主/车队管理者之间其实也较为普遍地存在原生性的社会关系。在一些企业，同一辆车上的两个驾驶员通常来自同一个地方，他们可能就是朋友、亲戚。两个人语言相通、生活习惯相似，"谈得来"，这对于形塑司机对工作的体验非常重要。在 ZB 公司，我们发现很多车上的主驾和副驾都是老乡，而且往往是一名司机介绍了另一名司机到企业就职。来自广东的黄师傅现在在淄博的 ZB 公司开卡车，他和介绍他来企业的老乡分任同一辆卡车的副驾和主驾，在他看来，找到合适的“搭档”非常重要。

> 我们（指一辆车上的两位驾驶员）天天都在一起，说实话两公婆都没有那么多时间在一起。合不来的话你很烦的，两个人有说有笑的话，那个时间很快就过去了，有时候你遇到不好说话的或者什么的，你根本做不下去。……我们是老乡。我们到你们这边，都不习惯的。你们吃的是馒头啊、面啊什么的，我们要吃米饭的，不是米饭吃不饱的。我们跟你们这边的人搭档的话，我要吃米饭，他要吃馒头，那就没办法了。（ZB－HDC 访谈录）

卡车司机与车队长也常常会有先在的关系。例如，在 RQ 公司，我们发现不少的驾驶员以及车队长来自雇主的老家。尽管与管理者/老板存在老乡和血缘关系并不一定意味着卡车司机会得到格外的“照顾”，但是毫无疑问，关系的存在多少造就了一种归属感和“我们感”。

第二，人格化与非正式运作。一般来说，企业管理的特点是非人格化的、正式的。物流企业也是如此。如在派活、薪资等各个方面，基本上不存在因为司机与管理者/雇主的亲疏远近而有所差别。但是事实上，非人格化的管理中其实也存在一些人格化的要素。在严苛的制度规范和信息系统的监控之外，其实还存在一些非正式手段的运作。比如，按照企业规章制度，因为司机的责任导致的事故，司机应当承担一定额度的赔偿，但是事实上企业多不会让司机承担，或者只是让其承担很小的一部分。这固然是因为担心司机承受不了而选择离开，也是出于对司机挣钱少、经济不宽裕的考虑。此外，有时候管理者甚至与司机“合谋”，以使司机获得一定的利益。如一位车队长谈到他如何帮助手下的卡车司机获得安全奖。按照企业规定，只有全年不出事故，才能在年末一次获得按照每月200元计算的安全奖。但是如果驾驶员发生碰擦类的小事故，车队长会容忍甚至鼓励他们在拿到安全奖之后再向企业报告。

> 有驾驶员很聪明，稍微擦碰一点，赔个一两百块钱，他想着安全奖，回来就不报。我们也是变通。打个比方，年初的时候，稍微擦碰了一下，赔了几百元钱，我说你这个500元钱暂时不要报，你到了一整年没事情了，你就有2400元，扣掉500元还有1900元，你划算。(XH－FZX访谈录)

非正式运作还表现在谈心、家访等方面。如在RQ公司，车队长会抽时间和司机谈心，了解他们的家庭和工作中所遇到的困难。

> 平时他们报账，需要我签字的时候，业务不忙的时候，我到宿舍看看，和他们多聊会儿，问些工作上和家庭上的事情，其实简单的沟通和问候，下面员工都会感到非常亲切。(RQ－WJY访谈录)。

在DB公司，企业通过家访以及组织家属参观公司的方式，表达对司机的关心，争取司机家属对司机工作的支持和对企业的认同。

> 家访主要针对近期思想有波动，或者家中有异常情况的司机进行。组织家属参观：第一，让家属了解司机这一岗位的运行模式、早出晚归的辛苦，能够有效减少司机因为工作产生的家庭矛盾，使司机侧面获得家属支持；第二，让家属了解公司情况，加大家属的黏合度，让家属支持信赖公司，司机思想有波动的情况下，家属的劝解会起很大作用。(DB－FD访谈录)

第三，货运行业的特殊性，使得卡车司机和企业具有较高的利益一致性，企业的控制因而更易获得卡车司机的认同。比如，安全行车是企业首要控制的方面，这是企业盈利的基础，也同时关系到卡车司机的身家性命。当从安全的角度来阐释各种制度设置时，司机就容易产生认同。一位卡车司机谈到他对企业严格管理的看法：

开车是高危险的行业，所以说它肯定要对驾驶员、车辆管得严一点。他管得严，也是为了驾驶员好。（KS－WYQ 访谈录）

当问及司机是否会反对企业安装监控信息系统时，一位车队长如此回答我们：

这个系统，总的来说是为了安全起见才安装的，驾驶室内安装主要是为了监控驾驶员是否按照正常操作流程来驾驶车辆，监控是否有疲劳驾驶现象，是否有精力不集中现象等，后面大箱内安装监控系统是监控货物的码放完好性的。驾驶室内卧铺休息的地方有布帘遮挡，不会影响主、副驾休息的。再说了，我们把安装的目的给驾驶员讲清楚，我们的驾驶员没有多大反响，都很配合的。（RQ－WJY 访谈录）

第四，无论是受雇于个体车主还是物流企业，卡车司机都面临复杂的外部环境，需要和多个主体互动，如货主、交警、装卸工等，而且他们常常受到这些主体的压制。在某种意义上卡车司机和雇主面临共同的“敌人”，他们因此更能理解雇主的苦衷，他们对雇主的不满和抱怨也会随之分散和弱化。

在访谈中，雇主多会抱怨当前的经济形势和环保政策对货源的影响，货主的各种要求给他们造成的压力，限行政策带来的不便，罚款扣分、油价上升等导致的成本增加。而这些也都直接或间接地影响到卡车司机。在司机看来，雇主压缩开支、控制成本也是身不由己，因为在当前的形势下雇主的利润空间很小，挣钱也不易；他们被扣分被罚款，很多时候不得不绕行、等待等，都是交警路政运政的问题，而与雇主无关。

第四，卡车司机面临的结构性限制和他们对自身的认知。如前所述，他雇卡车司机是一个以农村人口为主、受教育程度较低、社会经济地位较低的群体。在进入货运行业之前，他们多有在工厂打工的经历。之所以离开工厂而投身货运，主要原因是开卡车比在工厂打工收入更高。潘师傅讲到自己从下学到入行的经历：

> 我们农村的人，没什么学问。我妈那时候跟我讲，你学问不成，就只有卖力气。我下学的时候，有三个选择，厨师、电焊、开车，跟我大小差不多的那一批，也有进厂的，在广州那边打工，一个月就七八百块钱。我也进厂去干过，电子厂，一年都不到，就放弃了。不愿意在里面干了，那不是男的干的活。在里面你就是熬十年、二十年，一个月才拿1000多块钱。你往后边想一想，以后你结了婚，有了小孩，你支撑一个家的时候……（这点工资怎么办?）那时候我叔买了一台车子在上海跑，让我过去，带我跑一段时间。跑了两年之后感觉选择别的也选不了了。（ZB－PPY访谈录）

潘师傅的经历颇具典型性：农村户口，升学不成，职业选择受限，工厂辛苦且收入低，尤其不适合需要担负养家糊口责任的男人。相比之下，开卡车虽然辛苦，收入却比较高。也正因如此，他们更容易对当前的境遇感到满足。

此外，不容忽视的一点是很多他雇卡车司机曾有自己养车的经历。按理说，从自雇到他雇属于一种向下的职业流动，但是这些司机却并没有因此神伤，自己养车的诸般艰辛和微薄利润反倒使他们多了一种逃离的快感。换言之，当他们奋力成为“车老板”以后，却发现自己的境遇并未改善，反而因为多种社会条件的制约而更显严峻。

与结构性限制相伴的是卡车司机对自身的低度认同。就如潘师傅，他认为自己学问不成，就只能卖力气。“要知识没知识，要能力没能力”，这就是卡车司机普遍对自己的评价。

根据问卷统计数据，14.1%的卡车司机对目前的工作感到“非常满意”，27.2%的卡车司机表示“比较满意”，45.0%的人表示“一般”，表示“不太满意”和“非常不满意”的占比分别为10.9%和2.8%。访谈中不少卡车司机虽然也抱怨工作的辛苦和控制的严格，但是也较多表示工作“轻松”“轻快”“老板挺好的”。这种看似矛盾的认知，其实可能恰恰体现了卡车司机对工作的双重体验。

因此，尽管开卡车的工作充满辛劳、风险高、漂泊不定、收入寥寥、劳动过程中受到各种规制，但是由于货运行业的特殊性、卡车司机所受的结构性限制和对自身的低度认知，以及雇佣关系中血缘地缘关系和人情的存在、组织管理的非正式运作等因素，他雇卡车司机们却并没有表现出对雇主的强烈不满，甚至可以说他们与雇主之间达成了一定程度的共识。只要条件尚可，他们就会坚持工作，但是一旦有更好的机会，他们也会选择离开。他们一般不会走出，也难以走出卡车司机这个圈子，只是在不同的雇主之间流动。

虽然一些卡车司机曾经因为喜欢开车而选择了司机的职业，但是如今这种喜爱早已荡然无存了，剩下的是为了生计而不得不干的无奈。访谈中发现，几乎没有司机认为自己所从事的是一项具有挑战性的技术活儿，他们也不认为驾驶卡车四处游历是一件多么惬意的事情，他们不过是因为“别的干不了”，又必须养家糊口而不得不忍受这份艰辛的工作。

> 刚开始干的时候，（觉得）开车真舒服，跟旅游似的，到这边看看到那边看看，还不用买票。每天都能看到新鲜的东西，但是一干久了，就不那么想了，麻木了。不干的话，别的你不会，没什么喜欢不喜欢的，你不得不选。你只有干这个，你就是不在这儿干了，你到其他地方也是一样地干。（ZB－PPY 访谈录）

“只有干这个”，这是司机们的共识。当问及对未来的计划时，41.3%的人选择了“转行”，40.1%的人选择了“继续为当前雇主开卡车”，打算“自己买卡车”的占8.7%，计划“做货代”的只占2.4%。访谈中当谈到自己养车时，卡车司机们大多持否定态度。他们非常清楚自己养车越来越难干。但是，成为能挣钱的车老板仍然是潜藏在许多人心里的梦想。至于做货代、开办物流企业，对绝大多数卡车司机来说，更是无法企及和奢望的事情。计划“转行”和“继续为当前雇主开卡车”的比例都很高，这或许一方面表达了卡车司机内心的渴望——转行，另一方面则表达了卡车司机实际上的无法选择。他们不打算“一辈子开卡车”，事实上随着年龄的增大他们也无法继续从事这个职业，但是他们也不知道有什么更好的出路，因此最明智的做法就是活在当下，继续为雇主开车，直到手头有一定的积蓄之后再谋划其他。他们未来何去何从，他们的挣扎、渴望、忍耐、担当，都值得我们持续地关注，并将之呈现于公众的视野之中。

# 第二篇
# 卡嫂：男人世界中的女人

马　丹

# 第一章　“卡嫂”研究概况

## 一　“卡嫂”：男性卡车司机的配偶

“卡嫂”，是我国公路货物运输业一个特有的概念。广义地说，“卡嫂”指的是男性卡车司机的女性配偶；狭义地说，“卡嫂”特指男性卡车司机配偶中那些跟车的妻子，或者积极参与卡车司机组织活动的妻子。“卡嫂”是社会建构出来的指称，生发于某卡车司机组织的论坛，经过广泛传播之后为大众所熟知，再内化为男性卡车司机配偶的自我指称。根据2017年的中国卡车司机调查，95.8%的卡车司机为男性，而这些男性卡车司机已婚的比例为89.5%。[①] 如果按照全国大约3000万名卡车司机的总量粗略估算一下，我国卡嫂群体约有2500万人，这是一个数量庞大的女性配偶群体。

卡嫂研究是卡车司机研究的重要组成部分。究其原因，第一，作为卡车司机的配偶，卡嫂的状况代表着卡车司机的婚姻家庭、亲密关系状况，更可揭示卡车司机劳动力再生产的特点；第二，卡嫂中的相当一部分参与到卡车司机的工作中来：跟车、找货、装卸货、点数、封车、看车等，她们的劳动是公路货运劳动过程的一部分；第三，卡嫂跟车是制度安排与市场走向催生出来的独特现象，代表着卡车司机劳动的异化程度；第四，从社会性别的角度来看，卡嫂，尤其是跟车卡嫂作为以男性为主的职业中的女性，她们是“性别少数派”，又是不

① “中国卡车司机调研课题组”：《中国卡车司机调查报告No.1——卡车司机的群体特征与劳动过程》，社会科学文献出版社，2018。

可或缺的“第二性”；第五，关涉卡嫂的诸种问题，例如卡嫂的分类、不同类别下亚群体的特点、她们作为卡车司机配偶的劳动与生活、她们的团结与分化、她们的认同与需求均尚不清晰，非常值得研究。

2017 年，“中国卡车司机调查”课题组在进行自雇卡车司机调查时涉及卡嫂的部分研究。由于研究条件的限制，课题组将卡嫂限定于狭义的范畴，并得出结论认为跟车卡嫂是卡车司机劳动过程中不可或缺的“生产帮工与生活主妇”。[①] 2018 年，课题组将卡嫂作为独立的研究对象进行研究，研究范围从狭义的卡嫂扩展至广义的卡嫂，以期达到四个研究目的。

一是勾勒出卡嫂的概况，描述她们如何劳动与生活。

二是对卡嫂，尤其是跟车卡嫂进行分类与具体分析：她们的劳动已经成为卡车司机劳动过程的重要组成部分。

三是关注“以男人为主”的行业内的女人：如果卡车司机通过“男性气质”支撑自己的工作与生活，那么卡嫂的“女性角色”是什么？女性角色的特质如何支撑她们的工作与生活？又与卡车司机的“男性气质”有哪些关联？

四是通过卡嫂的劳动与生活的描述，探讨卡车司机家庭内部的性别劳动分工。

综上，本研究的主题为：卡车界[②]的性别与劳动。

## 二　卡嫂分类：留守与跟车

任何分类都接近于“理想类型”的界定：按照不同的分类标准，

① “中国卡车司机调研课题组”：《中国卡车司机调查报告 No. 1——卡车司机的群体特征与劳动过程》，社会科学文献出版社，2018。

② “卡车界”是卡车司机的日常用语，泛指我国公路货运业的主要相关行业及其从业人员。从性别属性看，“卡车界”是一个以男性为主的世界。

会有不同的分类形式，卡嫂这个群体也概莫能外。[①] 例如，按照年龄分类，可将卡嫂分为不同世代的卡嫂；按照地域分类，卡嫂群体也具有一定的地域性特征；按照是否养育子女分类，“母亲”身份的存在与否对于卡嫂的群体特征来说也分外重要；还可以根据卡嫂丈夫的车型、路线、雇佣性质等进行分类；等等。根据本研究关注的主题：性别与劳动，我们将“是否跟车”作为最主要的分类标准，而将其他的分类标准作为参考标准进行阐述。

根据“是否跟车”的分类标准，卡嫂可分为“留守卡嫂”与“跟车卡嫂”。顾名思义，“留守卡嫂”指的是大部分时间留守在家并未跟车的卡嫂；“跟车卡嫂”指的是大部分时间跟随在车上、陪伴丈夫从事货物运输的卡嫂。由于是“理想类型”的划分，事实上留守卡嫂与跟车卡嫂之间存在广泛的流动性：许多留守卡嫂之前跟过车，或者未来也很可能跟车；跟车卡嫂之前也可能留守在家，或者未来也很可能回归家庭。无论留守卡嫂还是跟车卡嫂，她们都是卡车司机研究不可或缺的研究内容，因而2018年我们的研究对象是广义的卡嫂，并且以自雇卡车司机的配偶为主、以他雇卡车司机的配偶为辅。

## 三 研究设计与调查方法

根据“性别与劳动”的研究主题以及上述四点研究目的，我们设计出卡嫂研究中重要的、亟待回答的问题。

第一，卡嫂的概况如何？有哪些群体特征？

第二，卡嫂有哪些分类、分化？各类之间的对比如何？

第三，留守卡嫂为什么选择留守？她们如何工作与生活？丈夫外

① “理想类型”是德国社会学家马克斯·韦伯提出的分析工具，是一种高度抽象社会现实的概念工具。

出跑车时，留守卡嫂在家中需要承担哪些责任？付出了怎样的劳动？

第四，跟车卡嫂为什么选择跟车？她们如何入行、劳动与生活？跟车时，卡嫂在车上需要承担哪些责任？与丈夫如何分工？对于丈夫从事货物运输来说，跟车卡嫂的劳动具有什么意义？

第五，在以男性为主的行业里，女性如何工作与生活？卡嫂如何看待卡车司机的男性气质？卡嫂的女性角色与丈夫的男性气质如何互动以达成最终目标？

第六，卡嫂的婚姻家庭关系有哪些特点？卡车司机的工作为卡嫂的工作与家庭带来了哪些影响？家庭内外的性别劳动分工是什么？

第七，对于育有子女的家庭，卡嫂与丈夫谁主要承担孩子的教育职责？卡车司机家庭亲子关系的特点、教养方式与卡车司机的职业特点是否具有相关性？卡嫂是否愿意子女继承丈夫的职业？为什么？

第八，卡嫂对于货运行业、丈夫职业的看法是什么？卡嫂的自我认同、需求与未来展望又是什么？

在这些问题的驱动下，我们展开了2018年关于卡嫂的调查研究，采取的研究方式是定性方法与定量方法的结合。其中，定性研究我们主要采取了参与观察法与深度访谈法。2018年6月9日至8月17日，我们分别到河北省石家庄市、山东省青州市、江苏省苏州市、浙江省杭州市与甘肃省张掖市高台县进行了关于卡嫂的田野调查。其中河北、山东、甘肃是通过传化安心驿站的组织系统进入的，江苏与浙江的调查点是当地的传化物流港。在拟定的结构式访谈提纲的基础上，我们对49位卡嫂进行了“一对一”的深度访谈，并近距离观察了部分跟车卡嫂的工作与生活。最终，我们获得卡嫂的深度访谈条目49个，录音总时长2833分钟，录音整理资料733559字。

定量方法以调查问卷为主，从2018年8月30日9点46分至10月6日9点46分，我们通过问卷星在微信中推送了“2018年卡嫂调查问卷”，问卷分为个人基本情况、家庭情况、留守卡嫂、跟车卡嫂、态度与需求五部分，共 119 个问题，[①] 至截止日期共回收问卷 247 份，经清洗获得有效问卷 228 份。由于卡嫂分散、不易找到，问卷的发放采取了目标抽样方法，即根据研究目的，将传化安心驿站的“卡嫂交流小组”作为问卷发放的主要载体，并通过小组成员转发给各地的卡嫂以获得更多的问卷。同时，我们还将问卷发放给设立了“卡嫂小组”的传化安心驿站各分站，以得到更多的样本。目标抽样方法是根据研究目的来进行抽样选择的定量研究方法，虽然不能获得关于研究群体的完整描述，但在研究条件有限制的前提下，其结果也具有一定的代表性。通过定性访谈与定量问卷的结合，我们对卡嫂群体的概况、特征、工作、生活、婚姻、家庭、亲子关系、女性角色、自我认同、需求与展望等方面有了更深入的了解。本报告便是基于这次调查中获得的 228 份问卷与 49 个访谈资料撰写的。

## 四 样本卡嫂的群体特征

本研究的有效问卷数量为 228 份，在一定程度上代表了卡嫂的群体特征。我们通过基本情况、自我认同、需求与展望对群体特征进行初步的描述。

### （一）基本情况

清洗后的 228 份问卷数据显示，样本卡嫂的地域分布较为广泛，以华北（22.4%）、中南（21.9%）、西北（20.6%）为主，还包括华东（16.7%）、东北（11.8%）与西南（6.6%）（见图 2－1）。

就年龄分布而言，样本卡嫂的年龄在 25～65 岁，以 30～50 岁为

① 由于是分类填答，因而跟车卡嫂需要回答 90 个问题，留守卡嫂需要回答 93 个问题。

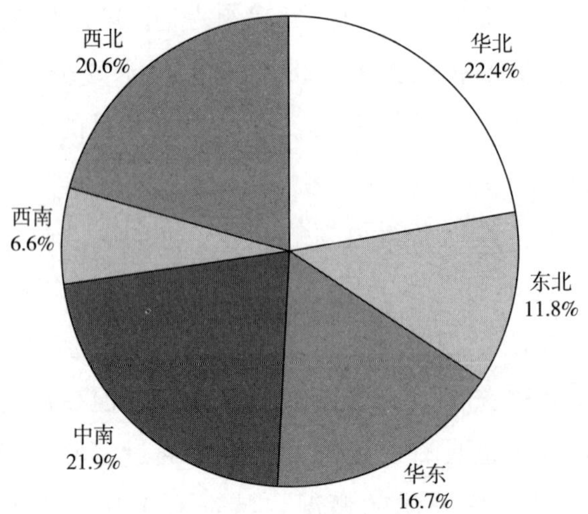


**图 2-1　卡嫂的地域分布**

资料来源：2018 中国卡车司机调查。

主（见图 2-2）。其中 87.3% 的卡嫂为农村户口，12.7% 的卡嫂为城镇户口（见图 2-3）。这与访谈资料中 49 位卡嫂的年龄、户籍状况基本一致。

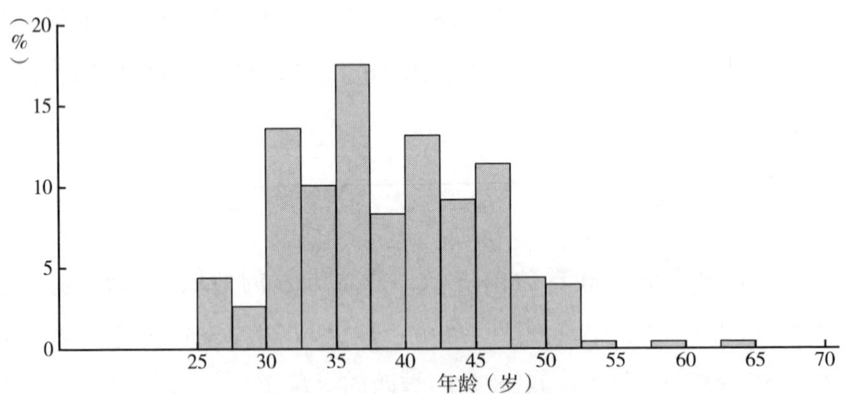


**图 2-2　卡嫂的年龄情况**

资料来源：2018 中国卡车司机调查。

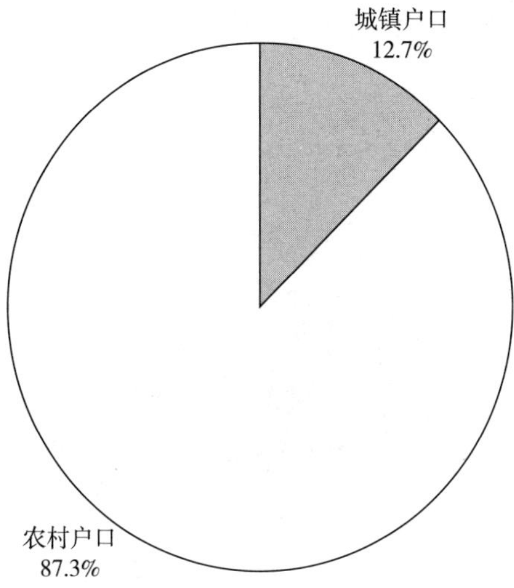


**图 2-3　卡嫂的户口类型**

资料来源：2018 中国卡车司机调查。

根据图 2-4，样本卡嫂的学历以初中为主（59.2%），其次是高中（16.2%）与中专（职高或技校）（11.0%），小学及以下学历的卡嫂占比为 8.3%，5.3%的卡嫂为大专学历。

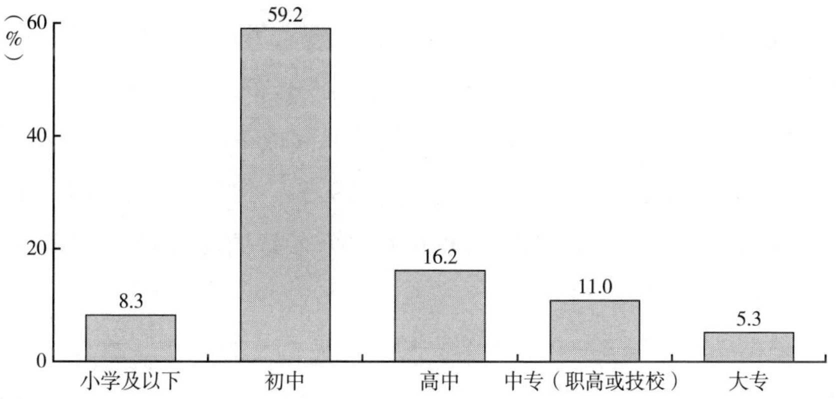


**图 2-4　卡嫂的学历**

资料来源：2018 中国卡车司机调查。

图 2 - 5 显示出样本卡嫂的生育情况，55.7% 的卡嫂生育了两个孩子，32.5% 的卡嫂生育了一个孩子，9.2% 的卡嫂生育了三个及以上个孩子，2.6% 的卡嫂没有孩子。

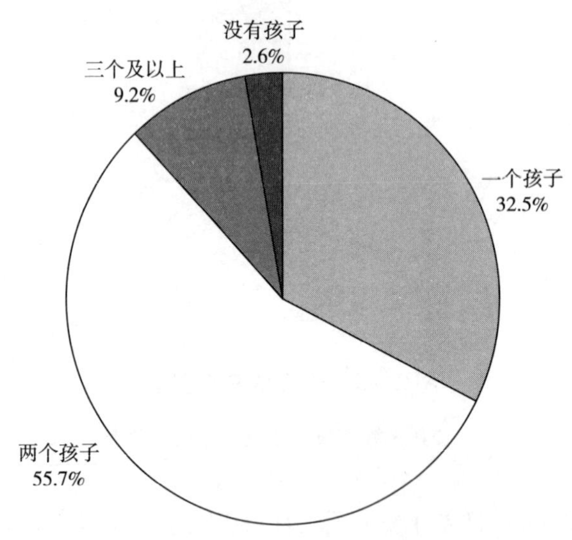


**图 2 - 5　卡嫂生育孩子的数量**

资料来源：2018 中国卡车司机调查。

就丈夫的雇佣性质来看，88.6% 的卡嫂家里自己养车，其丈夫为自雇型卡车司机；11.4% 的卡嫂丈夫给别人开车，为他雇型卡车司机（见图 2 - 6）。其中，丈夫开卡车的从业时间以 10 ~ 12 年为最多，占比为 21.9%；其次为 7 ~ 9 年，占比为 19.3%；13 ~ 15 年与 4 ~ 6 年占比分别为 11.8%、11.0%，可见大部分卡嫂的丈夫都具有丰富的从业经验（见图 2 - 7）。

根据图 2 - 8，47.4% 的卡嫂非常了解丈夫的工作，28.9% 的卡嫂比较了解丈夫的工作，比较不了解与非常不了解丈夫工作的比例加起来只有 7.9%，也就是说，卡嫂对于丈夫开卡车的工作大多较为了解。

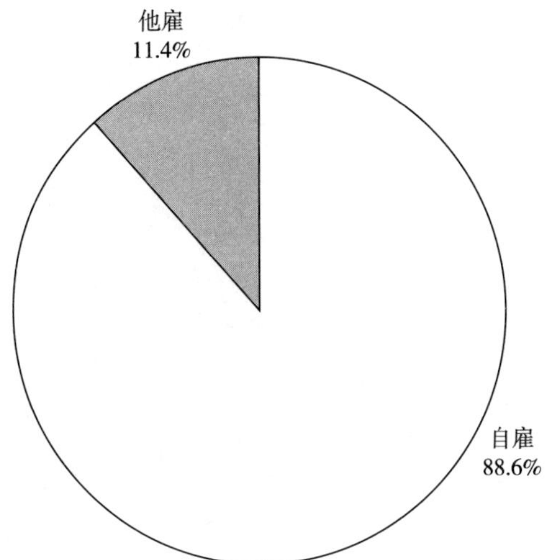


**图 2 -6 卡嫂丈夫的雇佣形式**

资料来源：2018 中国卡车司机调查。

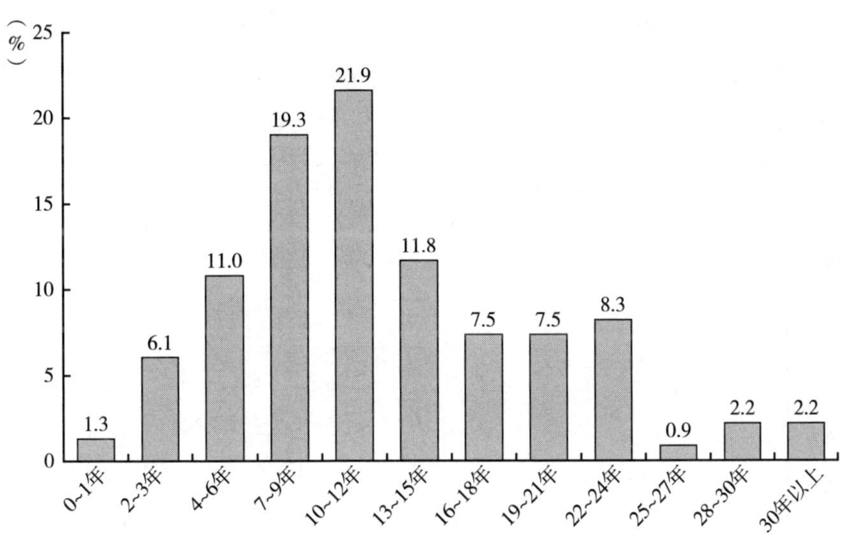


**图 2 -7 卡嫂丈夫的从业时间**

资料来源：2018 中国卡车司机调查。

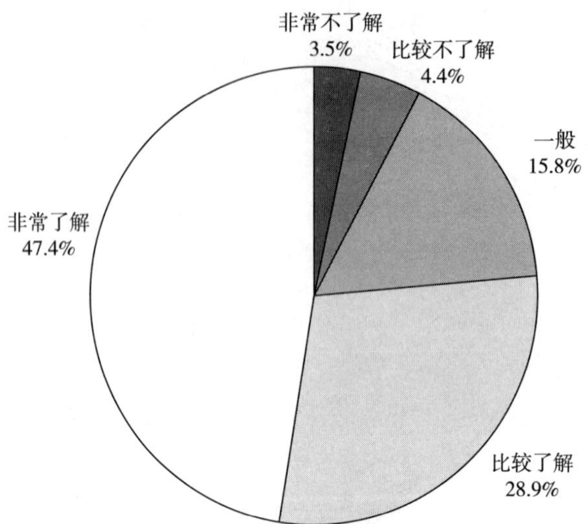


**图 2-8　卡嫂对丈夫工作的了解程度**

资料来源：2018 中国卡车司机调查。

相比之下，跟车卡嫂选择“非常了解”的比例为 73.5%，选择“比较了解”的比例为 18.1%；留守卡嫂选择“非常了解”的比例为 32.4%，选择“比较了解”的比例为 35.2%，可以推知跟车卡嫂更了解丈夫的工作（见图 2-9）。

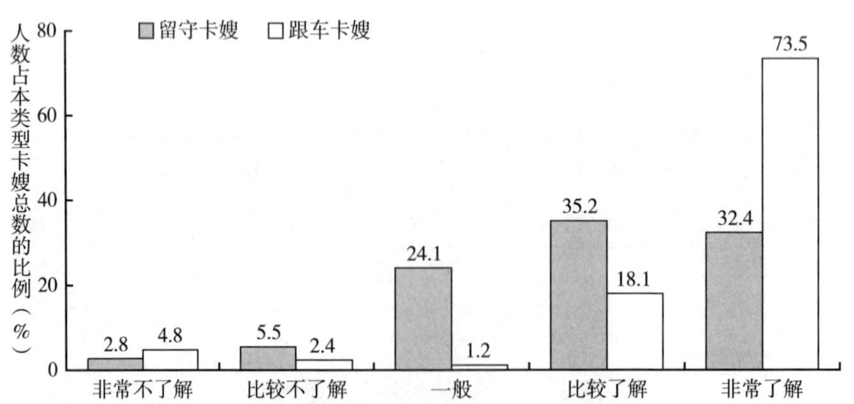


**图 2-9　留守卡嫂与跟车卡嫂对丈夫工作的了解程度对比**

资料来源：2018 中国卡车司机调查。

图2－10显示出样本中卡嫂留守与跟车的比例：63.6%的卡嫂大部分时间在家里，不跟车，是留守卡嫂；36.4%的卡嫂大部分时间不在家，跟车，是跟车卡嫂。

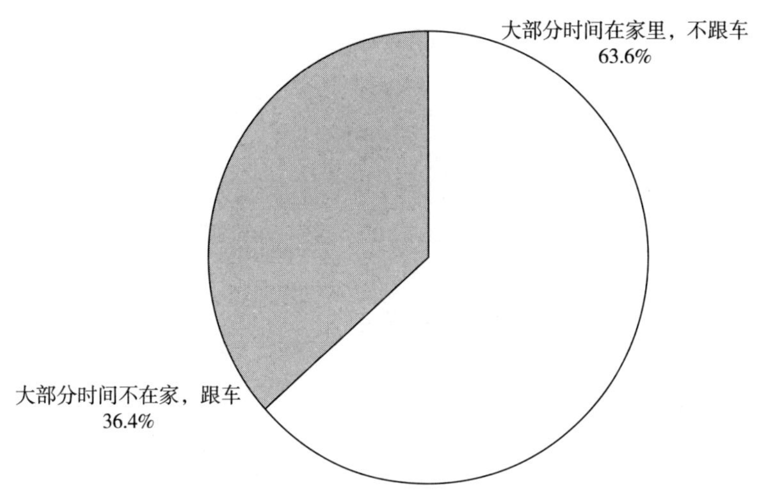


**图2－10　卡嫂跟车情况**

资料来源：2018中国卡车司机调查。

## （二）自我认同

“卡嫂”的称呼，来源于其丈夫是一名卡车司机的身份，因而具有两个重要的特征：第一，它是社会建构出来的话语，并非如卡车司机一般是因其职业而来的社会属性；第二，它是因“卡车”“卡车司机”而来的依附性的身份，无法独立存在。因此，并不是所有男性卡车司机的配偶都适应、喜欢、认同“卡嫂”这样的称呼，这也是“卡嫂”这个概念具有多种狭义内涵的原因。

图2－11显示出卡车司机配偶对于“卡嫂”这个称呼的态度：39.0%的卡嫂选择“一般”，31.1%的卡嫂选择“非常喜欢”，22.4%的卡嫂选择“比较喜欢”，5.3%的卡嫂选择“比较不喜欢”，

2. 2% 的卡嫂选择“非常不喜欢”。持喜欢态度的卡嫂占 53. 5%，持中性态度的卡嫂占 39. 0%，持不喜欢态度的卡嫂占 7. 5%。选择的比例说明，大部分卡嫂认同“卡嫂”的称呼，但同时也存在分化。

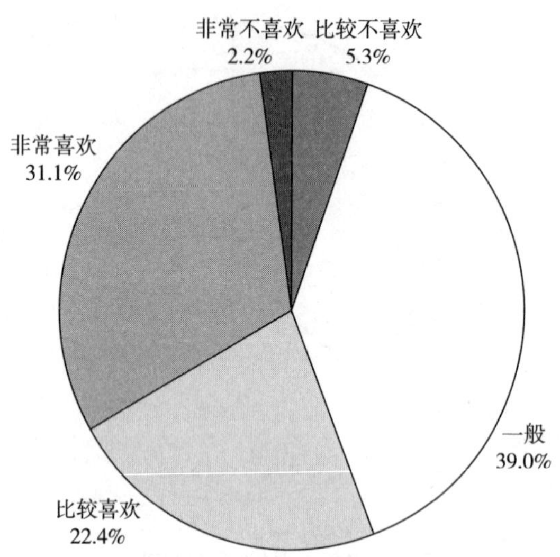


**图 2－11　对于“卡嫂”这个称呼的态度**

资料来源：2018 中国卡车司机调查。

那么，卡嫂如何看待自己呢？图 2－12 呈现了卡嫂对自身特点的意识，可以看出跟车卡嫂与留守卡嫂选择最多的前几项非常相似，她们都选择了“吃苦耐劳”、“坚强”、“善解人意”和“压力大”，只是跟车卡嫂更多地选择了“能干”，留守卡嫂更多地选择了“独立”。她们的选择告诉我们，跟车卡嫂与留守卡嫂有很多共鸣，但是比例的不同又显示出区别：留守卡嫂觉得卡嫂更独立、孤独寂寞与焦虑，跟车卡嫂觉得卡嫂压力更大、牺牲更多，这与她们或留守或跟车的状态有关。

卡嫂对于婚姻的评价也是自我认同的重要组成部分。总体来看，33. 3% 的卡嫂认为自己的婚姻非常幸福，40. 8% 的卡嫂认为自己的婚姻比较幸福，认为婚姻不幸福的仅占 3. 1%（见图 2－13）。

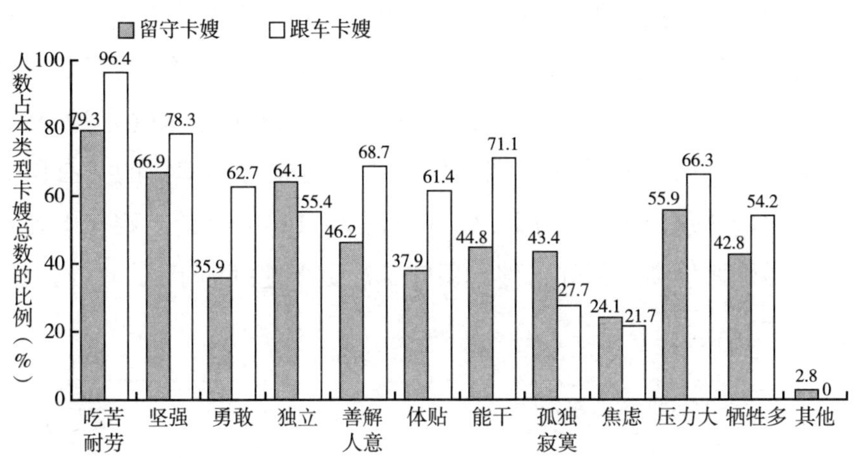


**图 2－12 卡嫂自我意识的特点**

资料来源：2018 中国卡车司机调查。

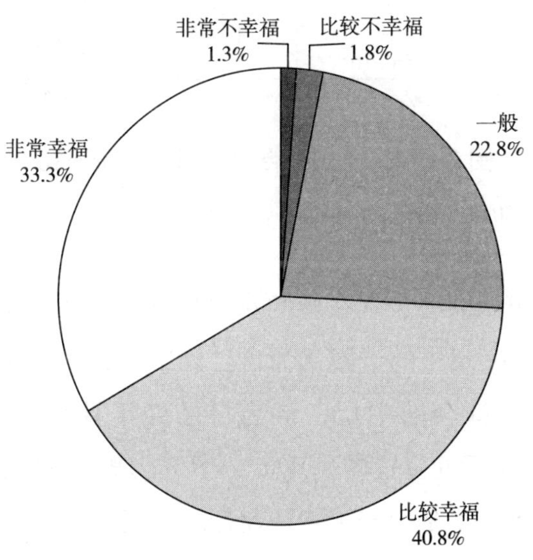


**图 2－13 卡嫂对自己婚姻的评价情况**

资料来源：2018 中国卡车司机调查。

按照留守卡嫂、跟车卡嫂的分类来看，选择婚姻非常幸福的跟车卡嫂为48.2%，留守卡嫂为24.8%；选择婚姻比较幸福的跟车卡嫂为32.5%，留守卡嫂为45.5%；选择婚姻一般的跟车卡嫂为19.3%，留守卡嫂为24.8%；选择婚姻比较不幸福与非常不幸福的只有留守卡嫂，比例分别为2.8%与2.1%（见图2-14）。因此，跟车卡嫂对自己的婚姻评价高于留守卡嫂，留守卡嫂更多地倾向于认为自己的婚姻不够幸福。

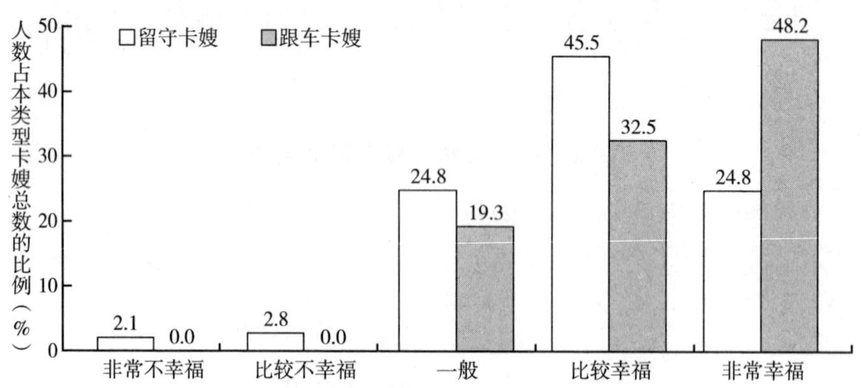


**图2-14　卡嫂对自己的婚姻评价对比**

资料来源：2018中国卡车司机调查。

卡嫂的自我认同还表现在她们对于自身所处社会位置的判断。如图2-15所示，65.8%的卡嫂认为自己处于社会的下层，33.3%的卡嫂认为自己处于社会的中层，认为自己处于社会上层的卡嫂只占0.9%。同时，在所处位置的判定上，留守卡嫂与跟车卡嫂的态度相差不大，这表明无论是留守卡嫂还是跟车卡嫂，大多都把自己定位于社会下层（见图2-16）。

综上，并不是所有男性卡车司机配偶都喜欢“卡嫂”这个社会建构出来的依附性概念，但又只能接受这样的标签。卡嫂的自我意识意涵丰富多元，一方面她们认为自己吃苦耐劳、坚强、善解人意、能

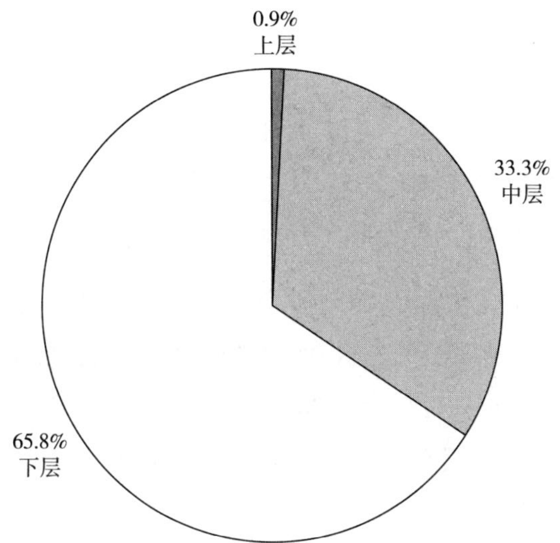


**图 2－15　卡嫂认为自己所处社会位置情况**

资料来源：2018 中国卡车司机调查。

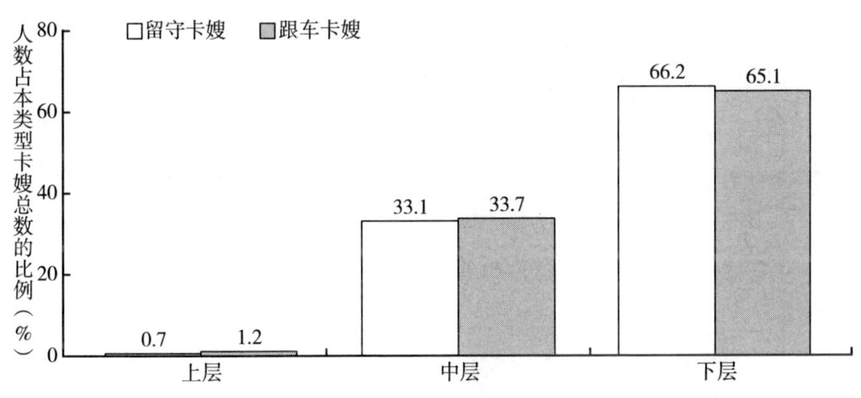


**图 2－16　卡嫂认为自己所处社会位置情况对比**

资料来源：2018 中国卡车司机调查。

干、独立，另一方面又认为自己压力很大、充满焦虑、付出诸多牺牲。卡嫂对于婚姻的评价较高，但是对于自身社会位置的判定却很低。跟车卡嫂与留守卡嫂在自我认同上大致统一，也存在一定的分化，这种差异与她们“是否跟车”存在相关性。

## （三）需求与展望

关于卡嫂的需求，图2－17向我们展示了卡嫂需要的公益服务情况，跟车卡嫂需求的服务有：定期体检（74.7%）、购买保险（68.7%）、维权培训（60.2%）、跑车时能洗澡（57.8%）与急救培训（54.2%）；留守卡嫂需求的服务有：定期体检（67.6%）、购买保险（59.3%）、亲子关系指导（44.1%）、交通货运法规培训（42.1%）与夫妻关系指导、急救培训（均为35.9%）。卡嫂的需求有内在的统一，又在跟车卡嫂与留守卡嫂之间存在差别，这种差别与她们的生活、工作状态具有相关性。

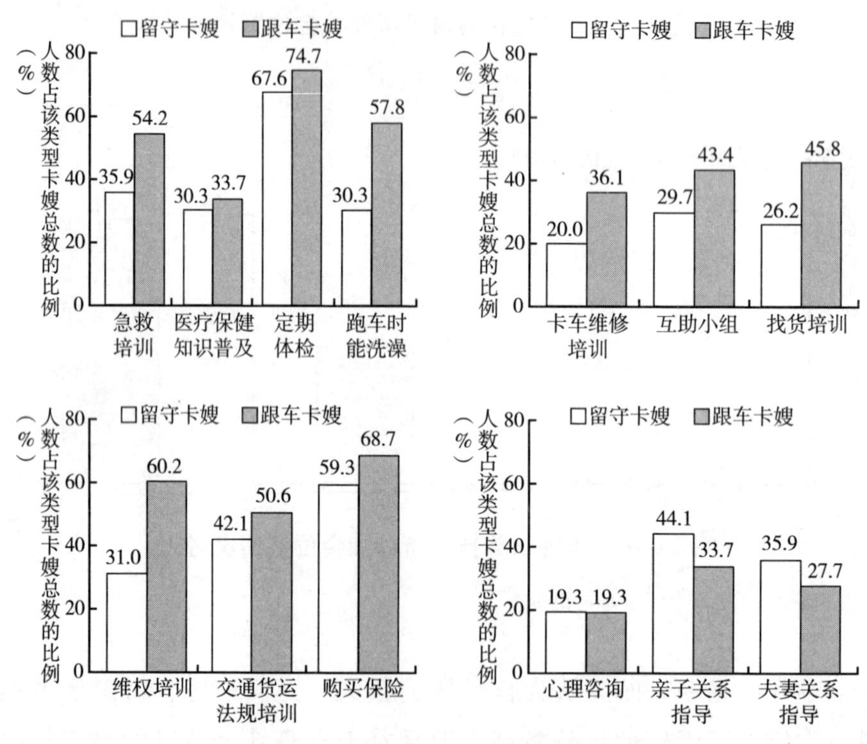


**图2－17 卡嫂需要的公益服务状况**

资料来源：2018中国卡车司机调查。

关于对未来的展望，51.3%的卡嫂对公路货运业的信心一般，15.8%的卡嫂非常没信心，14.5%的卡嫂比较没信心，12.3%的卡嫂比较有信心，6.1%的卡嫂非常有信心（见图2－18）。总体而言，卡嫂对于公路货运业前景的态度并不乐观。

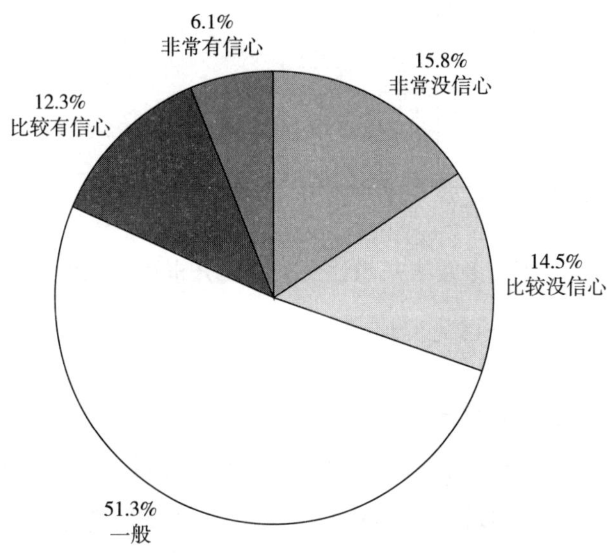


**图2－18 卡嫂对于公路货运业的信心情况**

资料来源：2018中国卡车司机调查。

在这样的前提下，相当一部分卡嫂未来不想让丈夫继续做卡车司机，同时在留守卡嫂与跟车卡嫂之间又存在细微的差别：选择“非常不想”的跟车卡嫂有49.4%，留守卡嫂有50.3%；选择“比较不想”的跟车卡嫂有18.1%，留守卡嫂有26.9%；选择“一般”的跟车卡嫂有22.9%，留守卡嫂有18.6%；选择“比较想”的跟车卡嫂有3.6%，留守卡嫂有2.8%；选择“非常想”的跟车卡嫂有6.0%，留守卡嫂有1.4%（见图2－19）。虽然留守卡嫂与跟车卡嫂不想让丈夫继续开卡车的比例都很高，但是相比之下，留守卡嫂不想让丈夫继续开卡车的意愿更为强烈。

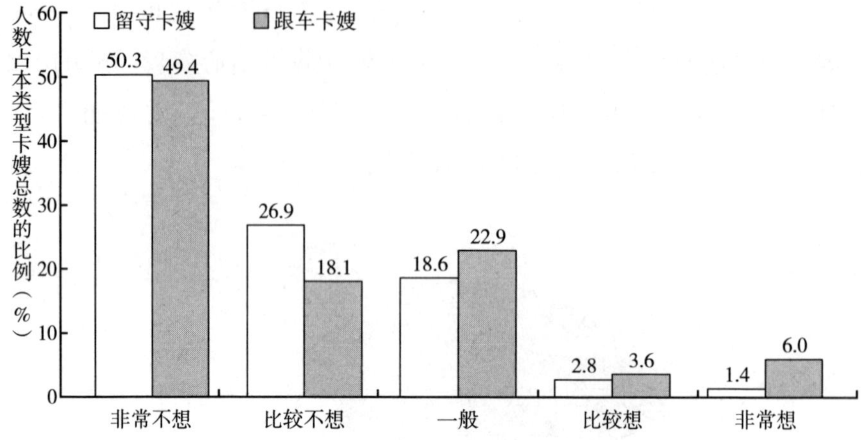


**图 2－19　卡嫂未来想让丈夫继续开卡车的意愿情况**

资料来源：2018 中国卡车司机调查。

不仅不想让丈夫继续开卡车，卡嫂也不愿意让自己的子女从事卡车司机的职业，并且在留守卡嫂与跟车卡嫂之间未存在明显差别。数据中 84.7% 的卡嫂不想子女继续开卡车，13.5% 的卡嫂认为取决于子女自己的意愿，愿意子女从事卡车司机职业的卡嫂只有 1.8%（见图 2－20）。

不愿意子女从事卡车司机职业的原因，来自卡嫂对这份职业的深度理解：98.4% 的卡嫂选择了"风险高"，64.4% 的卡嫂选择了"与家人疏远"，62.2% 的卡嫂选择了"职业病"，55.9% 的卡嫂选择了"收入低"，54.8% 的卡嫂选择了"社会地位低"，50.0% 的卡嫂选择了"职业前景差"，25.5% 的卡嫂选择了"交往圈太小"（见图 2－21）。

由上述数据可知，关于需求，卡嫂内部的分化很小，体检、保险、各种培训是她们最需要的。关于未来的展望，卡嫂对于公路货运业的前景信心不大，大多不愿意丈夫继续从事卡车司机的工作，也大多不愿意自己的子女进入这个行业。接下来的两章，我们将从留守卡

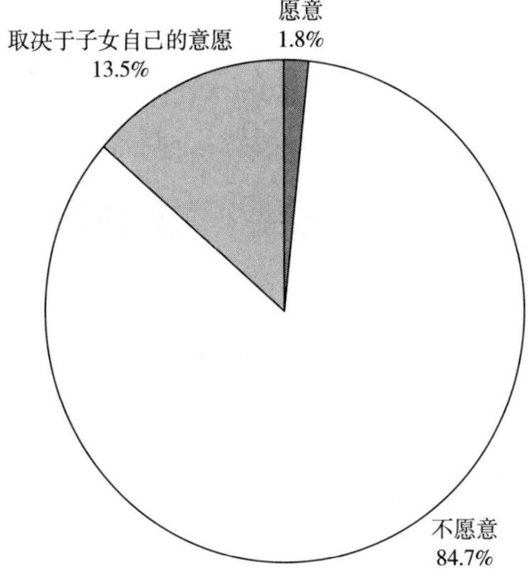


**图 2-20　卡嫂愿意自己的子女从事卡车司机职业的情况**

资料来源：2018 中国卡车司机调查。

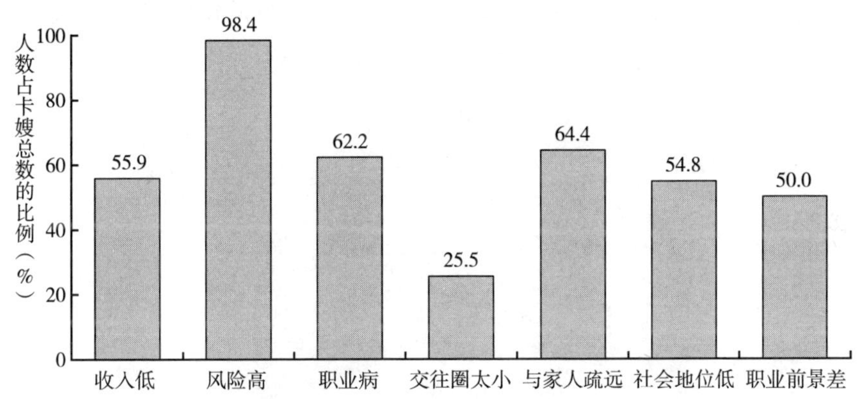


**图 2-21　卡嫂不愿意子女从事卡车司机职业的原因**

资料来源：2018 中国卡车司机调查。

嫂与跟车卡嫂的不同角度出发，深入细致地描述卡嫂的生活、劳动、婚姻与家庭，为上述数据提供更加具体的解释。

# 第二章　留守卡嫂：被卷入生产的再生产主体

留守卡嫂是卡嫂群体中占比较多的女性，也是在卡车司机劳动过程中隐形的女性。由于分类需要，我们将留守卡嫂定义为被访时点大部分时间在家、不跟车的妻子。仔细分析之下，留守卡嫂还存在子分类：完全没有跟过车的卡嫂、偶尔跟过几次车的卡嫂、过去曾经跟车一段时间的卡嫂。图2－22显示出问卷中留守卡嫂子分类的比例：有29.0%的留守卡嫂从未跟过车，有30.3%的留守卡嫂曾经跟过车，即曾做过跟车卡嫂，有40.7%的留守卡嫂只是偶尔跟过。因此，大部分的留守卡嫂是不持续跟车的，同时留守卡嫂与跟车卡嫂之间存在互相转化的可能性。

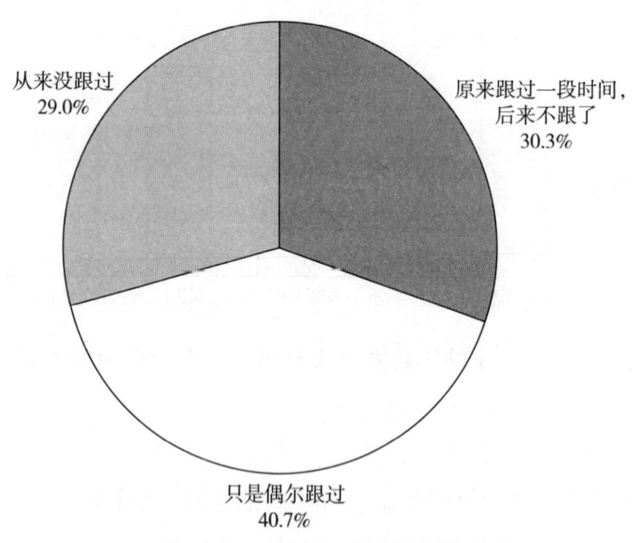


**图2－22　留守卡嫂跟车情况**

资料来源：2018中国卡车司机调查。

## 一　在留守与跟车之间

近几年，公路货运市场运价不稳、时有沉降，同时物价上涨、运输成本逐年增加，个体卡车司机如果雇佣驾驶员，就很难维持利润。在这样的宏观形势下，鉴于卡车司机独自开车上路太过危险，许多家庭选择让卡嫂上车，[①] 代替驾驶员的位置。对于卡嫂来说，留守在家还是上车陪伴，是一个艰难的决定，与三个因素有关：一是家里的客观情况，例如是否有地，是否有需要照顾的老人、子女，卡嫂的健康状况与适应情况，卡嫂是否有工作等；二是卡嫂的主观意愿；三是卡嫂的家人尤其是丈夫与孩子的主观意愿。

图 2－23 显示出留守卡嫂的主观意愿，12.4% 的卡嫂非常想跟车，19.3% 的卡嫂比较想跟车，比较不想和非常不想跟车的卡嫂比例分别为 18.6% 与 13.8%。也就是说，31.7% 的留守卡嫂有跟车意愿，32.4% 的留守卡嫂没有跟车意愿，35.9% 的留守卡嫂持中性态度。从主观意愿来看，留守卡嫂愿意跟车的比例不大。

留守卡嫂的丈夫对于卡嫂跟车，也大多持否定态度。根据图 2－24，26.2% 的丈夫非常不想让卡嫂跟车，19.3% 的丈夫比较不想让卡嫂跟车，29.7% 的丈夫选择一般，15.9% 的丈夫比较想让卡嫂跟车，只有 9.0% 的丈夫非常想让卡嫂跟车。因此，留守卡嫂的丈夫有意愿让卡嫂跟车的比例为 24.9%，没有意愿让卡嫂跟车的比例为 45.5%。综合留守卡嫂与其丈夫的态度表明，卡嫂留守的家庭让卡嫂跟车的意愿并不强烈。

为什么留守卡嫂与丈夫都倾向于“卡嫂留守”？图 2－25 给出了原因，在这道多选题中，88.4% 的卡嫂选择了“孩子需要照顾”，53.7%

① 在卡嫂跟车的语境中，“上车”表示“跟车”，“下车”表示“不再跟车”。

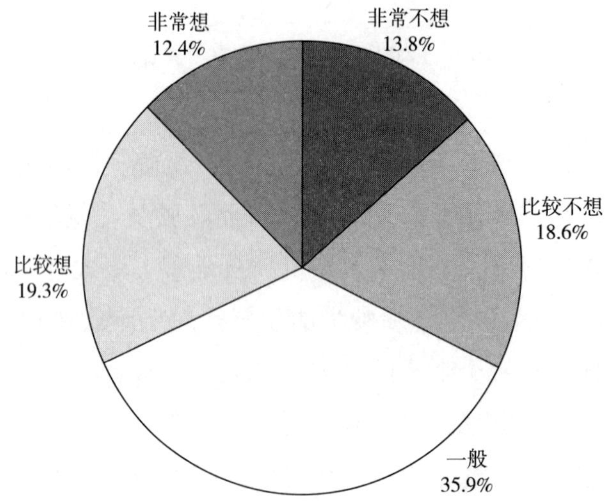


**图 2－23　留守卡嫂的跟车意愿**

资料来源：2018 中国卡车司机调查。

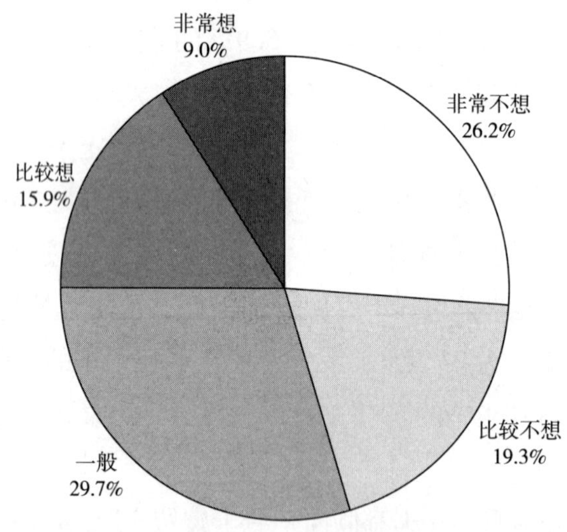


**图 2－24　留守卡嫂丈夫希望卡嫂跟车情况**

资料来源：2018 中国卡车司机调查。

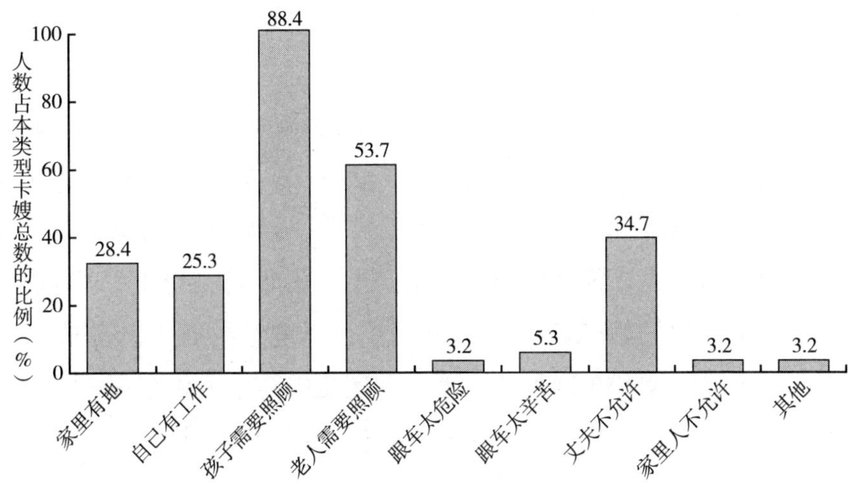


**图 2－25　留守卡嫂不跟车的原因**

资料来源：2018 中国卡车司机调查。

的卡嫂选择了“老人需要照顾”，34.7% 的卡嫂选择了“丈夫不允许”，28.4% 的卡嫂选择了“家里有地”，25.3% 的卡嫂选择了“自己有工作”。可见卡嫂选择留守，确实是主观因素与客观因素的结合。

虽然留守卡嫂主观选择“不跟车”或者客观上“无法跟车”，但是她们仍然常常徘徊在留守与跟车之间，既矛盾又不确定。留守卡嫂 JC 2018 年 30 岁，育有两个幼小的孩子，一个 6 岁，一个 2 岁。她一直特别想跟车：“反正他去哪儿，我都特别愿意跟着他去。”但是她的丈夫认为：“哪有让媳妇跟着出车的？那多苦啊！那受罪全是男人的事儿！”客观上两个孩子需要照顾，主观上丈夫不允许，要求她“家里你别让我费心，车上的事儿你别费心”，因而她从未持续跟过车，只是偶尔假期或是带孩子外出游玩时才可以跟着丈夫跑上两趟车。JC 的经验显示出跟车选择中最基本的矛盾：孩子年龄小，需要母亲的照料；丈夫觉得跟车危险，不许妻子上车（SJZ－JC 访谈录）。

除了这个基本矛盾，还存在运价的低迷与家中经济需求之间的矛盾：如果卡嫂跟车，意味着夫妻二人只能挣得一份收入。在运价尚可时，这个矛盾并不明显；但随着货运市场运价的下降，竞争越来越激烈，利润空间越来越小，很多选择“夫妻车”① 的家庭都感受到了更大的压力。2018 年 40 岁的 WM 以前跟丈夫一起跑车，后来发现市场行情不佳，丈夫找货困难，因而她决定下车去再打一份工：“可能我跟两个孩子，我们娘仨就不用他惦记了，对吧？再有一部分收入。”（SJZ - WM 访谈录）在这种情况下，即使丈夫一个人跑车很辛苦，卡嫂也只能下车回家再找一份工作，以确保一定的家庭收入。

跟车并不是一件轻松的事，卡嫂需要承受与丈夫一样的身体消耗，还要随着身体健康的变化而调整跟车的频率。ZS 2018 年 48 岁，育有 1 女 1 子，孩子小的时候她在家带孩子、种地，待小儿子可以上幼儿园后，她把两个孩子托付给母亲和姐姐，跟着丈夫上了车，一跟就是 8 年。跟到第 6 年的时候，她的腰椎出了问题，只好在家里休息半年，之后又上了车。跟车时她每天中午休息 2 个小时、晚上休息 4 个小时，她表示“跟车把我累死了！”（QZ - ZS 访谈录）因而有时留守只是一种暂时的状态，与卡嫂的健康状况相关。

徘徊在留守与跟车之间的留守卡嫂也会偶尔跟车，偶尔跟车有两种情况：一种是孩子放寒暑假，以“家庭旅游”的方式跟着丈夫外出几次；另一种是作为劳动力的替补，当丈夫急需帮忙时上车几回。偶尔跟车时，卡嫂可以直接观察到丈夫的劳动过程、真切地体会到丈夫工作的辛苦，因此偶尔跟车的卡嫂往往坚持不休息、一直陪着丈夫跑完全程。2018 年 48 岁的 FY 假期时偶尔带儿子陪丈夫外出，上车之后孩子很快就会睡着，但是她坚持不睡，坐在副驾驶座位上陪着丈夫一直跑到目的地。她发现她只是坐在车上就很累，而丈夫“手也

① “夫妻车”的意思是卡嫂跟车陪伴丈夫，夫妻二人一起从事货运工作。

动、脚也动，眼睛还得看着道儿，思想还不能溜号儿”，就更累了。因为感受到这份劳动的不易，她一直希望买了房子之后就不让丈夫开卡车了（SJZ－FY 访谈录）。2018 年 38 岁的 XP 偶尔跟车时，也是坚持一路陪伴、从不休息，只在装货时打个盹儿。她睡不着一是因为上车不习惯，二是担心丈夫的身体与安全，她总想帮丈夫分担一些：“哎呀，怎么说呀？反正就是，难呗！心疼他！除了担心就是，太累了！”（SJZ－XP 访谈录）

还有一部分留守卡嫂曾经是跟车卡嫂，过去曾经持续跟车过一段时间。2018 年 41 岁的 LX 在孩子 3 岁左右跟过 1 年的车，除了因为丈夫开车总是困、她可以加以提醒之外，她也想跟着丈夫外出增加阅历、寻找做生意的机会（SJZ－LX 访谈录）。2018 年 32 岁的 LH 也在孩子很小可以交给老人照顾的时候陪丈夫跑车半年多。当时丈夫刚刚买车、运费低、雇佣司机不好找，她也不放心丈夫自己开车上路。半年过后，丈夫找到了合适的驾驶员，她才下了车，在家照顾孩子（SJZ－LH 访谈录）。

从未来的面向来看，留守卡嫂也可能在未来成为跟车卡嫂。第一种情况是许多留守卡嫂都有未来跟车的意愿，只是囿于某种客观的原因无法达成。FY 与她的丈夫都很希望她能够跟车，丈夫憧憬着“孩子大了多好，咱俩一起出车”，FY 盼望着“我没有后顾之忧了，我就愿意跟着他一起，多好”（SJZ－FY 访谈录）。XP 也盼着上车陪伴丈夫，丈夫还希望她考个驾照，跟他一起开卡车。等大女儿考上高中住校、小女儿上初中之后，XP 就打算跟车，因为“两个人方便得多”（SJZ－XP 访谈录）。

第二种情况是某些留守卡嫂一直在努力说服丈夫允许她们上车陪伴。2018 年 35 岁的 WH 家在河南，因为家乡的货运不发达，丈夫辗转到湖南、江苏一带跑车，WH 则留守在家。孩子放暑假期间，她力排众议把孩子送到亲戚家，跟着老公上了车。在路上，她见到了很多跟车卡嫂："这平常高速上，老见，一到早上或者晚上，好多女的，都掂着桶、掂着盆，洗衣服、洗头、洗澡。"（HZ－WH 访谈录）她特别羡慕这些"掂着桶、掂着盆"的女人，因为她最短也要 40 天才能见到丈夫一面。她特别想跟车，但是丈夫不同意，认为女人跟车老得快，何况家里还有两个需要照顾的孩子。她却一直计划着孩子长大了可以做跟车卡嫂，因为"两个人互相有个照应"（HZ－WH 访谈录）。

第三种情况是跟过车的卡嫂选择未来继续跟车。2018 年 37 岁的 FC 育有一女一子，在丈夫刚买卡车的起步期，因为孩子还小、尚未上学，她曾经跟过 3 年车。跟车是丈夫提出来的，那时丈夫开车没有经验，也没人照顾，她很担心。后来孩子慢慢长大、读书需要陪伴，她就"下车"了。她"也喜欢跟车，但是因为有孩子，所以就跟不了"。等孩子长大，不怎么需要她照顾了，她说"我就还可以跟车"（ZY－FC 访谈录）。

留守卡嫂在留守与跟车之间的徘徊不定、时断时续显示出，大部分卡嫂的留守状态都不是恒定的，她们多半会根据家庭变化的需求进行选择：一旦丈夫的需要紧迫性强，她就得上车；一旦孩子或老人的需要紧迫性强，她就得下车。偶尔跟车、曾经跟车都使得她们更能体会丈夫的辛苦，也为未来跟车打下基础。

## 二　双重家计："男主车、女主家"的性别劳动分工

卡嫂留守在家，意味着她的家庭被分割成两个家：她留守的"家"与丈夫开走的"车"。因为丈夫在路上"以车为家""四海为家"，[①] 因而卡嫂留守的家庭往往呈现出"双重家计"，[②] 在"男主外、

① "中国卡车司机调研课题组"：《中国卡车司机调查报告 No. 1——卡车司机的群体特征与劳动过程》，社会科学文献出版社，2018。

② "家计"指的是家庭生计，即经济状况、家产等。

女主内”的性别分工基础上演变成“男主车、女主家”的二元分工。“男主车、女主家”与传统意义上的“男主外、女主内”在性别劳动分工的方向上一致，但是程度与内容已经有了很大的差别：它不仅是性别和劳动的分工，还是家庭内部家计的分工。

### （一）“车上的家”与“留守的家”

对于卡车司机来说，他们每天在路上“以车为家”，“车上的家”是他们的家计最主要的载体：因为卡车既是卡车司机工作、生活的空间，也是他们挣钱的工具与花钱的出口。根据2017年的中国卡车司机调查，卡车司机跑在路上需要诸多花费，[①] 因此他们每天在车上都需要携带一定数量的金钱，以应付多元化、不确定的支出。同时，由于“贷款车”的普遍存在，处于还贷期的卡车司机车上的收入有很大一部分需要还贷或者偿还借款。因此，丈夫跑车的收入一部分要交给家里做生活费，另一部分则要留在车上支撑日常花费，还有可能需要偿还贷款、借款，这是“车上的家计”。留守卡嫂由于大部分时间不跟车，因而很难直接管理“车上的家计”。

对于留守卡嫂来说，她们主要生活的领域是“留守的家”。“留守的家计”由两部分组成：一部分是丈夫开卡车挣得的收入，另一部分是卡嫂工作或者进行其他经营活动挣得的收入，这两部分加起来用以支付日常的生活费、子女养育与父母赡养的费用、人情往来的费用、偿还房贷的费用等，而这部分“留守的家计”是由卡嫂负责管理与分配的，丈夫不在家，因而不直接管理“留守的家计”。

“车上的家计”与“留守的家计”分属两个不同的空间，也在性别之间有所分离，但又不是截然分开的，金钱在两个家计之间流动。

① 这些花费包括“挂靠、折旧、加油、换轮胎、装卸、过路、过桥、走高速、交罚款、保险、保养、维护、修车、审车、验本、吃饭、住宿、医疗，还有许多无法预估的零散消费”。

跑车的丈夫与留守的妻子也不是全然独立地管理各自的家计，他们也会互相商量、共同做出决定。只是由于时间、空间的分离与现实的需要，他们各自主要肩负一重家计，形成家庭内部的“双重家计”。

卡嫂跟车的家庭也存在“车”与“家”空间上的分离，因而事实上也存在“双重家计”，只是与性别分工的连接没有卡嫂留守的家庭那么紧密。如图2－26所示，卡嫂留守的家庭，30.3%的丈夫把跑车挣的钱全部交给卡嫂，66.2%的丈夫车上留一部分钱，交给卡嫂一部分钱；卡嫂跟车的家庭，49.4%的丈夫把跑车挣的钱全部交给卡嫂，48.2%的丈夫车上留一部分钱，交给卡嫂一部分钱。从收入分配来看，无论卡嫂是否跟车，卡车司机家庭都存在一定程度的“双重家计”。

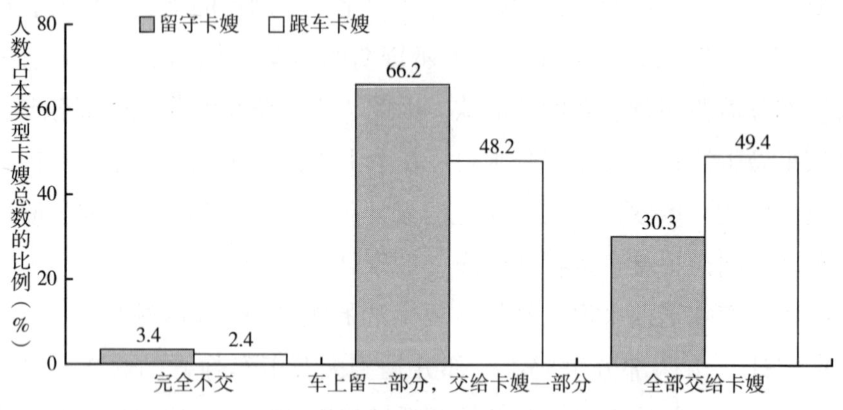


**图2－26　丈夫开卡车挣的钱是否会交给卡嫂**

资料来源：2018中国卡车司机调查。

图2－27从“做决定”的角度显示出“双重家计”的程度：对于卡嫂留守的家庭，车上的事82.1%由丈夫做决定，17.9%由夫妻商量做决定，没有卡嫂单独做决定；家里的事37.2%由卡嫂做决定，60.7%由夫妻商量做决定，2.1%由丈夫做决定。因此，卡嫂留守的家庭其“车上的家计”主要由丈夫负责；“留守的家计”由夫妻双方商量而定，卡嫂负责的比例大于丈夫负责的比例。

对比之下，对于卡嫂跟车的家庭，车上的事 63.9% 由丈夫与卡嫂商量做决定，32.5% 由丈夫做决定，3.6% 由卡嫂做决定；家里的事 80.7% 由夫妻商量做决定，19.3% 由卡嫂做决定，没有丈夫单独做决定。因此，卡嫂跟车的家庭其“车上的家计”由夫妻双方商量而定，丈夫单独做决定的比例大于妻子单独做决定的比例；“家中的家计”也是由夫妻双方商量而定，妻子单独做决定的比例大于丈夫单独做决定的比例。

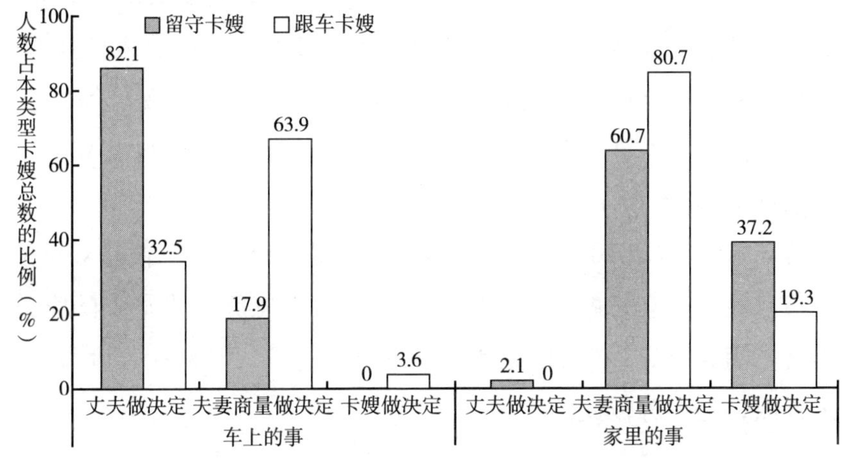


**图 2－27　车上与家中事情谁做决定**

资料来源：2018 中国卡车司机调查。

由以上数据可知，第一，“男主车、女主家”“双重家计”的格局对于卡嫂留守的家庭与卡嫂跟车的家庭同样适用，是卡车司机家庭较为普遍的性别分工状况；第二，卡嫂留守的家庭更多地呈现分离程度较高的“双重家计”的特征；第三，如果卡嫂跟车，由于夫妻二人处于同一地理空间，无论“车上的家计”还是“家中的家计”大部分都由夫妻二人商量决定，但是丈夫仍然主要负责车、卡嫂主要负责家，因此卡嫂跟车家庭带有性别色彩的“双重家计”建立在夫妻共同商量的基础上，其性别分工程度比卡嫂留守的家庭更低；第四，留守卡嫂与跟车卡嫂的丈夫是这个性别劳动分工谱系中的两极：留守卡嫂不会单独决定丈夫车上的事，而卡嫂跟车的丈夫不会单独决定家里的事。

2018 年 34 岁的留守卡嫂 WB 的经历是“双重家计”最好的例子。WB 育有两个可爱优秀的女儿，因为要照顾孩子，她一直留守在家，丈夫独自跑车在外。丈夫跑车一个月的运费在旺季时可达到 2 万元左右，但是她从不向丈夫要生活费，而是在裁缝店工作以支付家里的生活费用，还攒钱帮助丈夫一起偿还车贷。WB 与丈夫的“双重家计”非常明确：丈夫负责车上的收入，WB 负责家里的收入，挣钱与花钱都是各自独立的。家里较大额度的支出，例如子女教育费、老人赡养费等由丈夫“车上的家计”负责，家里的日常支出则由 WB “留守的家计”负责（ZY－WB 访谈录）。

留守卡嫂 YJ 2018 年 29 岁，她与丈夫的家计分工不仅是双重的，而且各自经济独立，做自己的事业。她认为丈夫负责“车上的家计”是因为“穷家富路”，可以让丈夫“少遭点罪”，但是在家庭教育与支出方面，是不分彼此的。

> 他有他的工作事业，我有我的工作事业，我不管他的物流这一方面，我们都是经济独立、各自有各自的生活。大钱基本上还是他拿着，外面他有急用的时候。毕竟是穷家富路，让他多带点钱在外面，少遭点罪。（SJZ－YJ 访谈录）

WB 与 YJ 都是有工作与收入的卡嫂，她们与丈夫分别赚钱，基本可以自给自足，“双重家计”表现得较为明显；对于无工作、无收入的留守卡嫂来说，其家庭的“双重家计”则有所不同，主要表现在留守卡嫂管理家中的收入和支出，但所有的收入都来源于丈夫“车上的家计”。

在家照顾孩子的JC不是固定得到生活费用，没钱时她就向丈夫要钱，用“车上的家计”来支撑“留守的家计”。关于要钱的方式，她腼腆地表示“时不时地让人家给我发个红包”。因为丈夫的收入还要用来偿还贷款，她从来不管丈夫车上的收入。

> 我不管钱，因为我管不了！他车上的钱太乱，每天都进账，每天都出账，我管不了！现在我们的车全是贷款，我也不想接受那点钱，还是男人的手里有点钱比较好。（SJZ－JC访谈录）

LH的情况又是另一种。因为不喜欢在身上带钱，丈夫会把收入全部交给LH。但是“双重家计”的事实无法忽略，因此，LH还要负责从丈夫交给她的收入中分离出丈夫车上需要的钱，在每次丈夫出车时再交还给丈夫（SJZ－LH访谈录）。2018年36岁的XJ与丈夫的相处模式也非常类似，她的丈夫会把每一笔收入都交给她，但是丈夫的手里仍然保留车上固定的本钱。XJ非常节省，会把节省下来的钱存在丈夫名下的户头里，她形容她跟丈夫是“他主外，我主内”，这十分贴近于“双重家计”的意涵（QZ－XJ访谈录）。WH则是将“双重家计”解释为不让丈夫操心：“家里有啥事儿，我都能弄，我都不叫他操心！俺家里的事儿都是我做决定，外边事儿都是他做决定！”（HZ－WH访谈录）

综合来说，“双重家计”来源于男性与女性、丈夫与妻子之间传统的性别分工，因而在一定程度上广泛存在。但是，卡车司机家庭尤其是卡嫂留守的家庭，其“双重家计”的程度和范围与其他家庭不同，因为“男主外”管理的是生产工具：卡车以及与卡车相关的一切收支；“女主内”管理的是再生产的场域：家以及与家有关的一切收支；“车”与“家”分离的程度较高。“车上的家计”与“留守的家计”既相互分离又偶有重合，这种“双重家计”的独特性，即

“男主车、女主家”的性别分工是由丈夫的职业特征与妻子的留守状态决定的。

## （二）“留守”意味着多元化的劳动

问卷数据显示，57.9%的留守卡嫂没有工作，意味着她们在家做全职家庭主妇（见图2－28）。全职家庭主妇虽然不外出工作，并不意味着她们劳动量很小，事实上，“留守在家”意味着更多元化的劳动，尤其对于卡车司机家庭的全职家庭主妇来说，更是如此。

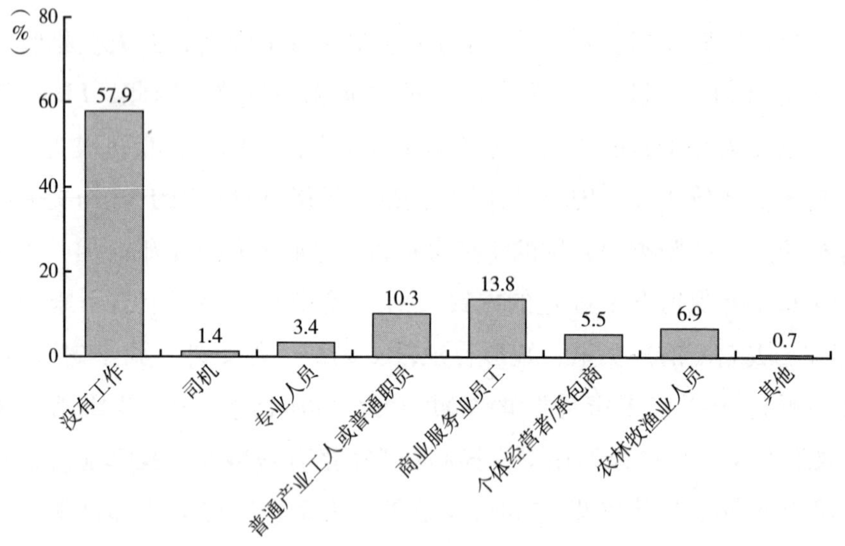


**图2－28　留守卡嫂的工作类型**

资料来源：2018中国卡车司机调查。

图2－29就展示出留守卡嫂多元化的劳动：95.9%的留守卡嫂需要养育子女；85.5%的留守卡嫂需要做家务；77.2%的留守卡嫂需要照顾老人。除了选择比例最多的三项，她们还要维持人情往来（52.4%）、干农活（38.6%）以及工作赚钱（33.8%）。因为每一项

都蕴藏着无数劳动的枝节，因而可以说留守卡嫂的劳动内容广泛，劳动量也很大。

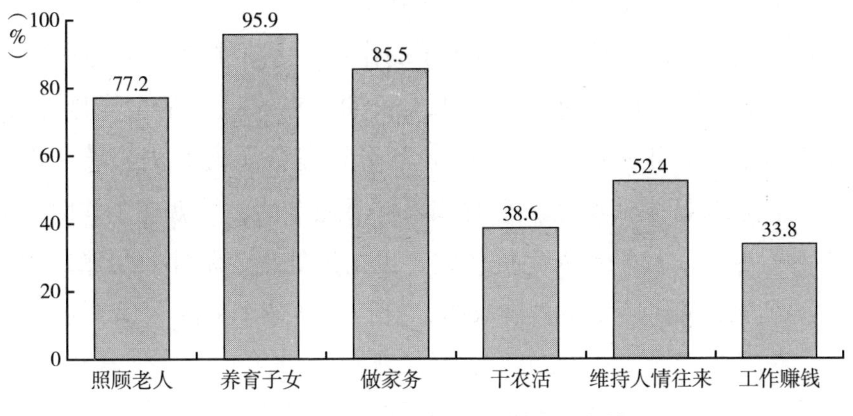


**图 2－29　留守卡嫂在家承担职责情况**

资料来源：2018 中国卡车司机调查。

由于子女大多处于最需要照顾的学龄期，丈夫又在外跑车，有孩子的留守卡嫂就要承担几乎所有的养育工作。养育工作包括接送孩子上学、辅导功课、带孩子上兴趣班、学习养育知识、与孩子沟通交流等。在这些工作之外，留守卡嫂还需要承担几乎所有的家务。家务劳动零散、隐形、永无止境，贯穿于留守卡嫂养育孩子、赡养老人与自己工作的间隙，是丈夫缺席的家庭进行再生产的基础。

WB 的丈夫跑车在外，她在裁缝店工作，每天工作 12 个小时。但是这 12 个小时不是连续的时间段，而是被上学的女儿、有病的公婆与各种家庭需求分割成很多细小的片段，她说她“6 点 20 的铃子（闹钟），一年四季”：每天 WB 早起给两个孩子做早饭，还会给孩子们每天都穿洗干净的衣服。大女儿目前上初中，夏天天亮得比较早，她就不用送了；冬天的早晨天比较黑，她就坚持先送大女儿，再回家送小女儿上学。因为孩子上学有时间差，她送大女儿的时候，就让小女儿自己待在家。送完小女儿，她要赶紧去上班。中午 12 点，她赶回家给自行回家的孩子做中饭，2 点再送孩子去上学，送完她再去上班。下午 6 点钟，她按照孩子放学的时间赶回家给孩子做晚饭，孩子吃完晚饭她迅速查看她们的作业，布置好以后再在 7 点半左右赶回裁缝店工作。2 个小时之后她下班，赶回家检查孩子的作业，再陪伴孩子洗漱睡觉。

WB 的公婆有病在身，因为丈夫长期不在家，日常全靠她照顾。因为时间有限，她只能在早晨 7 点 20 分送完孩子之后去公婆家看一眼，给他们买好生活用品。平时如果打不通电话，她就在工作时间溜出去看看老人。如果老人生病住院，也是她处理、陪伴、尽孝。丈夫每次回到家，WB 还要负责洗衣服，打扫、整理车上的“家”务。

> 我能做的就是，给他把车上的卫生搞得干干净净的，回来之后把衣服全都给他洗了、熨烫好，内衣用袋子装上，全都折得平平的。我就想着他出去了，在车上也一样，我就给他打扫得很温馨，我跟他说：“你那车上我打扫得比我们家里还干净！给你配备的都是最好的！这样的话你出车了就不太想家了！”（ZY-WB 访谈录）

如果孩子生病了，WB 就“抓一个、抱一个”送去医院。她不舍得打车，医院也离得近，就走路过去。实在忙不过来，她会把其中一个女儿交托给邻居或者朋友，再带着生病的另一个女儿去医院。她还要利用加班时间给老人、丈夫、女儿亲手裁剪衣服，既节省成本又十分别致。WB 每天骑着电动车穿梭于家、学校、裁缝店、公婆家之间，毫不停歇。年复一年、日复一日忙碌着的 WB 代表了大部分留守卡嫂的生活片段，也生动地展示出留守卡嫂多元化的劳动：“没办法啊！就不停地跑！一天骑上电动车就不停地跑！就是挤时间，时间就是挤嘛！”（ZY－WB 访谈录）

图 2－30 说明了在丈夫外出跑车时留守卡嫂遇到困难时的求助情况：83.4% 的留守卡嫂在遇到困难时选择“大事求助，小事自己解

决”，14.5%的留守卡嫂选择“不求助，自己解决”，只有2.1%的留守卡嫂选择“会求助”。而求助的对象则以家人（83.9%）为主，其次是朋友（69.4%）、同事（16.9%）与卡友卡嫂组织（16.9%）（见图2-31）。留守卡嫂不仅付出多元化的劳动，还肩负着解决家中大小事务的重任。

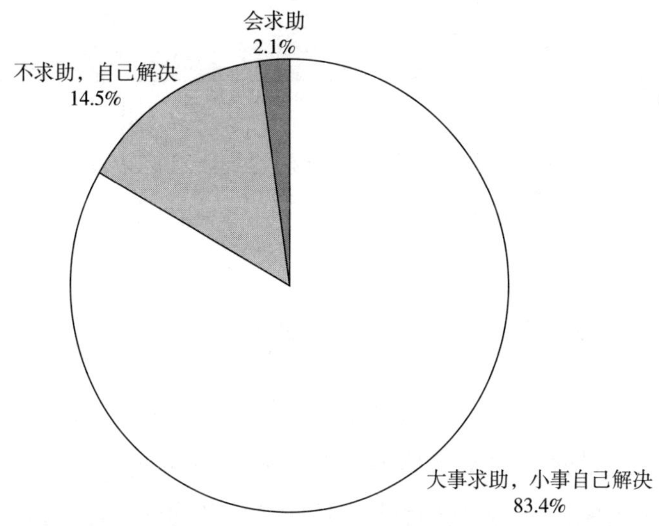


**图2-30　丈夫跑车时留守卡嫂遇到困难的求助情况**

资料来源：2018中国卡车司机调查。

留守卡嫂的劳动大多是日常、零散的家务劳动，常被看作主妇分内之事，因而常被认为并没有丈夫开卡车的劳动那么辛苦，她们自己也这样认为。但是，她们默默进行的这些家常的多元化劳动，却支撑着这个丈夫缺席的家庭再生产的正常运转，也支撑着外出跑车的丈夫“心安”，从而达到“车安”。她们虽然不跟车，没有为丈夫的工作直接贡献力量，但是她们的付出、她们对家的维护与管理是卡车司机“在路上”的坚强后盾。

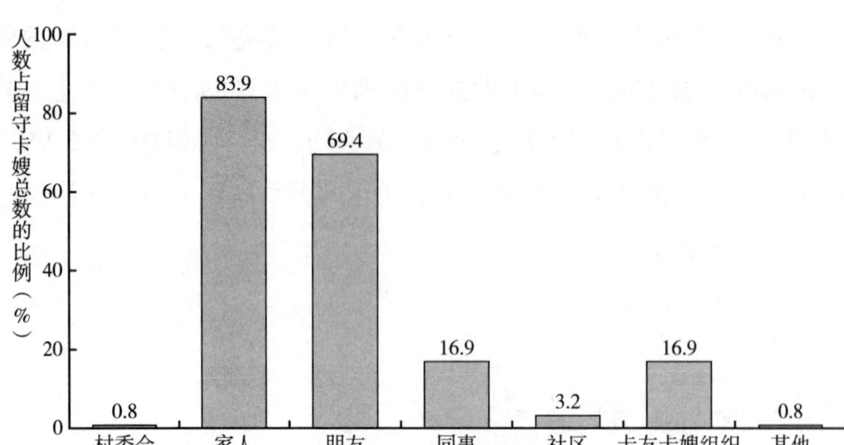


**图 2-31　丈夫跑车时留守卡嫂遇到困难的求助对象**

资料来源：2018 中国卡车司机调查。

## （三）以丈夫跑车为主的居家安排

留守卡嫂虽然不跟车，但是很能体会丈夫开卡车的辛苦。她们留守在家，经常选择按照丈夫跑车的节奏来进行居家安排。

由于丈夫的工作劳动强度大、风险高、不能分心，因而留守卡嫂以丈夫跑车为主的居家安排之最主要的表现是：报喜不报忧，自己承担整个家庭事务，让丈夫放心，并给丈夫解忧。FY 自己能解决的事都不会告诉丈夫，因为说了丈夫就会担心，离家在外又无法帮助。FY 希望丈夫开车时思想负担小一点，开车时更专心一些（SJZ - FY 访谈录）。WB 的公婆经常生病住院，WB 会第一时间安排老人住院，安排妥当之后才会给丈夫打电话，在获知丈夫没有在路上开车时才会把老人的状况和盘托出（ZY - WB 访谈录）。LH 无论晚上几点都会在丈夫困乏的时候远距离陪他聊天，通过聊一些孩子在学校的事给丈夫提神，一直陪伴丈夫抵达目的地（SJZ - LH 访谈录）。

2018 年 38 岁的 HM 因为丈夫跑车而不断调整和改变自己的工作安

排。她原本在一家售卖汽车配件的公司工作，因为丈夫找不到合适的他雇司机，她就辞职上车，陪伴丈夫半年。小儿子不能接受她跟车，反对情绪比较强烈，她矛盾许久又下车回家。下车以后她仍可以继续上班，但是丈夫不让她上班，原因是他“开车回家了，家里也没人，怎么办呢”。丈夫需要回到家的时候，家里有人可以给他做饭、洗衣，因为丈夫跑车太累了：“不能说他回家了，衣服自己洗、自己烧饭吧？他不是累吗？辛苦得很！”因此，HM 为了照顾跑车回家的丈夫，就不再去上班，而是按照丈夫的要求留守在家中（SZ－HM 访谈录）。

WH 是中专毕业，在卡嫂中学历较高，但是自从结婚之后她就没有外出工作过，因为丈夫那时已经开始跑车，丈夫需要她在家照顾家庭和孩子，尤其是女儿。WH 的丈夫说她是“把青春献给了家庭”，他们互相都是报喜不报忧，孩子生病了 WH 也不会告诉丈夫，直到丈夫回家孩子才会告诉他。这种以丈夫跑车为主的居家安排给 WH 带来的是孤独感，她觉得跟外人交流很少，也没有自己的社交圈，更不在丈夫跑车的圈子之内，因而她认为自己处于社会的下层位置（HZ－WH 访谈录）。

留守卡嫂除了独当一面、报喜不报忧、以丈夫的需求改变自己的工作安排之外，有的卡嫂还需要时刻准备上车帮忙，是丈夫跑车的后备劳动力，例如 DJ 在家照顾孩子，她认为女人需要有一份工作、自食其力，但是她很难外出工作，因为“小孩读书，像我老公有时候要是忙的话，我还要跟他出去”（SZ－DJ 访谈录）。

### （四）外出工作

留守卡嫂外出工作，有时是以丈夫跑车为主的居家安排的内容之一，例如丈夫跑车收入降低而选择外出工作，以增加收入，或者外出工作挣钱支持丈夫进行公益救助（SJZ－WM 访谈录，SJZ－LX 访谈录）；有时则是卡嫂的个体选择。根据前文中的图 2－28，样本中

42.1%的留守卡嫂外出工作，其中从事商业服务业的留守卡嫂比例最高，为13.8%；其次是普通产业工人或普通职员，占10.3%；再次就是农林牧渔业人员（6.9%）与个体经营者/承包商（5.5%）。

留守卡嫂个人的年均纯收入见图2－32，完全没有收入的卡嫂占比为39.3%，收入在2万~4万元的卡嫂占比为31.0%，收入在1万元及以下的卡嫂占比为23.4%，收入在5万~6万元的卡嫂占比为5.5%，9万~10万元的卡嫂占比为0.7%。可以说，留守卡嫂的收入虽然整体来说没有丈夫跑车收入高，但是对个体家庭来说，仍是很重要的一部分收入。

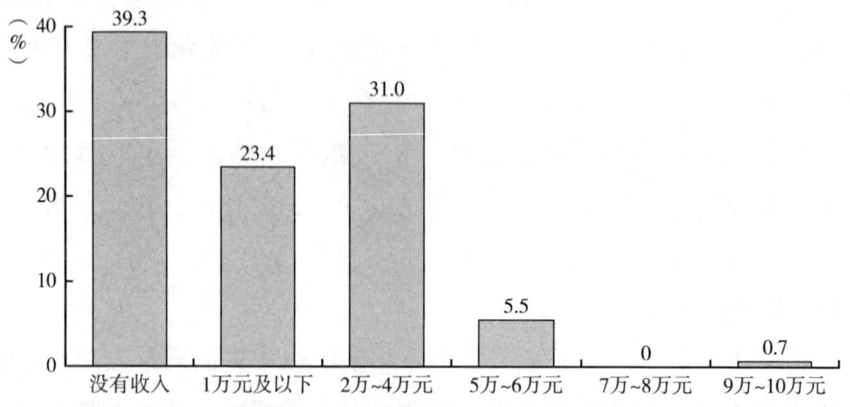


**图2－32　留守卡嫂个人年均纯收入**

资料来源：2018中国卡车司机调查。

留守卡嫂是否外出工作，与丈夫的态度有很大的关系。图2－33说明了丈夫对于留守卡嫂外出工作的态度：有26.9%的丈夫“非常不支持”，有19.3%的丈夫“比较不支持”，两项相加，有46.2%的丈夫不支持留守卡嫂外出工作；明确支持留守卡嫂外出工作的丈夫仅有23.5%。应该说，样本中留守卡嫂外出工作的比例不到一半，可能与丈夫的态度有很大的关联。

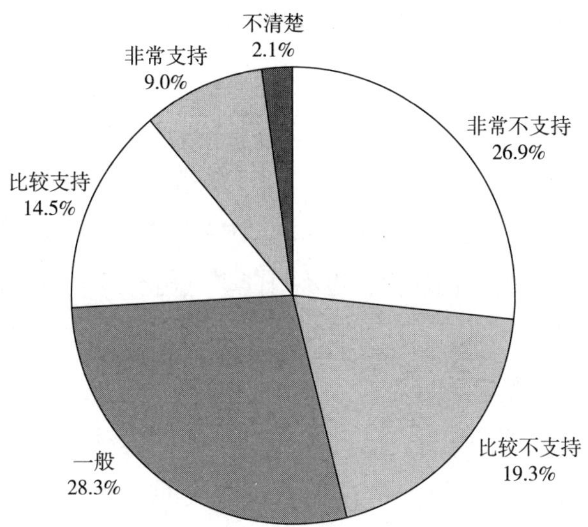


**图 2－33　留守卡嫂的丈夫支持妻子外出工作的情况**

资料来源：2018 中国卡车司机调查。

对于丈夫不支持妻子外出工作的态度，很多卡嫂并不认同。JC 的丈夫反对她外出工作，但是她打算把大儿子带到幼儿园就去工作，可后来又怀了小儿子，只好把小儿子又带到幼儿园，其间一直没有工作。丈夫表示“你把孩子安排好了，再去上班”。好不容易小儿子也上幼儿园了，她又面临接送孩子的问题。即使如此，她仍然很坚定地想去工作，因为“女的必须有自己的事业”。[1]

> 我也跟他说，“作为一个女的，我天天跟你要钱，我特别不好意思，女的必须有自己的事业”。他一说不让我上班，我就说“女的必须有自己的事业”。他反对，我也得去上班，这一点我不行。（SJZ－JC 访谈录）

① 笔者与 JC 做完访谈之后的一个月，她真的外出工作了。

LX 婚前做裁剪工作，婚后与妹妹一起开了美容院。她外出工作的反对者是她的公公，公公希望她陪伴丈夫跑车，因为丈夫跑车收入更高。但是 LX 认为"自己有自己一份职业，肯定比跟他伸手要钱好一些"，因此一直坚持工作，甚至补贴了丈夫跑车过程中的很多损失与做公益救助发生的费用，她对丈夫说："女人跟男人都一样，都是平等的。你让我不工作，在家整天伺候你，也不可能。"（SJZ - LX 访谈录）

值得一提的是，留守卡嫂即使外出工作，也总是断断续续，每逢孕期、孩子幼年的养育期与长大后的教育期、丈夫工作的忙碌期等，她们都很可能不得不中断自己的工作。思想非常独立、与丈夫各自经营事业的 YJ 也经历过因为孕育孩子而造成的工作中断，生完大女儿她暂停工作 1 年，生完小儿子暂停工作 3 年。把儿子送进幼儿园之后，她觉得自己很无趣，失去了前进的方向，因为"作为一个女人，也应该有自己的事，成长是两个人一起的"（SJZ - YJ 访谈录）。于是 YJ 又外出工作，工作对于她不仅是女性独立的方式，还是抗衡风险的未雨绸缪。

> 他肯定愿意我在家里，因为我在家里他什么都不用管。但是，毕竟在他的翅膀底下我长不大，等哪天他的翅膀断了我就会活不了，所以他会给我挡一部分风雨，也会让一部分风雨来洗礼我。（SJZ - YJ 访谈录）

外出工作给卡嫂带来自信与动力。2018 年 32 岁的 WL 一直坚持外出工作，她认为工作对她来说是自信的源泉："就是比较有自信吧！你要是在家带孩子，也没啥事干，也没有一个学习的目标，现在有一份工作嘛！"（SJZ - WL 访谈录）2018 年 40 岁的 CH 在工厂工作，她的丈夫很支持她。她既要工作，也要确保这份工作可以让她有时间和余力照顾孩子，她从增加家庭收入的角度解释工作的重要性。

你要是不工作的话，家庭收入肯定要低，对吧？首先一个呢，可以减轻他的负担；再加上生活过得好一点。你要不工作的话，肯定他的压力也大一点，家里的开销也大。（ZY－CH 访谈录）

通过问卷数据与访谈可以看出，虽然由于主观或者客观的原因，留守卡嫂外出工作的比例不高，但是工作对于她们来说仍然非常重要，可以让她们接触社会、提升自信，还可以让她们独立赚钱，有能力肩负“双重家计”，为家庭收入贡献自己的力量。只是对于留守卡嫂来说，持续外出工作难度较大，她们大部分时间只能根据丈夫、子女、家庭的需求时断时续地工作。同时，因为城乡、学历、年龄、性别、母职等的限制，她们可选择工作的范围较为有限。

## 三　情绪劳动与情感劳动：人在家，心在车

在《中国卡车司机调查报告 No. 1》中，我们将“情绪劳动”与“情感劳动”分离开来，用“情绪劳动”指称“内省式的、对内进行的情感管理”，而用“情感劳动”指称“互动中对外进行的情感管理”，[①] 本报告继续沿用此对概念，因为对于卡车司机群体与卡嫂群体来说，与情感、情绪有关的劳动其方向特别重要，将向外的情感内化为隐忍的内省，本身就是一种有关情感的劳动。留守卡嫂的情绪劳动包括分离、思念、担心、身体与情感的追随；情感劳动包括忍耐、安慰、远距离陪伴等。情绪劳动与情感劳动是一体两面，互为因果。

“留守”二字对于卡嫂来说意涵非常丰富：它意味着与丈夫长时

① “中国卡车司机调研课题组”：《中国卡车司机调查报告 No. 1——卡车司机的群体特征与劳动过程》，社会科学文献出版社，2018。

间、远距离地维持亲密关系，意味着在丈夫的后方独自撑起一个家，意味着独自养育子女、赡养老人，意味着多元化的劳动，意味着以丈夫跑车为主的居家安排，意味着无法工作或者必须外出工作。就情感、情绪方面来说，“留守”则意味着分离与思念、担心与忍耐、“人在家，心在车”。

## （一）分离与思念

图2－34显示出样本中留守卡嫂的丈夫回家的间隔情况：丈夫每隔8～10天回一次家的比例最多，为22.8%；其次为每隔4～5天回一次家，占比为13.8%；再次为每隔2～3天与6～7天回一次家，占比均为12.4%。加总选项显示，间隔在8天及以上回一次家的占51.1%，其中7.6%的丈夫回家的间隔在1个月以上。卡车司机通常会离开家乡外出拉货，一是由于家乡常是物流货运不发达的地方，无货可拉；二是货物运输本身就是流动的“四海为家”，因而丈夫的卡车司机身份与卡嫂的留守选择本身就意味着分离。虽然分离的间隔不同，但是分离的本质是一样的。

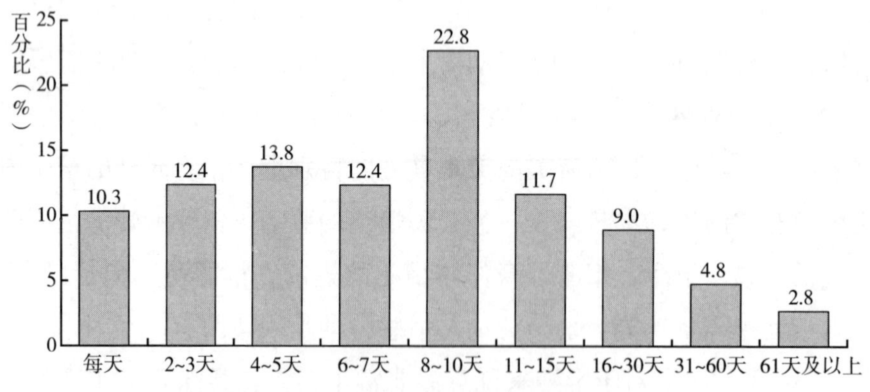


**图2－34 留守卡嫂丈夫回家间隔情况**

资料来源：2018中国卡车司机调查。

分离对卡车司机与留守卡嫂来说，都是一种不舍，饱含思念。JC很羡慕同村的其他女人，因为丈夫没有时间陪伴她和孩子。其他女人羡慕她的丈夫挣钱多，但是她羡慕别人不需要分离。分离的苦楚她不愿意说，常自己忍耐（SJZ - JC 访谈录）。WH 驻守家乡，丈夫到南方拉货，每隔 40 天才能回家一趟，每次回家只待 7 ~ 10 天，WH 觉得没有丈夫陪伴很孤单，也觉得长期的分离影响了夫妻感情，她只能把思念变成叮嘱。

> 有时候我问："你这拉的啥？"有时候他也说。说我也问得少，经常问也感觉有点儿絮叨吧，有时候就说他："别忘吃饭！别忘休息！"就是这多一点儿！有时候跟他说："你的衣服脏了，你能洗就洗，不能洗那厚衣服拿回家我给你洗！"就是这些，你说是吧？（HZ - WH 访谈录）

丈夫跑车在外，也跟卡嫂留守在家一样，通常都选择报喜不报忧，这是两地分离带来的交流困境。根据数据，当丈夫在路上遇到困难或者问题时，如果卡嫂留守在家，只有 7.6% 的丈夫当时就会倾诉，57.9% 的丈夫过后会倾诉；而如果卡嫂跟车，47.0% 的丈夫当时就会倾诉，26.5% 的丈夫过后会倾诉。如果丈夫不倾诉，25.5% 的留守卡嫂能够发现，9.0% 的留守卡嫂不能发现；24.1% 的跟车卡嫂能够发现，2.4% 的卡嫂不能发现（见图 2 - 35）。因此，留守卡嫂与丈夫地理距离的分离确实造成信息的延迟，她们无法立刻获知丈夫的情况。但是，仍有 65.5% 的丈夫会告诉留守卡嫂遭遇了什么，只是时间上有所延迟。分离的时间久了，留守卡嫂通常可以依靠对丈夫的了解和敏锐的感受力去察觉丈夫在远方的状况。根据访谈资料，她们经常能感受到丈夫的困难与问题，并且通过电话、微信等安慰丈夫，帮助丈夫化解困境。

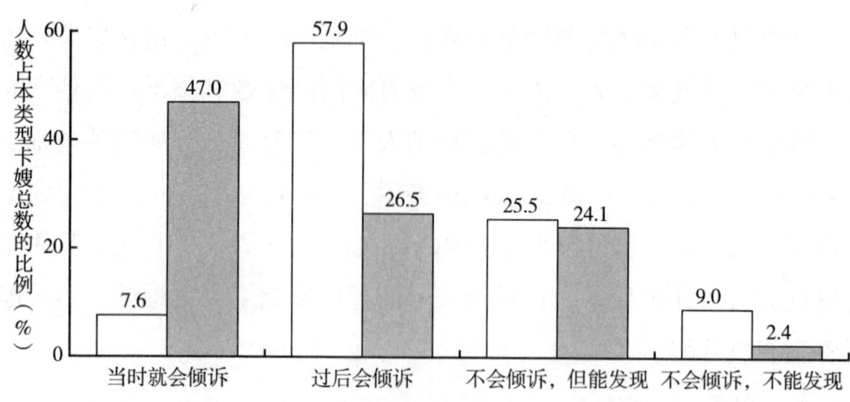


**图 2-35　丈夫在路上遇到困难或问题是否会向卡嫂倾诉**

资料来源：2018 中国卡车司机调查。

留守卡嫂通过电话、微信等与丈夫交流的内容是什么呢？根据图 2-36，留守卡嫂与丈夫的交流内容中，有 75.9% 是询问丈夫的行程与工作情况，有 74.5% 是叮嘱安全，有 54.5% 是告诉丈夫孩子的情

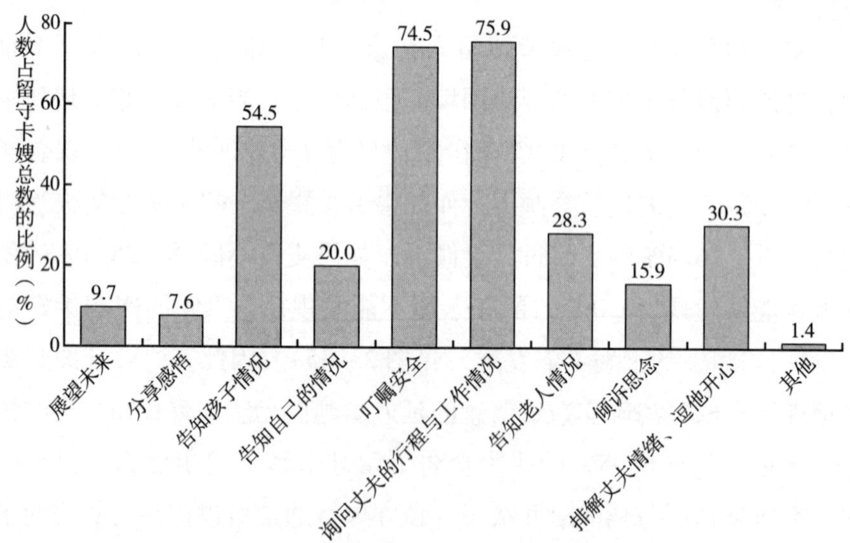


**图 2-36　留守卡嫂与丈夫的交流内容**

资料来源：2018 中国卡车司机调查。

况，其他还有排解丈夫情绪、逗他开心（30.3%），告知老人情况（28.3%），告知自己情况（20.0%）等。从交流情况来看，留守卡嫂把丈夫的安全放在第一位，第二位是孩子，第三位是老人，第四位才是自己。

对于分离造成的思念与距离感，WH 用“回家多疼他点儿”来解决，“疼他”的方式是，待丈夫回家时，多给他做一些好吃的，尤其是跑车在外吃不到的家乡菜和富有营养的荤菜（HZ－WH 访谈录）。WB 则用与丈夫事无巨细的交流来拉近心理距离。她与大多数留守卡嫂一样，不会主动给丈夫打电话，但会通过微信时刻汇报情况；丈夫给她打电话的频率则要依据他工作忙碌的情况而定：如果丈夫在路上很忙，就一天给她打一个电话；如果配货时闲下来，就一天给她打好几个电话，还要跟女儿视频。丈夫很重视女儿的教育，WB 也会把女儿点滴的进步与成长的困惑讲给丈夫听，她还很重视丈夫的想法与建议。在 WB 与丈夫频繁的交流中，丈夫如她所说：“时时都在！虽然不在身边，但是时时都在，每天都在互动！”

即便如此，每次丈夫回家休息几天、再重新出发的时候，WB 送别丈夫之后仍然不敢回头。

> 一般来说，我每次送他去停车场的时候，我都不敢回头，我俩也不敢说话，他就说“你去吧”，我说“嗯”，别的不敢说！其实两个人心里都清楚，离别的话他也不敢多说，我也不敢多说。（ZY－WB 访谈录）

WB 与丈夫分别的怅惘和对丈夫的思念也感染着女儿，变成孩子们对爸爸的思念。

> 孩子也是的。如果明天早晨要装货，孩子今天晚上就说：

> “爸爸，你明天又要走了，你多长时间能回来呀?”他就说多长时间，两个人就开始倒计时：“那我们过了今天还有多少天就可以见到爸爸了!”（ZY－WB 访谈录）

被问到丈夫开卡车的工作给她和全家人带来了哪些影响，WB 回答：“带来的影响，除了思念还是思念!”（ZY－WB 访谈录）

### （二）担心与忍耐

开卡车是一个高风险的职业，由于货运时间紧、路程远、运价低，卡车司机的常态便是连夜赶路：他们每天工作的时间很长、工作的强度很大，尤其对于自雇卡车司机来说，散货运输市场的低迷造成他们很难承担雇用司机的成本，若卡嫂不跟车，他们常常要孤身上路。根据数据，样本卡嫂的丈夫每天工作时长占比最多的为 9～11 个小时，占 26.3%；其次是 15 小时及以上，占 24.6%；再次是 12～14 小时，占 23.7%。这意味着，丈夫每天的工作时长在 8 小时以上的占比为 74.6%（见图 2－37）。

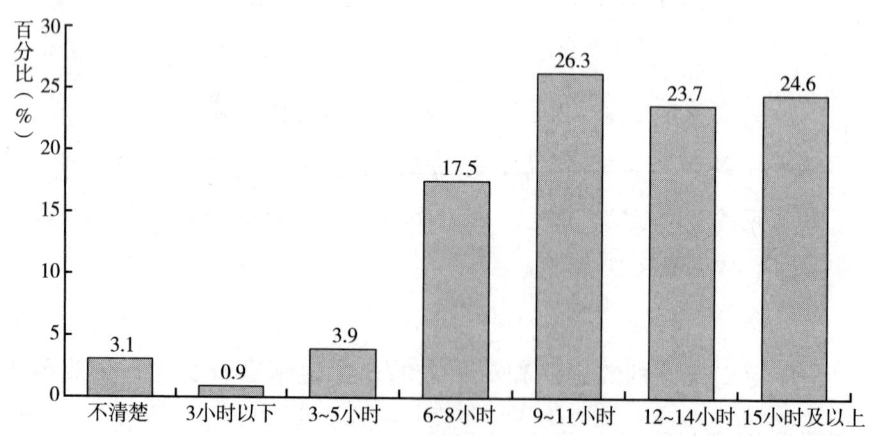


**图 2－37　丈夫每天开卡车的工作时长**

资料来源：2018 中国卡车司机调查。

丈夫离家在外从事这份高风险的职业，每天工作时间如此之长，对于留守在家的卡嫂来说，最多的情绪是担心。从图 2－38 可看出留守卡嫂担心的内容多样，紧张的情绪呼之欲出：99.3% 的卡嫂担心"丈夫的人身安全"，90.3% 的卡嫂担心"丈夫的身体健康"，51.7% 的卡嫂担心"丈夫的情绪状态"，可见丈夫的安全、健康与心情是卡嫂留守在家最为担心的。其次的担心涉及留守在家的各种困难，分别有老人生病（35.9%）、孩子生病（26.2%）、亲子分离（25.5%）、家里的钱不够花（24.8%）等。在所有的担心中，卡嫂仍然把自己放在了最后一位：担心"夫妻分离"的占比为 17.9%，担心"自己的身体健康"的占比为 9.0%，担心"自己的情绪状态"的占比为 7.6%。

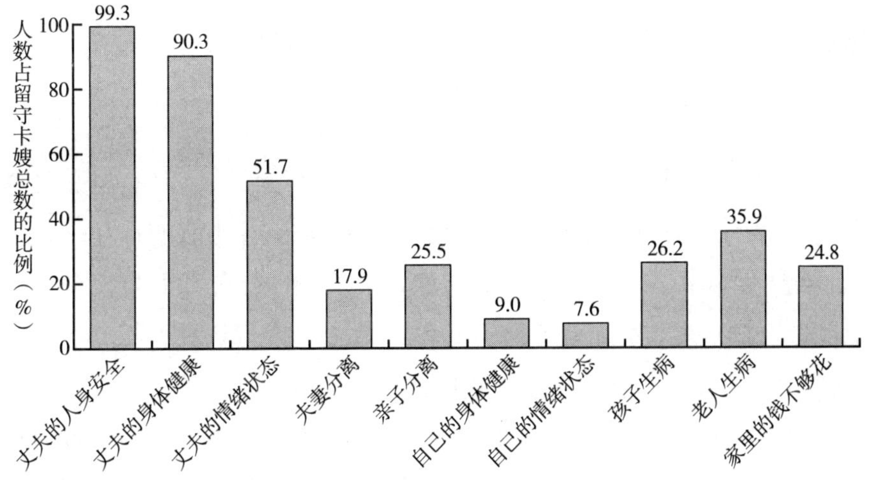


**图 2－38　留守卡嫂担心的类型情况**

资料来源：2018 中国卡车司机调查。

因为担心，留守卡嫂都与丈夫保持紧密的联系。如图 2－39 所示，留守卡嫂与丈夫交流比较频繁的占 38.6%，交流非常频繁的占 20.0%，交流频率一般的占 37.2%，交流比较不频繁的占 3.4%，交流非常不频繁的仅占 0.7%，这说明超过一半的留守卡嫂与丈夫保持着频繁的联系。

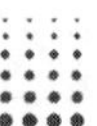


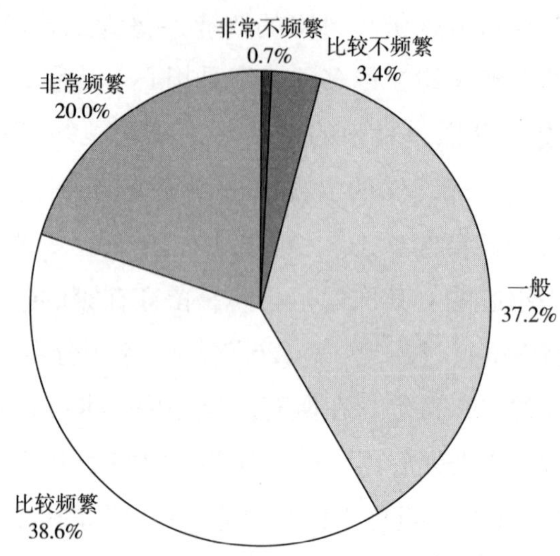


**图 2－39 留守卡嫂与丈夫的交流频率**

资料来源：2018 中国卡车司机调查。

虽然保持着联系，但是只要丈夫独自开车上路，CF 心里总是惴惴："就是看不着他，心里老是有心慌感，跟有事儿似的；在一块儿了，就没有心事了。"（QZ－CF 访谈录）FY 的丈夫每天半夜开车上路，只要丈夫一出发她就开始担心，害怕丈夫疲劳驾驶，担心丈夫在路上犯困，因此反复叮嘱他：要困了就赶紧到服务区睡觉，休息会儿再开（SJZ－FY 访谈录）。JC 的丈夫拉煤时胳膊受伤了，当时没有告诉她，她后来知道了以后给丈夫打电话："你赶紧回来吧，我不让你开车了！"虽然两个儿子都很喜欢大卡车，但是她坚决不想让孩子开大车，"有的时候老感觉心里有事儿憋着，我就赶紧给他打个电话，我的第六感特别强"（SJZ－JC 访谈录）。

担心的另一面，是忍耐。忍耐的第一种方式是忍着不给、少给丈夫打电话，因为丈夫在路上开车，她们距离遥远不知道丈夫处于劳动过程的哪一个环节，也不知道丈夫是否方便接电话，更害怕打电话吵醒了正在休息的丈夫，因此留守卡嫂会控制给丈夫打电话的频率与时间，大部分时候会等待丈夫给自己打电话，或者通过微信与丈夫取得联系。XP 形容自己是个“心眼很小”的人，“心眼很小”并不是“小气”的意思，而是丈夫出门拉货时她异常担心，但是她也会控制打电话的频率，尽量用微信联系（SJZ－XP 访谈录）。2018 年 41 岁、偶尔跟车的 DY 没事的时候也不跟丈夫联系，她很怕通电话会分散丈夫开车的注意力，或者打扰丈夫劳动过程的关键环节，例如查车、过红绿灯等。因此即使有重要的事她也尽量忍着，不告诉在路上的丈夫，等到丈夫跑车回到家再说（SJZ－DY 访谈录）。

忍耐与控制会造成沟通减少的问题，这也是留守卡嫂非常担忧的。XP 的丈夫做卡车司机两年，她最大的感受是丈夫回来的时间太短，回到家也喜欢睡觉，因此沟通变少了：“回来的时候，一下见着面儿了，他就是洗澡睡觉，就没有别的事儿。他很乏、很累，很疲惫。”（SJZ－XP 访谈录）

即使控制与忍耐，但是由于太过担心，留守卡嫂联系丈夫的频率仍然略高于丈夫联系她们的频率。通过图 2－40 我们可以看出样本中留守卡嫂在丈夫跑车时与丈夫联系的频率情况，39.3% 的留守卡嫂与丈夫互相联系的频率差不多，31.7% 的留守卡嫂联系丈夫更多，29.0% 的丈夫联系留守卡嫂更多。

WM 生动地描述了这样一种“既担心又忍耐，忍耐不住还是要主动联系”的心情。

> 说实在的，我都不敢给他打电话，因为有时候就想：他是不是正开车呢？他是不是正卸货呢？他是不是正休息呢？心里边不敢打，就发个微信，“你到了吗？卸车了吗？”我要憋很久，才会直接给他打电话！（SJZ－WM 访谈录）

第二种忍耐的方式是控制自己的情绪，不跟丈夫吵架。图 2－41

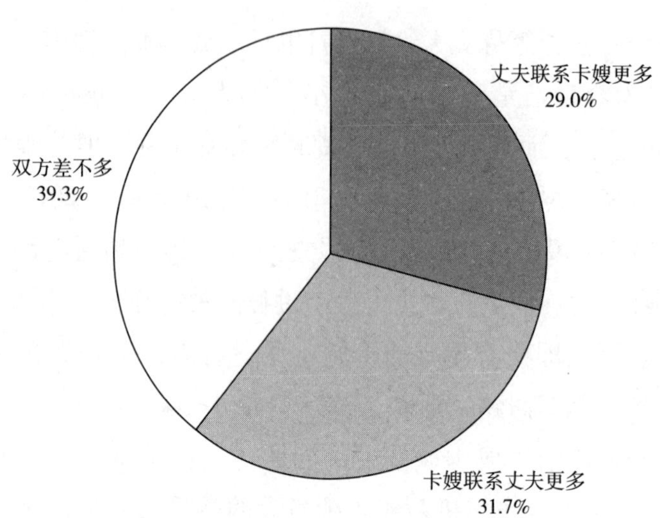


**图 2－40　丈夫跑车时留守卡嫂与丈夫相对交流的频率**

资料来源：2018 中国卡车司机调查。

是两类卡嫂在丈夫跑车时和丈夫吵架情况的对比：56.6% 的留守卡嫂不会与跑车时的丈夫吵架，42.1% 的留守卡嫂偶尔会，只有 1.4% 的留守卡嫂经常与跑车时的丈夫吵架；对比之下，62.7% 的跟车卡嫂偶尔会与跑车时的丈夫吵架，21.7% 的跟车卡嫂不会与跑车时的丈夫吵架，15.7% 的跟车卡嫂经常与跑车时的丈夫吵架。这组数据说明丈夫跑车时，留守卡嫂与丈夫的吵架频率低于跟车卡嫂。因为第一，留守卡嫂距离遥远，无法第一时间获知丈夫的情况，引发矛盾的概率较小；第二，留守卡嫂因为理解丈夫的辛苦，又无法提供更多的帮助，因此用忍耐、控制情绪这种方式为丈夫的工作略尽绵薄之力。

JC 关于忍耐的叙述代表了大部分留守卡嫂的心声。

有什么事儿我也不去跟他说，我自己忍！因为他是个司机，我不想跟他大吵大闹。如果我跟他吵了，他就没有心思开车。如果他换一个工作的话，我肯定会跟他吵，我不会忍、忍、忍！因

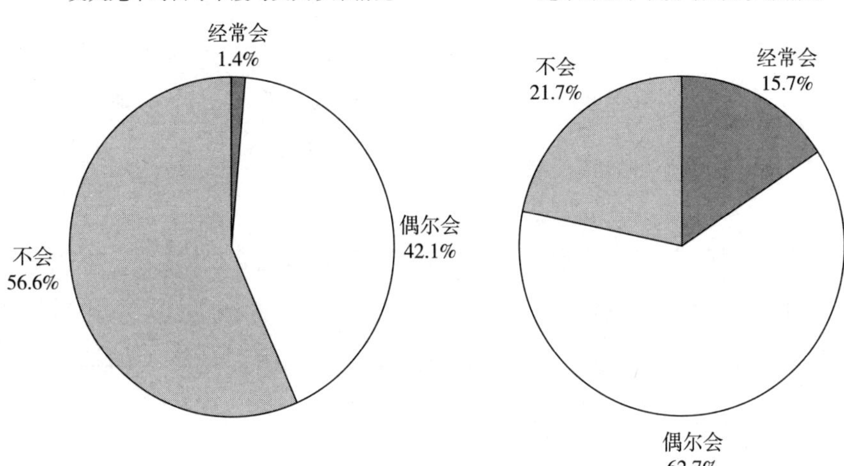


**图 2－41　丈夫跑车时与丈夫的吵架情况**

资料来源：2018 中国卡车司机调查。

为他干大车这个，太危险了！我天天没事儿我就看驿站，[①] 有出了事故的人，我心里特别不对劲儿！如果出一次事故，我心里头特别不痛快！我的心思是，一老一小，上有老、下有小，我自己受多大委屈都无所谓，但是孩子和老人不行！所以他干这个工作我不跟他生气。（SJZ－JC 访谈录）

第三种忍耐的方式是在担心与控制的同时，做好最坏的打算。开卡车不仅存在高风险，还存在很多不确定性。作为最了解丈夫工作性质的卡嫂，虽然嘴上不说，也会默默在心中做好最坏的打算。YJ 将这个最坏的打算比喻成“一万里面有个一”。

心情，一部分是挺担心的，另一部分是孩子照顾好了他也放

① 指的是“传化安心驿站”的 App。

心，还有一部分就是，做着最坏的打算。卡嫂们你看，一万里面有个一，她们心里面肯定都有个最坏的打算，如果这个“一”出现的话，她们也可以扛起责任。就从他接触这个行业以后，我觉得我也应该自己成长的。（SJZ－YJ 访谈录）

因为担心，留守卡嫂一般会忍耐、控制着自己的情绪，承担起家里大部分的劳动与责任，让丈夫在外跑车没有后顾之忧。WB 虽然不跟车，丈夫也很少提起自己的难处，但是 WB 可以从丈夫的神态、说话的字里行间中感受到丈夫的辛苦和劳累。

我就想着再苦再累，我睡觉在床上睡着，他睡觉都没有个固定的地方，一年四季就是车上、旅馆！所以家里尽量不让他操心的都不让他操心，我能干的我全都干完。一定让他回家了就是吃好、喝好，心情放轻松，该休息休息。（ZY－WB 访谈录）

### （三）身体与情感

留守卡嫂对丈夫的思念与担心，情绪上的控制与忍耐，都使得她们虽然人在家里，心却在丈夫的车上。心系跑车丈夫的这份情绪又反过来影响了她们在家的身体，使得她们的身体虽然留守在家，但仍然被卷入丈夫的劳动。

对身体最主要的影响是睡眠。根据图 2－42，丈夫跑车时，46.2% 的留守卡嫂总是睡不好，很担心丈夫的状况；35.9% 的留守卡嫂只有丈夫不在路上开车时才能睡好；只有 17.9% 的留守卡嫂表示睡得好，因为已经习惯了。可以说，82.1% 的留守卡嫂都因为丈夫跑货运这件事而影响了睡眠。

FY 在丈夫刚开始跑车的前两年都睡不好觉，有时候晚上两三点

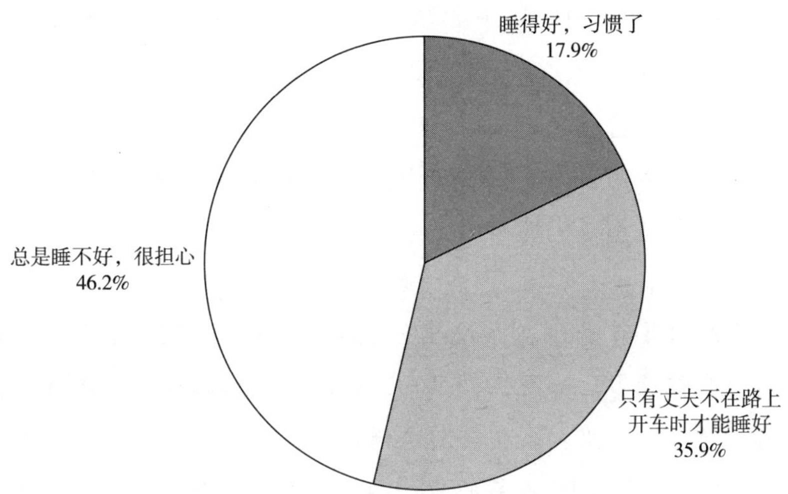


**图 2－42　丈夫跑车时留守卡嫂的睡眠情况**

资料来源：2018 中国卡车司机调查。

钟都睡不着，还不敢给丈夫打电话，因为丈夫跑夜路、正在开车。到早晨四五点估计丈夫到了，她就给丈夫打个电话或者发个微信，丈夫到了她才放下心来（SJZ－FY 访谈录）。XP 也总是睡不好，有时丈夫 1 个多小时不回她的微信，她就特别担心。这种担心她认为倾诉无用，别人很难理解也无法代替，因此她跟谁也不说，只是晚上睡不着觉，她的眼睛就很肿（SJZ－XP 访谈录）。LH 一直在等待儿子长大，到时她就陪丈夫跑车。她说只要丈夫一出车，尤其是出发的那一晚，她至少得三四点才能睡着。白天她在媒体上会看到各种车祸的视频，晚上就会做噩梦，她会把这件事情联想到自己身上，因为丈夫也是一名卡车司机（SJZ－LH 访谈录）。

对于留守卡嫂来说，一方面是“身在家”的身不由己，另一方面是“心在车”的远距离陪伴。这种陪伴很多时候表现在对于丈夫出车情况的时刻询问与觉知，还表现在远距离安慰丈夫、帮丈夫解决问题的尝试。

XJ 的丈夫在她的手机上安装了一个导航 App，她可以随时通过系统观察丈夫的行程，这无疑给时刻担心的 XJ 极大的安慰。她能看到丈夫的车是停着还是跑着，也可以通过丈夫车上安装的“四路监控”观察丈夫的人和车在哪里。这样她就不用随时给丈夫发信息和打电话了，但是担心仍然有增无减。

> 我只要看着他在系统里行驶着，车速在不快不慢的范围之内，我就放心。如果他停了车，我看了，然后过一会儿我再打开看，还停在这里，我就会打电话问他：“你怎么在那里停那么长时间?”昨晚他 10 点装的货，跑了一晚上，我 2 点多醒了之后，看一看，还在跑着。然后又 4 点醒了，再看一看，还跑着，我就问问。(QZ – XJ 访谈录)

XJ 虽然留守在家，但是在情感上却给予丈夫很大的安慰。丈夫在工作中遇到困难与问题一般都会告诉她，例如纠结拉哪个货、遇到什么问题、货主拖欠运费等，她就会帮助丈夫分析具体情况，商量解决方式，以安慰丈夫的情绪。XJ 还会远距离帮丈夫解决车上的麻烦事，有一次货主忘记归还丈夫进入市场的进门费，丈夫很沮丧，XJ 一方面安慰丈夫，说货主也没挣钱，“权当就是赞助了吧”，另一方面她给货主发了一个很长的短信：“都不容易，你要实在挤不出这几百块钱来就算了，但是我们说说这个事儿，我儿子正在住院。”第二天，货主就把进门费补给丈夫了。

除了情感上的安慰与远距离解决丈夫的难题，XJ 还会将自己的行程全部告诉丈夫，让丈夫参与做决定，目的是让出车在外的丈夫放心独自在家的妻子，这也是“心在车”的例证之一。

> 其实我跟他打电话商量的过程，还是我做决定。但是我跟他

说一声，问问他是怎么考虑的。你看就是咱女人在家吧，还要考虑男人要放心，咱女人别说是天天去这里玩儿、去那里玩儿，让他不放心，是吧？毕竟是好长时间不在家。（QZ－XJ 访谈录）

关于“身在家，心在车”，HM 描述得最为清晰。

谁说不担心？虽然我在家，我心思还是在车上！睡不好觉！有时候我起来，就有事儿似的，那必须得打个电话问问，听听声音，“哎，安全了”就这种感觉。（SZ－HM 访谈录）

“身在家、人在车”是留守卡嫂地理位置与情感聚焦最好的体现。她们虽然因为多方面的原因自愿或者不得不选择留守在家，但是留守并不意味着完全脱离丈夫的卡车与劳动。她们虽然“身在家”，但是对丈夫安全、健康、情绪的担心和与之俱来的忍耐都使得她们每晚辗转反侧、难以入睡，喜怒哀乐均系于丈夫的卡车。同时，她们还要忍受着分离与思念，全心全意照顾好丈夫背后的家，养育子女、赡养老人、维护家庭的日常运行、打理人际关系、分配人情往来、外出工作与丈夫一起支撑家计，并且根据丈夫的生产状况来安排家中的再生产。她们多元化的劳动隐匿于“家务劳动”这样一个模棱两可又常被视为理所当然的模块之中，同她们的身影一样，消失于公众的视野。但是她们的劳动对于卡车司机丈夫以及整个家庭来说，是不可或缺、至为重要的。

# 第三章　跟车卡嫂：复杂的隐性劳动

跟车卡嫂的出现与常态化，[①] 是近年来我国公路货运市场发生转变最主要的表现之一：自雇卡车司机因为还贷、高支出、相对低收入等原因，无法支付另雇司机的费用，因而妻子不得不上车替代他雇司机的部分劳动。有跟车卡嫂陪伴的卡车被称为“夫妻车”，意为夫妻二人共同跑车。

在2017年“中国卡车司机调查”中，我们以自雇卡车司机作为研究主体，也访谈了几位跟车卡嫂，并将跟车卡嫂作为卡车司机再生产的部分写入了报告。在该报告中，我们提出跟车卡嫂是卡车司机的“生产帮工与生活主妇”。[②] 经过2018年的调查研究，我们发现，这个判断有待完善：第一，卡嫂除了跟车卡嫂，还有留守卡嫂，因而本报告将留守卡嫂的工作与生活补缀完全；第二，跟车卡嫂的劳动远远不只是“生产帮工与生活主妇”那样简单。事实上，跟车卡嫂的劳动多种多样，劳动时间长、劳动强度大，她们有时不仅是生产帮工，还是整个货运劳动过程的组织者与协调者，只是她们的劳动在以男性为中心的职场中被主动或被动地“隐形化”，变成了“隐性劳动”。

## 一　无奈的跟车选择

相比于留守卡嫂，跟车卡嫂是男人世界中看得见的女人，因为她

---

① 他雇卡车司机的配偶跟车的比例很低，我们的样本中有26位他雇卡车司机的配偶，其中只有2位跟车。因此跟车卡嫂的这一章大多以自雇卡车司机的配偶为主进行讨论。

② “中国卡车司机调研课题组”：《中国卡车司机调查报告No.1——卡车司机的群体特征与劳动过程》，社会科学文献出版社，2018。

们坐在丈夫的卡车上陪伴着丈夫装车、配货、赶路、卸货，夫妻二人一起完成一单又一单的货物运输。图2－43显示，样本中跟车卡嫂的跟车时间以4～5年为最多，占比为31.3%；其次是2～3年，占比为25.3%；再次是6～7年，占比为13.3%。其中，跟车6年以上的卡嫂占比为31.3%，跟车10年及以上的占比为8.4%。因此，样本中的卡嫂大多是很有经验的跟车卡嫂。

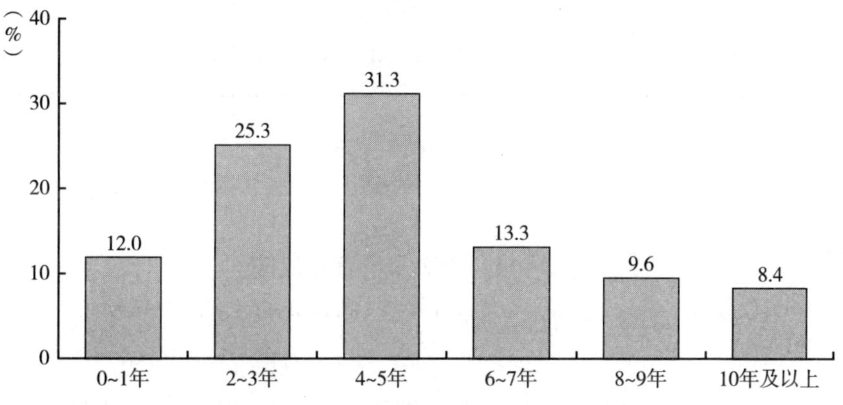


**图2－43　跟车卡嫂跟车时间**

资料来源：2018中国卡车司机调查。

卡嫂上车的原因多种多样，如图2－44所示，有77.1%的卡嫂选择了“路上风险太高，担心丈夫的安全”，有73.5%的卡嫂选择了“雇司机太贵，降低成本”，有67.5%的卡嫂选择了“担心丈夫的饮食起居与健康”，有47.0%的卡嫂选择了“车太大，丈夫一个人顾不过来”，有27.7%的卡嫂选择了“喜欢陪伴丈夫一起工作”，其他的还有“喜欢卡车与在路上的感觉”（8.4%），“增加阅历，扩大视野”（7.2%），“无需照顾孩子，在家无事可做”（4.8%），“担心夫妻分离导致关系冷淡”（2.4%）。可见，卡嫂跟车也有其主客观原因，客观原因是运价降低、花费增加，丈夫无法负担另雇司机的成本；主观原因是在无法另雇司机的前提下，卡嫂更加担心独自开车上路的丈夫，因而无论自身状况是否适合，她们都排除困难义无反顾地选择了跟车。在这个意义上，卡嫂跟车更多是一种无奈的选择。

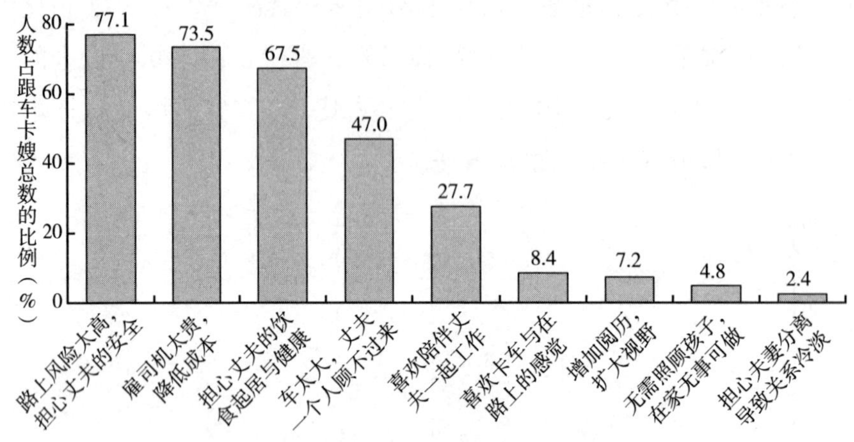


**图 2-44　跟车卡嫂跟车原因**

资料来源：2018 中国卡车司机调查。

如前所述，留守卡嫂的丈夫大多不支持她们跟车，但是跟车卡嫂的丈夫则大多支持她们跟车。跟不跟车，往往是丈夫说了算。根据数据，44.6%的跟车卡嫂的丈夫非常支持卡嫂跟车，21.7%比较支持，18.1%持中性态度，不支持卡嫂跟车的比例加起来只有15.6%（见图2-45）。

跟车卡嫂被问及是否喜欢跟车时，大多会回答“不喜欢，太累了”。DY 曾经跟车一段时间，她表示跟车时总是睡不好，因为卡车开起来太过颠簸，即使躺下也无法入睡。但是不跟车又没有办法，因为丈夫需要有人跟他一起卸车（SJZ-DY 访谈录）。2018 年 50 岁的 WY 跟车 5 年，跟车是她主动提出来的，因为丈夫雇了司机就不挣钱，雇司机还无法抵御风险，总是丢油、丢货。丈夫起初不同意她上车，希望她可以在家种地，但是她实在太担心一个人跑车的丈夫，就上车开始了跟车生涯（ZY-WY 访谈录）。跟车 7 年、2018 年 41 岁

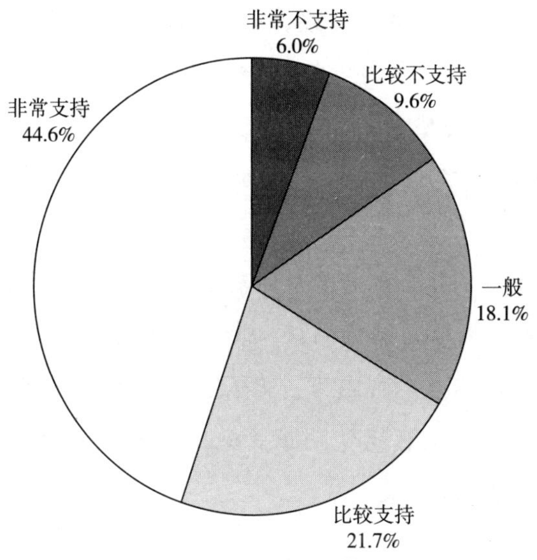


**图 2－45　跟车卡嫂的丈夫支持卡嫂跟车的情况**

资料来源：2018 中国卡车司机调查。

的 RH 以前在纺织厂工作，因为丈夫独自开车出了一次事故之后，又雇不起司机，就选择了跟车。如果她不跟车，“这车彻底就卖了，就不能干了”。她认为丈夫在开卡车之外很难转行，“隔行如隔山”，因此只能是她放弃工作选择跟车（SJZ－RH 访谈录）。

2018 年同样是 41 岁的 CL 已经跟车 5 年了，跟车前她在饮料厂工作，一边工作一边带孩子。她认为卡嫂跟车是迫不得已的，而卡嫂能跟车已经属于家庭条件尚可的，因为第一，卡嫂能跟车，说明家里可以勉强解决子女教育和老人赡养的问题；第二，卡嫂跟车夫妻二人只挣一份收入，说明妻子不需要再外出工作挣另一份收入，这也暗合了留守卡嫂的选择机制。

CL 的朋友心疼她跟车太累，希望她丈夫雇个司机，丈夫就给朋友算了一笔账：如果有货，每天跑，一天挣七八百元钱，司机每天的工资 300 元，生活费 80 元；但如果没货，车停下来，司机每天的 380

元仍然需要支付。如今市场低迷，货源不足，很难做到一直有货，即使不用偿还车贷，一年 3 万元的保险、折旧、轮胎磨损等，也使得他根本无力常年雇用司机，因此，一心想下车的 CL 不得不继续跟车，虽然她很想下车陪伴父母和儿子。

卡嫂上阵实际上就是这个运输逼的！如果要是赚钱的话，谁不愿意在家？如果要是赚钱的话，我可以给他找个司机，我在家遥控就可以了，是不是？我在家，老人、孩子都能照顾，现在这老人、孩子都照顾不上！我感觉反正是见了老人也亏欠，见了孩子也亏欠。(QZ – CL 访谈录)

即使运价低、收入越来越少、无法近距离维持亲子关系，CL 仍然选择让丈夫继续把车开下去，这种“骑虎难下”给她带来的是无限的委屈。

你必须开下去！没办法！现在就是骑虎难下！我有时候想想特别委屈，特别是我俩吵架的时候，他一说我就委屈，就掉泪。我想想，一个女人，真的挺累的！但是没办法啊，你车买上了，必需的！(QZ – CL 访谈录)

无奈的跟车选择经常伴随着卡嫂放弃自己的工作与事业。2018 年 29 岁的 MY 断续跟车 3 年，是两个孩子的母亲，老大 7 岁，老二刚刚 11 个月。跟车之前她在酒店、工厂、加油站、驾校都工作过，还一直计划着做点小生意。丈夫之前跟自己的父亲一起跑车，后来因为他们的小家庭需要更多的收入，丈夫就买了一辆 9.6 米的卡车。丈夫提出来让她跟车，她担心丈夫一个人应付不过来，就放弃工作上了车。她认为女性的事业很重要，但“为了生活”可以牺牲，因为丈夫是家庭的顶梁柱。

> 一个女的来讲的话，肯定是有自己的事业比较好一点，但是因为老公也算是这个家里面的顶梁柱，只要他是好好的，我们就无所谓，是不是？女的谁都想要有一份自己的事业，但有的时候也是没办法。反正都是一家人，互相都理解一下，都是为了生活嘛！（SZ－MY 访谈录）

2018 年 47 岁的 SJ 开了一家裁缝店，丈夫在她开店之后买了一辆卡车，因为雇佣的司机总是不合适，就希望她跟车。对于经营裁缝店十几年的 SJ 来说，店里的收入虽然比不上丈夫开卡车的收入，她仍然舍不得。但是在丈夫一再劝说下，SJ 还是把裁缝店盘出去、跟着丈夫上了车。直到现在 SJ 都很后悔当初的选择，2018 年下车之后她又投入老本行，并且一直盼望着可以有机会再开一间属于她的裁缝店（ZY－SJ 访谈录）。

大多数跟车卡嫂都在“跟车”与“回家”之间无数次地徘徊，但仍然坚持继续跟车。2018 年 45 岁的 MH 2003 年开始跟车，已经有 14 年的跟车史。她上车那年，儿子只有 7 岁，因此她的无奈之中，更多的是在丈夫与儿子之间的选择，这也是大多数跟车卡嫂最难抉择的问题。对于 MH 来说，丈夫独自跑车，既不安全又顾不过来；儿子虽然很小，但是在家有亲人照顾，因而她虽然万般不舍，仍然不得不选择跟丈夫跑车（ZY－MH 访谈录）。

几乎每一位跟车卡嫂“上车”的经历都不是风平浪静的，都存在各种不得已的选择和平衡。一旦卡嫂上了车，就开始进入丈夫的公路货运业和卡车界，而这个行业是一个以男人为主的行业。作为“陪伴”“跟随”丈夫而入行的女人如何在以男人为主的世界中生活？我们需要从她们的劳动中寻找答案。

## 二　隐性劳动：不只是生产帮工与生活主妇

卡嫂在跟车过程中，付出了大量的劳动：第一，她们在某种程度上弥补了他雇司机的空缺，以无酬的方式代替了雇佣司机有酬的大部分劳动；第二，她们又将“车上的家”变成具有更多温暖意义与实际功用的空间，给丈夫洗衣做饭、铺床叠被、保持清洁；第三，她们还在情感上给予丈夫陪伴、支持与安慰，并且帮助丈夫现场解决诸多实际的问题，因而可以说，她们的劳动复杂多样，非常丰富。

### （一）复杂多样的劳动

卡嫂陪伴丈夫跑车被称为“跟车”，“跟”说明了妻子在车上的生活与劳动是跟随丈夫进行的，意味着丈夫开车是主导，卡嫂跟车为辅助，这也是我们 2017 年的调查得出的结论。2018 年，经过更深入、广泛、集中的卡嫂调查研究，我们发现对公路货物运输而言，卡车司机驾驶卡车确实是最核心的劳动，但是货运是一个庞杂细碎的系统，在这个系统中，跟车卡嫂所付出的劳动也非常重要。

图 2－46 展示了卡嫂跟车的主要工作，问卷的选项共设置了 18 项，然而卡嫂的工作却远远超过这 18 项。根据数据，跟车卡嫂选择最多的工作有两项，占比均为 88.0%：一是“帮丈夫拉篷布、封车”，二是“丈夫转弯倒车时帮忙看路”。第二位的工作占比为 85.5%，也有并列的两项：一是“丈夫睡觉时看油、看货”，一是“丈夫困了提醒他、帮他解乏”。第三位的工作是“丈夫开车时陪他说话”，占比为 78.3%。第四位的工作是“打扫车内卫生”，占比为 77.1%。第五位的工作是“洗衣服”，占比为 72.3%。除此之外，还有很多工作都有较多的选择比例，例如做饭、买饭（68.7%），装卸货时点数（67.5%），拿回单、收运费（59.0%），排解丈夫情绪

（49.4%），车发生故障时帮忙买零件、发起救助（44.6%），找货订货（44.6%），查找路线（41.0%），等等。从这些工作项的罗列及其选择的比例来看，卡嫂跟车的劳动内容复杂多样，并不轻松。

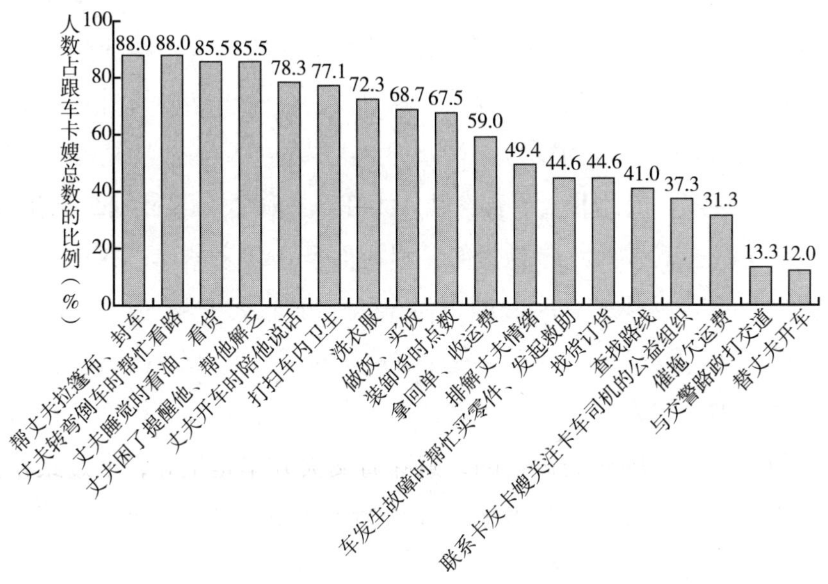


**图 2－46 卡嫂跟车时的主要工作**

资料来源：2018 中国卡车司机调查。

按照劳动的性质，我们把跟车卡嫂的劳动分为四类：第一类是与再生产有关的劳动，如洗衣服，做饭、买饭，打扫卫生等；第二类是与货运有关的综合性劳动，如装卸货，拉篷布、封车，找货订货，拿回单、收运费等；第三类是情绪与情感劳动，如忍耐、陪丈夫说话、给丈夫解乏、遇到问题时排解丈夫的情绪等；[①] 第四类是图 2－46 没有罗列但也非常重要的远距离管理家庭的劳动，如远距离履行母职、维持家庭内外关系等。这些劳动一般都被视为辅助性的劳动，但这些劳动加总到一起，

① 情绪劳动与情感劳动将在本章的第三部分进行专门讨论。

却可以看出卡嫂劳动的重要程度远远不是“辅助”二字可以概括的。

1. 与再生产有关的劳动

因为货运途中“以车为家”，跟车卡嫂在车上也需要负责“家”务，例如洗衣、做饭、擦窗户、擦工作台、洗车上的东西、清理车内卫生等。对于 SJ 来说，所有车上的家务都由她负责，她偶尔下车一次，再上车时车上的情况“就不一样了”，会变得又脏又乱，她必须重新收拾（ZY－SJ 访谈录）。2018 年 40 岁的 QX 与丈夫刚买了卡车，仍处于还贷期，因此非常节省。她每天在车上做饭，早晨泡个鸡蛋水，中午或者晚上就做西红柿鸡蛋面，因为面条吃起来简单，西红柿也容易储藏，不容易坏，有时候她也做米饭。车上有小煤气灶、高压锅、炒菜锅，QX 形容道：“卧室、餐厅在一块儿了！”（HZ－QX 访谈录）

西北的卡嫂跟车，几乎都会在车上做面食：臊面、揪面片、剪鱼子、包饺子等，因此她们会把一整套做面食的厨具带在车上、放在整理箱里，做饭时再一一拿出来，SJ 认为卡车就是“一个小家”。

> 我们面粉也带，大米也带，肉也带一点，菜放在后面的护栏里面。我们车上的用品，那个盆、盐、酱油、醋等生活用品都有！小家呀！你想想！就是一个小家！擀面用的案板也要带上的，刀什么的都带！柴米油盐，就我们都买的那种大箱，你都安排好了，放锅、放碗，都用的一个盆。再一个就是米啦、面啦，你单独再用一个箱，放到里面。（ZY－SJ 访谈录）

还有的卡嫂在车上不做饭，但要负责买饭。RH 表示她在车上不做饭，夫妻二人的吃饭问题都是在路边解决的。遇到紧急的货，他们连停下吃饭的时间都没有。

> 要是实在没时间了，就是买点吃的，路边有好多“司机超

市”，买点吃的，比如说饼干、奶啊之类的。在路上，他开着车，我吃点，然后喂他点。他一边开着车，我就往他嘴里塞，那样的话能节省点儿时间。（SJZ－RH 访谈录）

2. 与货运有关的综合性劳动

第一，卡嫂跟车有个很重要的原因：陪伴。“陪伴”在一定程度上概括了跟车卡嫂的劳动。但是，“陪伴”二字并非只是客观的物质状态，也不只是卡嫂坐在车上相伴一侧那样简单。“陪伴”在实践中意味着每时每刻的警醒、判断、监督、解困、照料等，而这些陪伴采用的具体措施常常是：聊天。

跟车卡嫂陪丈夫聊天，不只是通常所谓聊天、解闷那么简单，在卡车司机开车的劳动过程中，卡嫂的“聊天”具有“监督提醒”的功能。这个功能贯穿于卡嫂的一连串劳动之中：首先是观察，卡嫂需要时刻观察丈夫的表情、语气、状态，来判断丈夫是否困了、乏了，需要休息还是通过聊天就可以缓解；其次是聊天内容的选择，需要足够使丈夫能打起精神来，而不只是平平淡淡的内容。跟车的聊天具有特殊的功能性，因而“聊天”这个工作既不简单，也不轻松。

2018 年 46 岁的 CP 跟车前在家带孩子、种地，也是因为丈夫雇不起司机、她又不放心，所以上了车，一跟就是 4 年，几乎很少休息。CP 接受访谈的时候，她的先生 L 也在旁边。L 告诉我们，开长途车非常容易犯困，当他真的困倦时，他自己是没有感觉的：“方向盘握在手里都没有感觉了”，因此非常危险。但是 CP 坐在他旁边就不一样了，CP 意识到他困了，可以说个话、打个岔，他就能打起精神，大大减少了疲劳驾驶的风险。CP 因为常年跟车，对丈夫的状态也把握得非常准确：“他困了有的时候方向盘握在手里面，眼睛就眯了。我就开始叫他，跟他讲讲话，叫他靠边睡一会儿！”（HZ－CP 访谈录）

对卡嫂来说，这样时刻观察、判断的“聊天”是很紧张的，也是卡嫂为何只能在丈夫不困的时候去睡觉的原因。QX 在丈夫不困的时候可以放心睡，但是丈夫困的时候她比丈夫还紧张："他毕竟开着开着眼睛就要闭上了！我感觉特别紧张，比他还要紧张！他困的话，就能看出来，他那个眼睛好像是比较痴呆了！反正我能看出来，不知道应该怎么表达。"（HZ－QX 访谈录）

在陪伴丈夫聊天、随时提醒安全之外，卡嫂还需要进行许多与货运相关的体力劳动与脑力劳动，第一，替丈夫开车。由于卡嫂上车在某种意义上是替代他雇司机，因而卡嫂是否会开卡车、是否要学开卡车，就变成一个很现实的问题。根据图 2－47，跟车卡嫂没有驾照的比例为43.9%，有 C1 驾照的比例为42.7%，有 B2 驾照的比例为8.5%，有 A2 驾照的比例为2.4%，后面两类驾照可以合法驾驶相应级别的卡车。

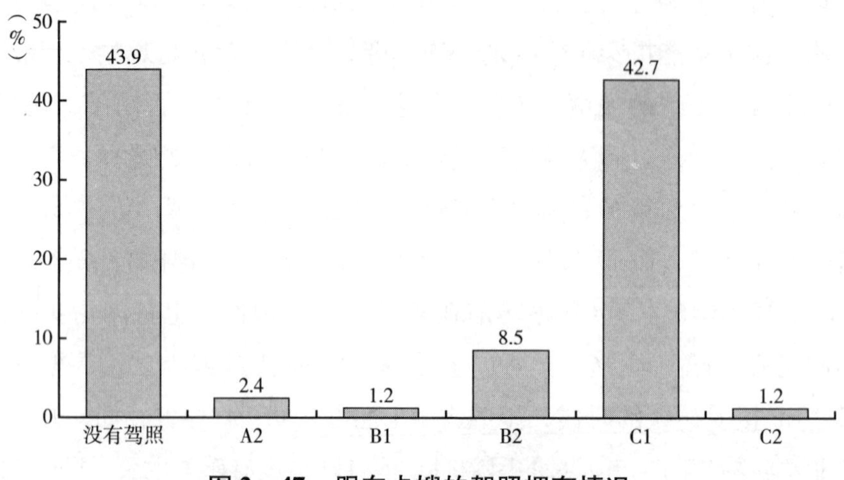


**图 2－47　跟车卡嫂的驾照拥有情况**

资料来源：2018 中国卡车司机调查。

图 2－48 与图 2－49 分别显示出丈夫希望跟车卡嫂学开卡车的意愿与跟车卡嫂自己想要学开卡车的意愿，31.3% 的卡车司机希望跟车卡嫂学开卡车，不希望的比例为 45.7%；跟车卡嫂想学开卡车的比例为 57.8%，不想学的比例仅为 18.0%。可见卡嫂跟车时，丈夫与

妻子在这个问题上的意见并不一致，妻子想要学会开卡车更好地帮助丈夫，丈夫却不希望妻子从事这份高风险的工作。

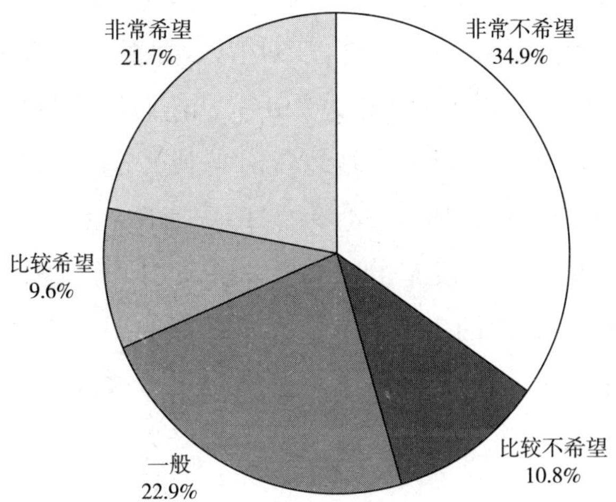


**图 2-48　丈夫希望跟车卡嫂学开卡车的情况**

资料来源：2018 中国卡车司机调查。

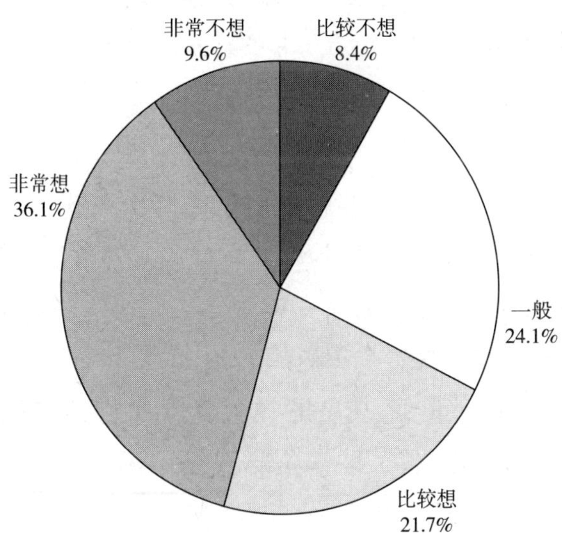


**图 2-49　跟车卡嫂想学开卡车的情况**

资料来源：2018 中国卡车司机调查。

访谈中发现，很多卡嫂会在丈夫困倦时、装卸货时或者行进到车流量较小的高速路时，替丈夫开一会儿车。CL 一般会在丈夫夜半困倦的时刻替丈夫开车，让丈夫睡一会儿。丈夫睡两三个小时之后，再换她去睡觉，如此替换，车就可以不用停，加快送货的进度（QZ－CL 访谈录）；RH 会在装货时替丈夫开车，他们拉的是草坪，草坪很软，只需要开着车滑动即可，她装货时替代开车，丈夫就可以休息（SJZ－RH 访谈录）；2018 年 38 岁的 HQ 与 RH 一样，会在丈夫办手续、装卸货时帮忙开一段车，但不会真正地开车上路（QZ－HQ 访谈录）；2018 年 42 岁的 XH 是考了大车驾照的跟车卡嫂，她因为觉得跟车没事干，就去考了驾照与丈夫换着开，这极大地促进了他们运货的进程。

> 我们一般就是他开累了，我开；我开累了，他再开。我们两人开的时候，普货的话到 12 点以后就休息了，早晨 5 点钟起来再走。要是拉鲜货的时候，像蔬菜之类的，就不能休息了，一天就是早晨到 10 点多吃个饭，下午到五六点吃饭，一天吃两顿饭，就再也不休息。（ZY－XH 访谈录）

第二，跟车卡嫂有一项非常重要的工作——找货。丈夫开车期间，很难停车寻找货源，卡嫂不开车又对丈夫的货运情况较为熟悉，便承担找货的工作。前文中图 2－46 显示，44.6% 的跟车卡嫂会负责“找货订货”的工作。找货是货运的起始，关系到整个劳动过程的速度与质量，因而非常重要。CL 是一个负责找货的卡嫂，她的丈夫“不管找活儿，就管开车”，联系货站找货、配货、告诉货主接货等这些工作都由她来负责。

> 我在车上就是找找活儿，联系。你像我们现在装上车，到那

> 儿需要卸货，我就提前给那边的老板打电话，“我什么时间到，你准备接货”。到了那里联系货站，找活儿，收钱，什么都是我的。找货，给他盖盖篷布，催运费、收运费，我就负责这一块儿。(QZ－CL 访谈录)

同 CL 一样，MH 也负责除开车以外货物的运转。MH 起初找货时，经常与丈夫有分歧，但是时间长了，丈夫逐渐相信她的判断，一旦找到货，他们就开车上路。MH 说她跟车的主要工作就是找货、结账、签回单这些：“我的最终目的就是‘你把你的车开好’，其他你啥都不用管。”（ZY－MH 访谈录）CP 也是找货的卡嫂，丈夫开车时，她就在手机上用货运 App 找货。

> 他开车的时候我找货，找到货了，我跟他商量一下，能不能装。我打电话，就是问一下那边在什么地方装、什么路、多少钱一吨什么的。基本上，现在我心里面有点数，多少钱的报价。不能加的话，我心里有底价，差不多我就把它订下了。（HZ－CP 访谈录)

丈夫认为 CP 帮了他很大的忙。我问 CP 跟车对他来说意味着什么，他说找货的妻子是他的“一只膀子”：“真的！肯定是很重要的，现在离了她不行啊！夫妻搭档嘛！”（HZ－CP 访谈录）

第三，找到货之后，卡嫂与丈夫就要开车去装货。装卸货一般会有装卸工帮忙，有时没有装卸工或者装卸排队时间太长时，卡嫂还需要与丈夫一起充当“装卸工”的角色。装卸货时，卡嫂需要做点数的工作，点数是非常需要技巧的，需要看品种、数量。有很多人拉的不是整车货，而是配的零担货，还要一家一家装卸，因此必须把货看好、点好，否则出了问题就要自己赔偿，SJ 详细叙述了装货时如何看货、点数：

> 装货的时候你就得点货，那都得数数的，你必须得操心！你要数字盯好了，不盯好你就得赔啊！过重的还好办，咋装都行，只看着装齐了就行。它是称斤的，比较公平，到那里过重就对了；点数的不好点，一车有时候那个袋子就有1000多袋呢！你就要点这一层装了多少，下一层装了多少，它都是一段一段装的，你必须搞清楚。有时候我们拿本记，或者画个福字，最后你一数层次数字就出来了。（ZY－SJ访谈录）

装货、点数涉及货物的数量、质量、运输时保存完好的程度等，是开车上路之前重要的准备工作。装好货、点完数就要拉篷布、封车，这也是卡嫂需要帮助丈夫完成的工作。封车时有时需要爬到车上，有时只要在下面配合丈夫拉篷布就可以了。CP帮助丈夫封车时，需要爬上车厢，车很高，她一度非常害怕，一上车腿就打哆嗦，不敢动。后来跑的趟数多了、封车的经验多了，她才慢慢习惯，变得镇定起来（HZ－CP访谈录）。SJ跟丈夫封车时，不需要爬上去，但是需要在下面配合丈夫拉篷布。

> 他在上面拉篷布，我在下面。风大的时候，你要跑得利索一点，要把篷布全部绕好了，不要让风卷走。拉这个篷布挺不容易的，那个篷布几百斤呢！我在下面赶快把撬棍找好了，绳子找好了，主要的四个点你要固定好了！（ZY－SJ访谈录）

由于篷布太大、太重，还得来回跑，SJ每次封车都出一身汗，还得换一身衣服，因为衣服被篷布糊上就脏了。

都是汗，篷布上面有脏的嘛！你一去封车，脸、手、衣服全黑了！封车的时候你就重新换一套衣服，有工作服。你要不换，那个衣服 1 个小时就糊得看都看不到，现在[①]你穿这么好的衣服，封一次车就洗不了那么净了。（ZY－SJ 访谈录）

第四，跟车卡嫂还需要负责在丈夫睡觉时看车。公路货运行业的高风险，除了来自开车行进过程中的故障、事故、丢货、碰瓷，还来自车辆停下休息时面临的各种风险，主要是丢油、丢货、丢电瓶与轮胎等。车辆停靠服务区是丈夫难得的休息时间，也是保证丈夫进行劳动力再生产的重要时段，因此跟车卡嫂一般会承担在丈夫休息时看车的职责。

看车同跟车一样，也不只是坐在车里那么简单：其一，看车一般在夜晚，尤其是夜半，卡嫂要忍受困意、保持清醒；其二，大半卡车又高又长，盲区很多，即使安装了四路监控等有时也无济于事，卡嫂需要时刻从各个角度观察周围情况，防止被偷；其三，偷油、偷货、偷物者多半是当地人，经常是团伙作案，明目张胆，因而如果遇到，也存在人身安全的风险。一般在这种情况下，卡嫂不敢下车，只能快速叫醒丈夫，对偷油、偷物者给予警示。

WY 跟车 5 年最大的感受是辛苦。丈夫开车时她不敢睡觉，坐在丈夫驾驶座的后面给丈夫倒水、削水果，顺便找货、做饭。到了丢油、丢货比较严重的区域，WY 晚上还要看车。她跟车的这些年，丈夫的车从来没有丢过油，也没有丢过货。她不仅亲眼见过偷油贼偷旁边的卡车，自己也多次遇到过偷油贼。只要看车，WY 就整夜不能合眼，还无法放松，必须时刻保持警惕，这对于白天也无法睡好的她来说，是对体力、精力的双重考验。

---

① “现在”指的是进行访谈时，SJ 穿了很漂亮的裙子，头发定型得一丝不苟。

我都遇过几次偷油的了！有一次卸货的时候，我老公睡觉，我一晚上一眼没眨，就坐在副驾驶上一直就看。3 点多钟的时候，贼来了。他一看我在上面坐着，没偷，走了。到 5 点钟的时候又来了。我看见他来了，我就低着躺了躺，那两个贼没看见我，就赶紧跳下车来，拿了两个撬杠，把我们油箱盖子都已经揭了，我就赶紧喊老公："贼，贼，贼，贼，贼来了！"他就赶紧坐起来，他说："你们干啥？"那两个贼根本不怕，就站到那个地方把我们望了半天，他才走了。不敢下车，下车他就打你了！(ZY－WY 访谈录)

第五，卡嫂跟车时，还会帮助丈夫解决各种各样的问题。例如有的卡嫂会为丈夫出头、打抱不平，这种事经常发生在装卸货的时候。卡车司机与装卸工之间的矛盾很多，经常需要打点钱财或者赠送烟酒以求快速、安全装卸，这其中打点的工作也经常由卡嫂来做，遇事时也常常是卡嫂挺身而出。

WM 跟车时有一次与丈夫卸树苗。卸货时，装卸工坚持让丈夫倒车，但是卸货的角落根本拐不过去，装卸工就开始骂人。丈夫不吭声，WM 觉得忍受不了，就开始跟装卸工"抬杠"。[①]有时收运费收不完全，WM 也会跟信息部"抬杠"（SJZ－WM 访谈录）。MH 也讲述了类似的经历，装货时，装卸工要求丈夫把车倒至实际上无法倒过去的地方，丈夫表示没办法倒，装卸工就开始骂人，MH 就站出来了。

师傅啊，能不能好一点说话？都是个男人，都是个下苦的人，只不过分工不一样，你为什么要这样说话呢？你给我好好说

① "抬杠"指争辩、斗嘴。

话！我忍你一下午了！从早晨忍你，你骂了一下午了，够了！有没有个底线？（ZY－MH 访谈录）

除了打抱不平，碰到突发情况，卡嫂还要站出来帮忙解决问题。SJ 有一次与丈夫行驶到山西，车出现了故障，需要下车去买配件。因为 SJ 不会开车，只好留丈夫在原地看车，她下车去买配件。在人生地不熟的高速路上，她只能走下高速招手拦车，把她送到镇上。在镇上，她又找了另外一辆车拉她去市区里面的服务站买配件。去市区的路都是山路，她感到非常害怕。

盘到这山道道里面，就算是把我半路杀了，真找不着！你说不害怕吗？那个人说："你不怕我把你卖掉？"我说："我不怕！"实际上心里怕的！我就说："我不怕，我一年四季都在外面，哪里都去的，你送到哪里都一样！无所谓！"我就说了个大话，实际心里怕，是硬着头皮和人说话的！（ZY－SJ 访谈录）

卡嫂帮助丈夫解决问题，有时会如 SJ 一般因为女性身份而倍感弱势，但有时也可以使用自己女性身份的优势更好地解决问题。HQ 认为她跟着丈夫卸货比独自跑车的男人更快，因为"男人不好意思对男人说好话，而女人出去，一叨叨干什么的，就快"（QZ－HQ 访谈录）。MH 也常常利用女性身份帮助丈夫解决困难与麻烦。有一回他们跑车到四川，蹭到了一辆小轿车。MH 怕丈夫出面会被打，就自己去找小轿车车主协商。她通过真诚和负责任的态度赢得了对方的原谅，之后再让丈夫与警察一起来处理各种未尽事宜，很快就把事情平息了（ZY－MH 访谈录）。

3. 履行母职

卡嫂是以妻子的身份跟车，同时她们中的大部分还是孩子的母亲，她们需要履行母职。跟车卡嫂履行母职的方式有二：一是在车上照料一起跟车的孩子；二是远距离履行母职，教育家中的子女。其中第二种远距离履行母职更为普遍。

有些跟车卡嫂因为孩子小、家里没人带，就带着孩子一起跟车。2018 年 33 岁的 ML 有两个孩子，老大 15 岁，小儿子只有 1 岁多。生老二之前她做过幼师，生完就没有再工作，一直在家里。2017 年，因为丈夫雇不起司机，一个人跑车 ML 不放心，而她生了老二又不能工作，家里还增加了开销，她就带着小儿子一起上了车。除了进行上述跟车卡嫂的各种劳动之外，ML 还要在车上照顾 1 岁多的儿子。说起带着幼小的孩子跟车的感受，ML 这样说：

> 一天到晚在车上，没有在家里舒服，而且很挤。特别晚上这小的在上面，有时候时间长了，他就不愿意。要在家里面呢，他还能和小朋友在一起玩玩什么的，能和小朋友接触接触。他闹就给他吃的，或者给他喝的。大的也照顾不了，每天还要在外面跑，我感觉挺不好的！孩子跟在车上面太受罪了！（SZ－ML 访谈录）

2018 年 33 岁、跟车 4 年的 LJ 也带着幼小的孩子陪伴丈夫一起跑车。接受访谈时，她抱着刚刚 4 个多月大的小儿子，彼时他们刚刚跑长途回到家。LJ 几乎整个孕期都在跟车，错过了很多产检。小儿子出生、过了百天之后，她带着孩子又上了车。因为孩子太小、需要喂母乳，家中老人帮他们照顾大儿子，已无余力再照顾一个幼小的婴儿。

LJ 在车上主要的工作是做饭，带孩子上车之后又增加了照顾孩子的工作。她在车上做的基本上是比较方便的面条，车上带着煤气罐，也有电饭锅，离开家的时候她把各种菜打包好，到了车上一般都是凉拌菜。因为车辆行驶时不能做饭，她就在开车时做好准备，停车后赶紧做好饭菜，照顾完丈夫和宝宝之后，自己再吃饭。她做饭的时候宝宝在卧铺上躺着，她需要时不时跟宝宝说话。她也要在晚上看车，只能白天在丈夫不困的情况下带着宝宝睡一会儿（QZ－LJ访谈录）。带着幼小的孩子跟车的卡嫂并不多。只要有任何的替代方法，卡嫂与丈夫都不会选择带孩子上车，因为对幼小的孩子来说，跟车实在太辛苦，也太危险了。

除了少数跟车的幼童，大部分跟车卡嫂的孩子都处于学龄期，需要在家读书，无法跟车。这些留守的孩子大多由亲人照料，或者上寄宿学校。图2－50表明了跟车卡嫂家中孩子需要照顾的情况：51.2%的卡嫂家里有孩子需要照顾；35.0%的卡嫂家里孩子不需要照顾；13.8%的卡嫂家里大孩子不需要照顾，小孩子需要照顾。也就是说，跟车卡嫂家中有孩子需要照顾的比例占到65.0%。

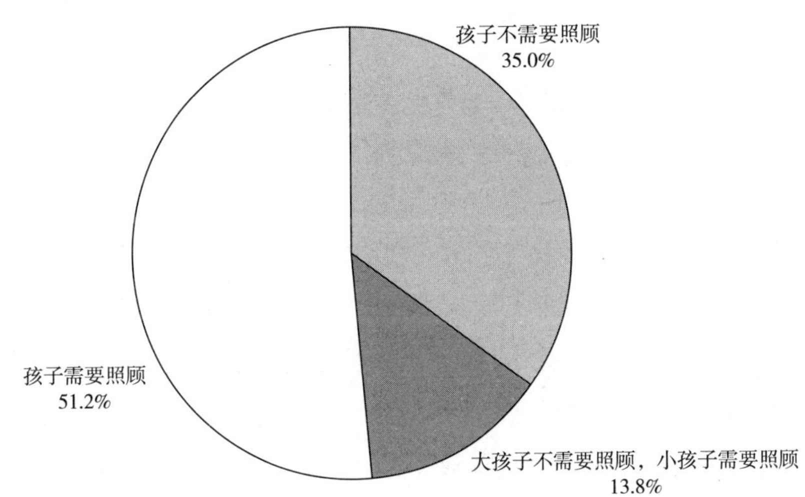


**图2－50　跟车卡嫂家中孩子是否需要照顾**

资料来源：2018中国卡车司机调查。

图2－51则展示了跟车卡嫂与丈夫跑车回家的时间间隔，根据数据，跟车卡嫂与丈夫跑车时每周内可以回家的比例为34.9%，8～15天可以回家的比例为33.8%，16～30天可以回家的比例为16.9%，31天及以上可以回家的比例为14.4%。这对于父职、母职的履行是一项极大的挑战。

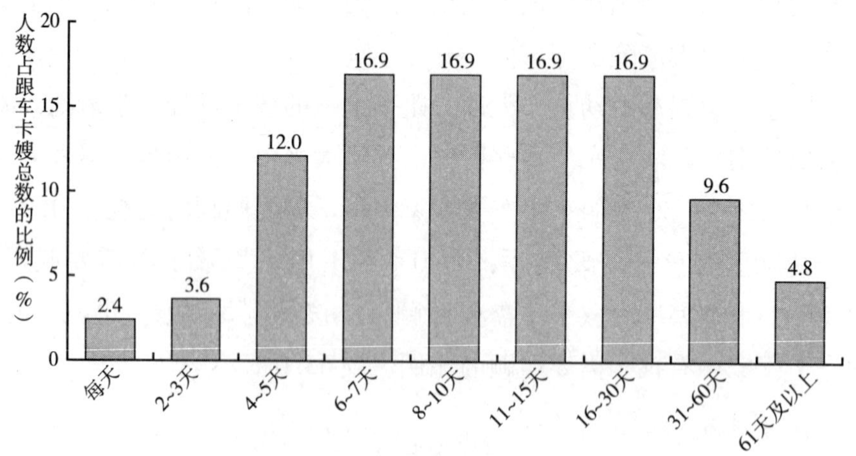


**图2－51　跟车卡嫂与丈夫回家的时间间隔情况**

资料来源：2018中国卡车司机调查。

孩子需要照顾的需求与跟车卡嫂回家间隔的频率比起来，显然是无法被满足的，因此跟车卡嫂与丈夫就要想各种办法来解决孩子的照顾问题。图2－52就是关于替代照顾的情况：90.4%的卡嫂跟车家庭需要双方老人帮忙照顾孩子，28.8%的卡嫂跟车家庭选择把孩子送到寄宿学校，家里亲戚帮忙照顾孩子的比例为15.4%，学校老师帮忙照顾孩子的比例为9.6%，朋友帮忙照顾孩子的比例为5.8%。可以看出，双方父母是替代照顾孩子最主要的力量，其次为寄宿学校和家中亲戚。

跟车虽然使得卡嫂跟丈夫一样离开了家，却仍然没有改变卡车司

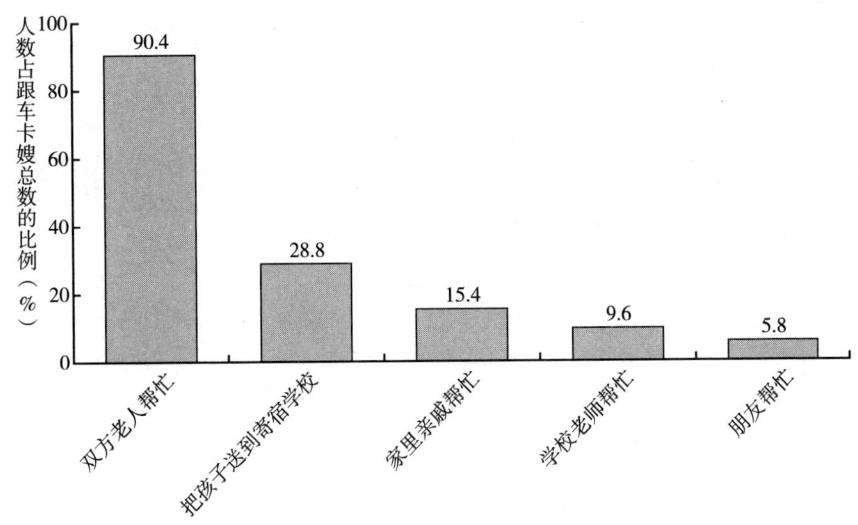


**图 2-52　卡嫂跟车家中孩子由谁照顾的情况**

资料来源：2018 中国卡车司机调查。

机家庭传统的“男主外、女主内”的性别劳动分工格局，只是改变了卡嫂管理家庭、履行母职、教育孩子的方式与程度，因为相比于作为父亲的卡车司机，作为母亲的卡嫂仍然是子女教育的主要负责者和管理者，只是管理的距离变远了、困难增加了。夫妻二人外出跑车，对孩子影响最大的也是母职的远离。

图 2-53 对比了跟车卡嫂与丈夫对孩子的了解情况，也对比了卡嫂留守家庭的夫妻对孩子的了解情况。根据数据，卡嫂跟车的家庭，60.0% 是卡嫂更了解孩子的情况，32.5% 是双方都很了解，7.5% 是双方都很不了解，没有人选择“丈夫更了解”；卡嫂留守的家庭，卡嫂对孩子更了解的比例为 88.7%，丈夫对孩子更了解的比例为 3.5%，双方都很了解的比例为 7.0%，都很不了解的比例为 0.7%。从以上数据可看出，第一，跟车卡嫂与留守卡嫂都比丈夫更了解孩子的情况，即母亲更了解孩子的情况；第二，留守卡嫂比跟车卡嫂更了解孩子的情况；第三，妻子留守的丈夫比妻子跟车的丈夫更了解孩子

的情况。如果进行排序的话，那么最了解孩子的是留守卡嫂，其次是跟车卡嫂，再次是妻子留守的丈夫，最不了解孩子的是妻子跟车的丈夫。由此可见，对于卡嫂跟车的家庭来说，了解、联系、教育孩子的重任仍然担负在卡嫂身上，而卡嫂由于外出跟车，只能远距离履行母职，与留守卡嫂近距离的养育存在差距。

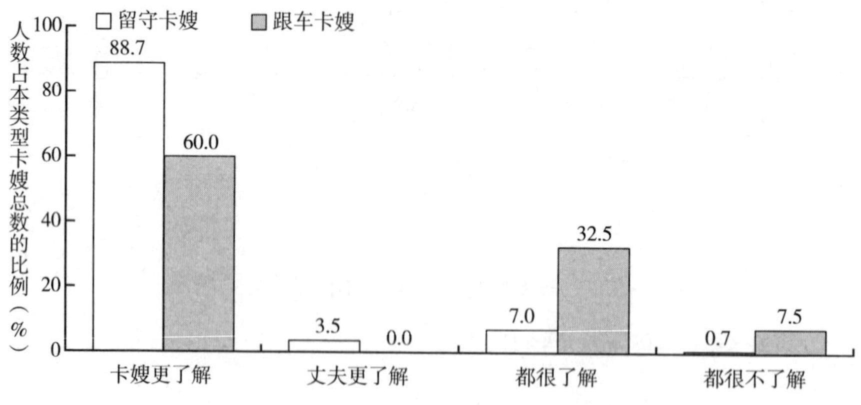


**图 2－53　对孩子的了解情况对比**

资料来源：2018 中国卡车司机调查。

关于远距离履行母职，图 2－54 说明了卡嫂跟车在外时与孩子联系的时间间隔：每天都与孩子联系的母亲有 48.8%，2～3 天与孩子联系一次的母亲有 30.0%，4～10 天与孩子联系一次的母亲有 17.5%，11 天及以上与孩子联系一次的母亲有 3.9%，联系的时间间隔显示出跟车母亲远距离履行母职的频率。

图 2－55 则显示出跟车卡嫂在外跑车时远距离履行母职的方式：93.8% 的母亲选择给孩子打电话，82.5% 的母亲选择使用微信文字或者语音，77.5% 的母亲选择与孩子进行视频，这是三种最主要的方式。

跟车卡嫂远距离履行母职的内容包括：与子女保持紧密的联系，

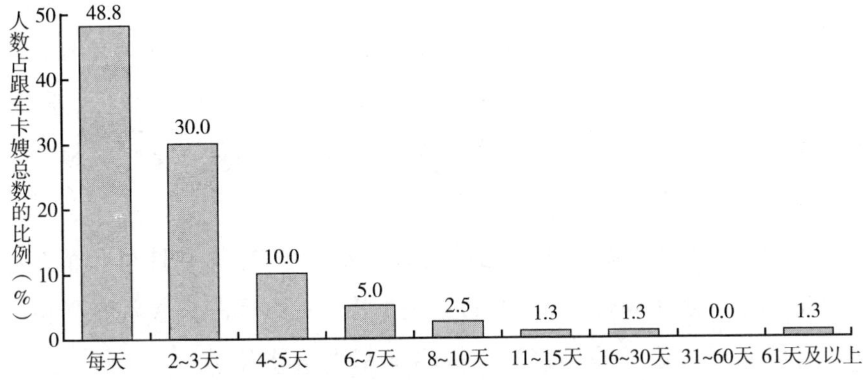


**图 2－54 跟车卡嫂与孩子联系的时间间隔情况**

资料来源：2018 中国卡车司机调查。

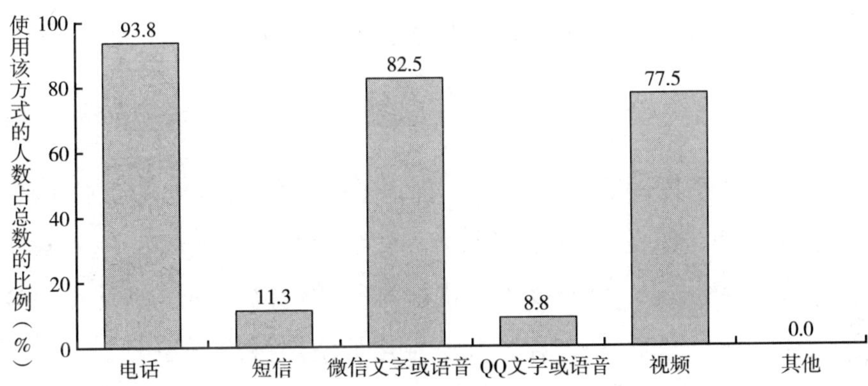


**图 2－55 跑车时跟车卡嫂与孩子的联系方式**

资料来源：2018 中国卡车司机调查。

关心、了解子女日常生活起居与学习情况，为子女转换学校、报辅导班，为子女规划未来，与子女联络感情等。LJ 带着小儿子跟车，仍然要负责大儿子在家的学习情况，大儿子所有的辅导班都是她报，老师也都是跟她联系。辅导班的学费也都是 LJ 远程缴纳，孩子平时衣食住行的花费则由公婆负责。

我给报。因为都是我联系老师，有个暑假辅导，再给他报一个美术班，还有一个练字。算少的这是！平时我都没给他报，我觉得上学回来做作业就做到挺晚，再去上各种辅导班，太累了！这是他自己要求的，他不去我也不强求他。（QZ－LJ 访谈录）

MY 跟车多年，孩子的事也是由她负责。丈夫大半时间开车在路上，工作时间毫无弹性，而她可以一边跟车一边远距离关注孩子的学习，同时可以在孩子需要家长在场时下车去陪伴孩子。

课外班都是我来跑，我更在意孩子的学习成绩。他（丈夫）负责挣钱，我就负责家里面。孩子入学的时候，有时候我就不跟了，他去跑。我把这边事情办好了之后，再跟车。（SZ－MY 访谈录）

MH 把儿子托付给兄嫂照料，在儿子的学龄期她几乎都不在家。为了弥补距离带来的生疏与缺憾，她每天都跟儿子通电话，远距离了解孩子的学习状况，帮助孩子排忧解难。他们的沟通工具从小灵通变成手机、从 QQ 转为微信。当她与儿子使用微信联系时，儿子已经上了大学。被问到是否觉得儿子缺乏母爱和父爱，MH 回答：“肯定缺，缺每天的陪伴。但是心灵交流这一方面我儿子不欠缺！尤其电话上的交流这方面我不欠缺，缺的就是我不在他身边。”（ZY－MH 访谈录）

### （二）劳动时间长，劳动强度大

通过描述与分析跟车卡嫂复杂多样的劳动，我们可以看出，跟车卡嫂不只是生产帮工与生活主妇，她们的劳动时间很长、劳动强度很大，是公路货物运输中不可缺少的劳动者。

图2－56描述出卡嫂跟车时的感受：其中感受最多的是“危险”和“累”，均有75.9%的跟车卡嫂选择了这两项；其次是“想念孩子”（74.7%）；再次是“苦”（62.7%）；还有“想念老人”（45.8%）、“不方便”（41.0%）、“漂泊”（28.9%）等。而关于快乐（15.7%）、幸福（14.5%）、增加阅历（8.4%）、自由（6.0%）等正面感受的选择比例远远低于负面感受。因此，跟车对于卡嫂来说并非特别愉快的体验，这与她们的劳动量、劳动时间、劳动状态都有很大的关系。

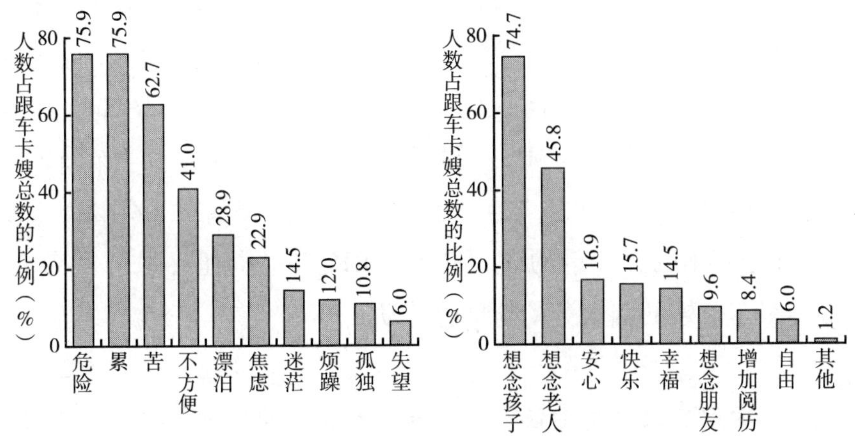


**图2－56　跟车卡嫂的跟车感受情况**

资料来源：2018中国卡车司机调查。

具体说来，第一，跟车卡嫂的劳动分散在卡车司机劳动过程的细小环节中，虽然零散，但是劳动时间很长，对身体的影响很大。LH陪丈夫跑过车，上车之后从出发到终点，一天两夜，她几乎不睡觉，给丈夫盯着车：高速堵车时，她盯着路让丈夫睡觉；晚上丈夫睡觉了，她盯着服务区的情况，防止丢油、丢货、丢电瓶。她说她也不知道哪里来的精神，只要一到目的地，车一卸了货，她躺床上一会就睡着了（SJZ－LH访谈录）。带着孩子跟车的ML认为跟车最大的感受是“累”，她形容这份劳累就像“坐牢”一样：“每天都在车上面，就跟坐牢一样，吃不好睡不好，特别是带孩子，特别辛苦。没办法，为了生活，只能这样子。我几乎不怎么睡，反正晚上他睡觉的时候我就睡觉；他不睡觉的时候，我一般都不睡觉。”（SZ - ML 访谈录）如果说卡车司机劳动时间长、休息时间短，那么跟车卡嫂劳动时间也很长，休息则是碎片化的，很难得到真正的放松与休息。

第二，跟车卡嫂的劳动强度大，除了体力劳动、脑力劳动，还有大量情绪劳动与情感劳动，包括装卸货、点数、拉篷布、封车、替开车等，MY 将这些归纳为“打杂的”：“我就是给他做点打杂的，然后打点水，买点饭，路上陪陪说话之类的，有的时候还帮忙卸货。”有一年夏天在卸货过程中，MY 晕倒了，因为天气太热，又要在车厢里面卸货。她将一切归因为“为了生活”，充满了无奈（SZ - MY 访谈录）。除了基本的、大量的体力劳动，RH 用“责任心强”“费心”来形容跟车卡嫂的脑力劳动与情感劳动。

> 卡嫂应该都得责任心强一点，有了卡嫂，卡车司机就省心一点。反正我们家这个车是我费心，有时候保养车之类的我也得记着，跑那个路线怎么跑我也得看着，找活之类的都是我。我老公就是只管跑车，他别的心都不用费。（SJZ - RH 访谈录）

第三，跟车卡嫂的劳动是一个复杂的、强度很大的综合体，XH 将其形容为“拼命”。

> 每天最多休息 5 个小时就得走了。因为夏天白天热，晚上都要赶到 2 点多；冬天就不能停得时间太长，像我们西北天气冷，油又冻住了，车也打不着了，冬天只能休息两三个小时。车子转

起了，就是拼命，跟车好多就是拼命！（ZY－XH 访谈录）

2018 年 31 岁的 WJ 的故事淋漓尽致地展现出跟车卡嫂的劳动是一个复杂的综合体。WJ 与丈夫跑南京到杭州的专线，他们每天早上 4 点起床去装货，一直装到中午。吃完午饭，休息 1 小时之后，他们出发：一般是下午 3 点出发，夜里 12 点左右到达。在路上丈夫不困的时候 WJ 可以休息，丈夫困了她就要陪伴聊天。到了目的地，她下车把绳子、雨布叠好，还得把车厢门打开，把托盘码好，因为装货装得比较高，她需要把货拉到装卸工可以够得到的地方。这个工作经常是 WJ 做，因为丈夫需要睡觉以恢复体力。如果她不帮忙做，装卸工就不给卸货。WJ 常常需要跟保安、装卸工说好话，有时还要因为不公平的待遇与人吵架。她一旦上车，每天最多休息 4 个小时，她说女儿现在叫她“黄脸婆”，但是“没办法，为了生活”。她认为跑货运“很低级”，是“受气包”，她也不喜欢“卡嫂”这个称呼，因为跟车卡嫂就意味着“比较受气，比较辛苦，人还容易老”，被生活逼成一个她口中的“女汉子”（HZ－WJ 访谈录）。

### （三）劳动的隐形化：“开车中心化”与“陪伴边缘化”

通过事无巨细地描述跟车卡嫂劳动内容之复杂多样，劳动时间之长，劳动强度之大，我们意识到，跟车卡嫂的劳动是公路货物运输过程中不可或缺的重要组成部分。因此，跟车卡嫂不只是“生产帮工与生活主妇”，她们的劳动也不只是辅助性的，她们的劳动创造了很大的价值。

但是，为什么跟车卡嫂给人的印象常常是“生产帮工与生活主妇”呢？为什么无论媒体、大众还是卡车司机，甚至卡嫂自己，都觉得卡嫂跟车是一种替代、补充，她们的劳动只是“打杂”与“帮忙”？答案是：她们复杂的劳动被隐形化了。关于女性的“隐性劳动”，社会性别研究中有许多发人深省的论述，但大多局限于家务劳动中的性别分工。[①] 而跟车卡嫂的不同之处在于，虽然她们的家务劳动确实被隐形化了，但是同样被隐形化的还有她们生产过程中的劳动，因而她们这种隐性劳动特别值得研究。

根据访谈资料，我们发现跟车卡嫂劳动的“隐形化过程”事实上是一种“开车中心化”与“陪伴边缘化”的过程。“开车中心化”指的是将丈夫开车作为整个劳动过程唯一的中心与价值来源；“陪伴边缘化”指的是将跟车卡嫂的陪伴视为劳动过程中边缘化的劳动，并模糊其价值。这两个过程是相伴而生的，并且常常来自卡嫂的叙述与认定。最明显的例子是每当跟车卡嫂被问到上车的工作内容时，她们常常会回答“没有什么重要的事，就洗个衣服、做个饭，陪他聊聊天”。只有当我们仔细深入询问时才知道，她们承担的劳动不仅如此，而问卷数据也显示出这一点：当我们给出跟车卡嫂具体的工作选项时，她们选择出十几项劳动内容，并且选择比例都很高。这说明跟车卡嫂并没有意识到她们劳动的价值，虽然她们无一例外会描述这些劳动，并且叙述这些劳动的“苦”和“累”。

WM 跟过车，当被问到跟车时最主要的工作是什么，她回答：

> 哎呀，我跟车啊，你看，我开不了（车），就是开个票，跑个腿，看个车，就是这样！我习惯了，我觉得没什么。我觉得就是他开车累，我还没有觉得很累。（SJZ－WM 访谈录）

① 关于家务劳动性别分工有三种理论路径：“经济资源理论”、“时间可及性理论”和“性别意识形态理论”。三种理论从经济地位与家务劳动的交换、工作时间与家务劳动时间的相悖、传统或现代的性别平等意识出发，说明了女性承担更多家务劳动的因由，其中很多女性的家务劳动都是隐性劳动。也有学者开始研究家务劳动中的“精神负荷”，“精神负荷”也是“隐性劳动”的重要组成部分。

最初 QX 被问到跟车时的工作，她表示家里的事都由丈夫做主，而她什么事情都不操心。

> 我们家的事儿他做主，我什么事儿都不操心的。我在车上就是陪着他，给他洗衣服、做饭，我也不会开车，我也替不了他。（HZ－QX 访谈录）

之后笔者问她是否洗衣服，她详细描述了如何洗衣服；问她是否装卸货，她说她也装卸货；问她是否需要看油、看货，她说她也看油、看货……除了这些她还进行很多其他的劳动，可以说除了开车以外，车上几乎所有的劳动她都要参与。

> 我倒车、盖篷布，车上活儿我都会干！然后就是打花栏、安装、拆卸，有的时候装货……都可以干！（HZ－QX 访谈录）

如果阅读每一位跟车卡嫂的访谈记录，就会发现她们几乎每个人都使用这样的叙述方式，有大体一致的想法。例如 2018 年 39 岁的 YZ，她跟车 2 年，一开始表示："在车上啊？反正倒个茶、说个话，两个人聊个天！省得他困！"访谈深入后，她说："你要拴绳子、盖雨布什么的，还要坐在那里看着车。"笔者问她喜欢跟车的工作还是原来家纺厂的工作，她说喜欢原来的工作，"这天天好像吃不好、睡不好，还挺累的。你在路上跑着，自己也是睡不多踏实的"。这是一个"自我边缘化"的典型叙述，需要访问者逐步深入地探究，才能看到她整个劳动的全貌，这是跟车卡嫂"隐性劳动"的表现与特征。

那么，跟车卡嫂为什么没有意识到她们劳动的价值？这个"隐形化"的过程是如何发生的？这来源于四方面的原因：第一，卡车司机的劳动是显性的，也确实是货物运输最核心的劳动，但是"开车中心化”并不一定带来“陪伴边缘化”，是跟车卡嫂自己在“男与女”“内与外”的衡量或者潜意识中将自己的陪伴边缘化了；第二，跟车卡嫂的劳动是无酬的，表面上不直接创造价值，因为他们跑车的收入叫作“运费”，从名称就可看出运费主要来自丈夫开卡车这项核心劳动，而她们的劳动价值被掩盖于“运费”之下，以“陪伴”的名义被消解掉了；第三，跟车卡嫂的劳动虽然重要，却是一种碎片化的劳动，并不是显性的、连续的劳动过程，因而其时间之长、强度之大很难被体察到，遑论被衡量；第四，在传统的“男主外、女主内”性别劳动分工的价值观下，家务劳动被视作女性最主要的劳动，因而她们不自觉地将上车之后的劳动视为家务劳动的延伸，而家务劳动本身就有隐形化的倾向。在以上四种原因的交替作用下，跟车卡嫂的劳动变成了一种无法言说的隐性劳动，她们可以意识到劳动的直接后果——累、苦、危险，却没有意识到劳动的间接价值——是她们的无酬劳动替代了他雇司机的有酬劳动，保证了丈夫劳动过程的有序开展。

## 三　情绪劳动与情感劳动：陪伴、隐忍与乡愁

跟车卡嫂的隐性劳动的另一面，是她们无所不在的情绪劳动与情感劳动。她们的情绪劳动与情感劳动主要表现在三个面向：陪伴、隐忍与乡愁，这三个面向也都是向内的情绪劳动与向外的情感劳动的综合体。

### （一）陪伴

如前所述，卡嫂的陪伴并不是简单的事，它错综复杂，伴随大量的情绪、情感劳动，贯穿丈夫货运劳动的始终，例如徘徊于“跟车很辛苦”与“跟车更踏实”之间的矛盾心情；找货时维持与货主、信息部的关系；找不到货、等待时的焦虑；讨好装卸工或者与装卸工

吵架；丈夫遇到困难、问题时的安慰；承受风险；等等。

前文图 2－56 表现出卡嫂跟车时的感受，其中的负面感受远超过正面感受，那么卡嫂是否喜欢跟车呢？根据数据，19.3% 的跟车卡嫂“非常喜欢”跟车，21.7% 的跟车卡嫂“比较喜欢”跟车，34.9% 的跟车卡嫂选择“一般”，选择“比较不喜欢”与“非常不喜欢”的比例都是 12.0%。综合来看，41.0% 的跟车卡嫂喜欢跟车，24.0% 的跟车卡嫂不喜欢跟车，也就是说跟车卡嫂更喜欢跟车（见图 2－57）。

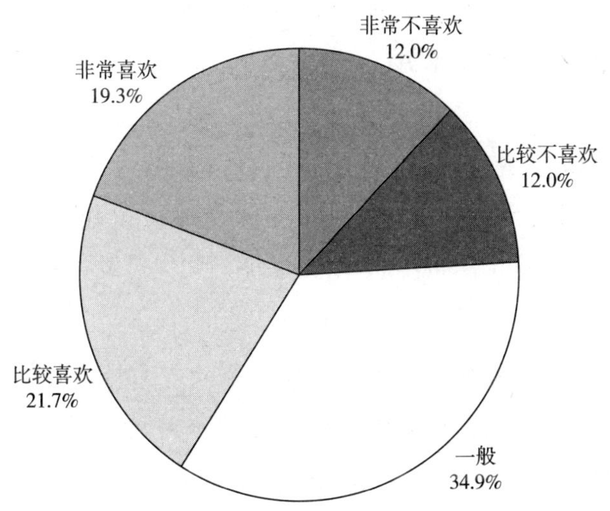


**图 2－57　跟车卡嫂对于跟车的态度**

资料来源：2018 中国卡车司机调查。

为什么跟车那么苦、那么累还喜欢跟车？这个矛盾问题的答案就在于：陪伴丈夫跟车比留守在家心里更踏实。LH 跟过车之后再回到家，就更担心跑长途的丈夫。

> 因为我知道他开车的那个拼劲，不跟着、不盯着，总担心他出事或者怎么着，老是担心这些，但是跟着的话心里就踏实！

(SJZ－LH 访谈录)

SL 也是一直跟车，但是后来因为要照顾孩子就下车了，她的感受跟 LH 是一样的。

> 他只要今晚上走，这一晚上我都甭想睡觉，我就是打个盹就打个电话问问到了哪里了，最少得打三个。你不那样睡不着，到了那里，心里会有个石头落了地了。按说是跟车不那么担心啊！是吧？我愿意跟车，也能替他干点儿活儿呢！关键是还有孩子呢！(QZ－SL 访谈录)

2018 年 45 岁的 JH 将这种矛盾的心情总结为“又辛苦又心安”，很好地解释了为什么跟车卡嫂跟车的感受那么负面，却仍然喜欢跟车。

> 从某一方面讲，很辛苦；但从某一方面讲，也很心安。如果我们在家里、他在外面呢，就是你干事时候心里老想：“他车到哪儿了？吃饭了吗?”就感觉好像跟在车上心安一样。(SZ－JH 访谈录)

跟车有许多焦虑的时刻，尤其是找货时。ZJ 与丈夫有一个约定：开车跑在路上时不找货，到了目的地卸了货、休息一晚之后再找货，做这个约定是为了保证充分的休息和放松的心情，最终也是为了安全。但有时找货并没有那么顺利，ZJ 与丈夫最长时间等过 23 天，特别焦虑。

> 着急也没办法，我特别、特别地着急！除了找货，再没有别的事做。每天睡醒以后吃早饭，早饭吃完以后就去大厅里面找

货，就这样。手机也用，到大厅里面也找。哎呀！急呀！就是一个字：急！（ZY－ZJ 访谈录）

每当丈夫情绪低落时，卡嫂还要通过打岔、讲笑话、安慰等方式帮助丈夫排解焦虑，以保持他良好的心情和安全的工作状态。我们遇到 JH 与她丈夫时，他们已经在物流港找了几天货，两个人的情绪都有点沮丧。JH 告诉我们，2018 年货运市场行情太差、挣不到钱，他们又把孩子放在家里给老人照顾，因而压力很大，踌躇着要不要卖掉卡车，回归家庭。丈夫心情低落的时候，JH 往往通过打岔来疏解他的情绪。

他偶尔会想想家里面、小孩，我偶尔也会提家里面的事。但是有时候，我不跟他直接讲，给他带过去。我感觉我要接着讲，我也会难过。就是说打个岔，给他岔过去了。反正在外面，有那种“飘”的感觉。（SZ－JH 访谈录）

QX 与丈夫也感受到 2018 年货源与运价的改变，而他们驾驶的是一辆新车，仍然处在最艰难的还贷期，因此他们一起饱尝了找货的焦虑。他们找货时最长时间等了 6 天，丈夫因为配不上货太过焦急，一赌气直接开空车回家了，QX 心里也很难受，但是她仍然要安慰丈夫。

哎呀，我在路上其实心里挺难过的！他也挺难受的！我说“哎呀，就当我们旅游了！别人去旅游吧，还得花钱，我们自己开着车旅游，大不了就费个油钱、过路费，是吧？只要我们平平安安的，就是赚到了。”（HZ－QX 访谈录）

在焦虑与安慰之外，卡嫂跟车也意味着每时每刻都承受很高的风险。图 2－58 与图 2－59 显示出卡嫂跟车时个人遭遇的交通事故情况与意外伤害情况：25.3%的卡嫂跟车时个人遭遇过交通事故，22.9%的卡嫂跟车时个人遭遇过意外伤害。虽然比例不是太高，但是鉴于交通事故与意外伤害的严重程度、对人的身体与精神造成的损害程度，跟车卡嫂仍然承担了很高的风险。对于风险的知觉、恐惧本身是一种向内的情绪劳动。

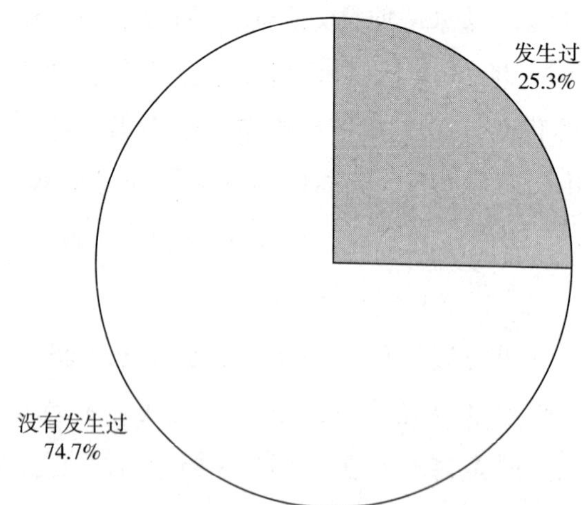


**图 2-58　卡嫂跟车个人遭遇交通事故情况**

资料来源：2018 中国卡车司机调查。

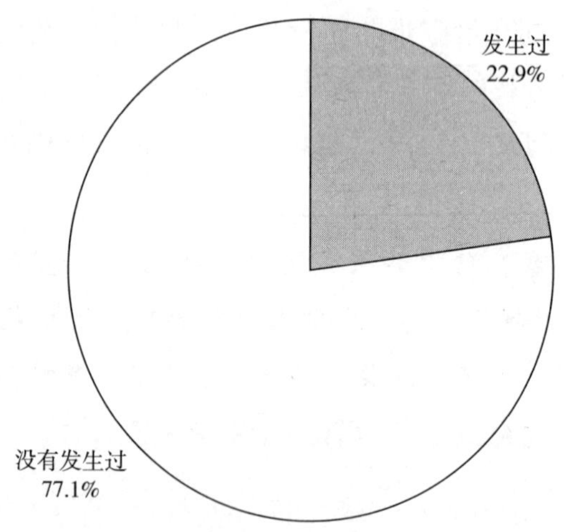


**图 2-59　卡嫂跟车个人遭遇意外伤害情况**

资料来源：2018 中国卡车司机调查。

图2－60说明了跟车卡嫂家中购买商业保险的种类情况，43.4%的家庭购买了丈夫的商业保险，35.0%的家庭购买了孩子的商业保险，33.7%的家庭购买了卡嫂的商业保险。虽然卡嫂跟车与丈夫一样承受着高风险，但是对于卡嫂的保障却并不充足，这也与卡嫂一贯的选择一脉相承：丈夫、孩子为主，自己的优先性排在后面。

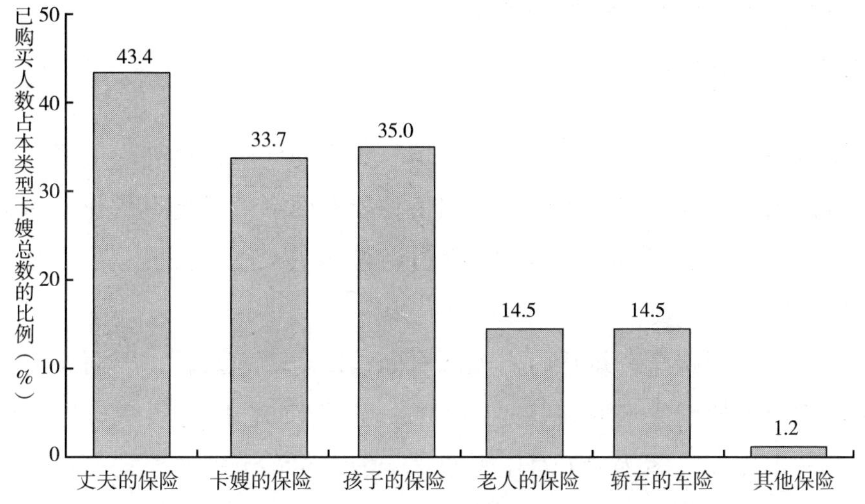


**图2－60　跟车卡嫂家中购买商业保险种类**

资料来源：2018中国卡车司机调查。

WY曾经遭遇过跟车过程中的意外伤害，虽然购买车险时她与丈夫都购买了保额很小的意外伤害险，但是真正遇到意外伤害时，她根本来不及使用这份保险。

> 有一次装煤的时候，在那个煤山上，他让我站上去，我没站好，就从车上掉下来，头就撞到了，“咣！”把皮就磕掉了，血就从这边淌下来了！捂了一会儿它就好了，我赶货也没管，躺了半天就起来干活了。煤山上离医院也远，没有医院，我也没去。

（ZY－WY 访谈录）

综上，卡嫂上车陪伴丈夫的过程中，经历着许多错综复杂的情绪："跟车太累、太苦、太危险"与"跟车更踏实"之间的矛盾心情；陪伴丈夫劳动过程的焦虑；随时观察丈夫状态的小心翼翼；自己情绪再差也要安慰、疏解丈夫的情绪的努力；随时承受各种风险的觉知与恐惧等。同时，她们还要忍耐。

### （二）忍耐

与留守卡嫂一样，跟车卡嫂在担心丈夫的同时，也进行很多关于忍耐的情绪劳动与情感劳动。忍耐最主要有两点：一是不惹开车的丈夫生气；二是做丈夫情绪的发泄口，即卡嫂经常说的：做丈夫的"出气筒"。

由于卡嫂跟车时每日与丈夫面对面、声对声地互动，因而夫妻吵架的频率就比留守卡嫂高（见图 2－41），同时忍耐的频率与程度也比留守卡嫂高。图 2－61 对比了留守卡嫂与跟车卡嫂在同丈夫吵架时互相让步的程度：对于跟车卡嫂来说，36.9% 是卡嫂让着丈夫，29.2% 是丈夫让着卡嫂，32.3% 是卡嫂与丈夫互相让着，1.5% 是卡嫂与丈夫互不相让；对于留守卡嫂来说，19.0% 是卡嫂让着丈夫，30.2% 是丈夫让着卡嫂，44.4% 的卡嫂与丈夫互相让着，6.3% 是卡嫂与丈夫互不相让。可以推知，在夫妻吵架时，跟车卡嫂比留守卡嫂更让着丈夫，更多地采取了忍耐的态度。

跟车卡嫂 RH 与丈夫在孩子升学的问题上产生了分歧，加上她无法回家照顾孩子、心里着急，就与丈夫"抬杠"。丈夫生气了，把车停在高速路上与她争执，她深深感受到这种行为的危险性，因而"只闹过那么一次"，从此再也不因为孩子的事与丈夫着急了（SJZ－RH 访谈录）。ML 在丈夫开车时也尽量忍让他，"因为开车时心态一

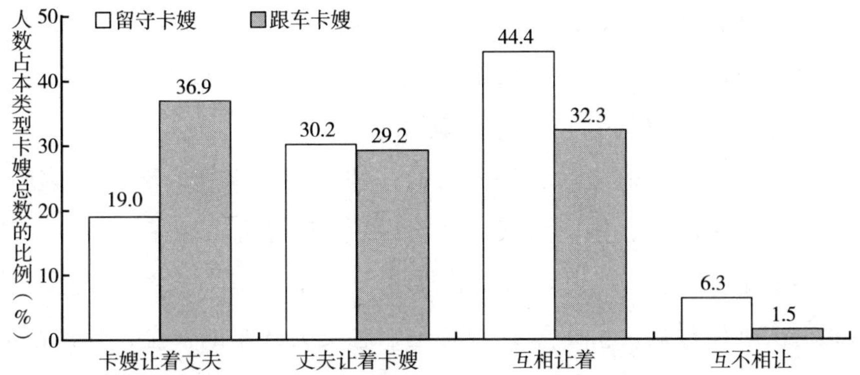


**图 2 -61　不同类型卡嫂与丈夫吵架时相让情况对比**

资料来源：2018 中国卡车司机调查。

定要好”，如果实在忍耐不住二人吵架了，她也尽量不说话，听凭丈夫说（SZ - ML 访谈录）。WY 的丈夫是个急脾气，每次 WY 找不到货、找不好货他都会着急，也会偶尔发脾气，WY 则“一般不发脾气”，她深知丈夫的脾性：“他发顿脾气，不管他!”（ZY - WY 访谈录）WM 跟过车，特别体恤开车的丈夫，凡事尽量顺着他，不让他生气，因为丈夫很辛苦，还是家里的顶梁柱。

> 走一天，特别辛苦，所以他说往东我就往东，他说往西就往西，不能让他生气。因为他是家里的顶梁柱，我们上边有两个老人，下边有两个孩子，你说他要倒了，这家就散了！所以说不让他生气，我怕影响到情绪，是吧？他们这也属于高危工作。(SJZ - WM 访谈录)

除忍耐着不惹丈夫生气之外，卡嫂常常要做丈夫情绪的发泄口。CL 与很多跟车卡嫂一样，经常会因为在车上干活干不好而引起丈夫的不满，她感叹，“这个大车，压力大，我们两口子这 20 年的架都在这一年吵完了”。丈夫开车身体累，她跟车心累，两个人都有委屈、都想发火，就常常以吵架的形式发泄情绪。可以说，CL 与丈夫互为对方的“出气筒”（QZ－CL 访谈录）。

但是互相发泄完之后，先低头的往往是跟车卡嫂。SJ 跟车多年，有时候与丈夫吵架，她一生气，就会说：“我再也不跟了，下一次我一定不来了！”但是她也理解丈夫受了气，需要有一个发泄的渠道，因此每次吵架过后冷静下来，她总是顾念丈夫开车的安全，每次都会忍气吞声、主动认错。

> 他拉货也有受气的时候，有受气他就往你身上撒气，我就成出气筒了！有时候他说，我们就忍一下；有时候实在气得没办法了，那也肯定得喝呼上一仗。一般都是我认错，我们不认错怎么办呢？那开车呢！你不忍气吞声怎么办呢？（ZY－SJ 访谈录）

跟车时，一方面，卡嫂忍耐着自己的情绪，不惹丈夫生气，也不随便发泄自己的情绪；另一方面，她们又要做丈夫情绪的观察者、安抚者与发泄口，这对于远离家乡、父母、子女毅然跟着丈夫上车的妻子来说并不容易，因为她们每个人心中，还藏着一份乡愁。

### （三）乡愁

每一位远离家乡的跟车卡嫂都会谈起乡愁，她们思乡、挂念家中的双亲和孩子，同时感觉到自己与家乡的生活渐行渐远，逐渐进入被悬空的脱轨状态。

首先，选择购买卡车、进入公路货运行业的人大多在家乡没有较好的出路，因而需要到异乡谋生。卡车司机与卡嫂如果离家很远或者跑车很忙，很难经常回家，他们就会非常思念家乡与家中的亲人。CL 与丈夫在外面最久时跑了 26 天，她最馋的是家里的饺子。

> 我去年最多的时候待了 26 天，在车上我就馋哪！我就想，哎哟那个水饺！那个肉啊！回家我一定要吃上几天！没办法，新疆那边的饭咱们吃不惯，有的地方不卫生，有的地方就特贵。（QZ－CL 访谈录）

在食物之外，卡嫂在车上最想念的是自己的孩子和家里的老人。LH 跟车时，因为丈夫跑长途，每跑一趟时间都很长。儿子那时小，跟着祖父母在老家，也不是每趟回家都能见到，因此最长有半年他们没有见到孩子。再见时，孩子已经不认识他们了。

> 看见孩子之后，他也不喊爸爸，也不喊妈妈，他就喊我父母"爸爸妈妈"，也不让你抱。你愣抱他，他会哭。弄得我们也没有办法，只能带着他去外面玩一圈，买点吃的让他熟悉熟悉，就知道是自己的爸妈。有的时候这个关系刚刚熟悉起来，我们又要走。走的时候，孩子就在后边追着你，然后喊："妈妈、爸爸！"（SJZ－LH 访谈录）

这种分离对卡嫂来说是很沉重的事，因此在访谈中卡嫂哭泣最多的时刻便是提起孩子的时刻。她们对孩子的心情大多是内疚，觉得对不起孩子，没有履行好母职；也觉得对不起在家帮忙照顾孩子的老人。MH 在儿子 7 岁时选择跟车，儿子每天跟她通电话，她每天都要哭泣（ZY－MH 访谈录）。ZJ 在孩子 17 岁时离家去跟车，被问起离家时孩子的年龄时，她也哭了。

唉，17 岁，太不容易了！就觉得欠孩子的太多了，没有尽到父母的责任！没办法！孩子跟我们受了好多的罪！有时候我们出去，天凉了，孩子都得不到我们的照顾，添衣、减衣都是自己弄。作为父母，我们过不去。我母亲也需要人照顾，没办法的。我出去的时候，就是我儿子照顾；儿子如果忙了，就是我的朋友帮我看一下、照顾一下，这没办法啊，没办法的！（ZY－ZJ 访谈录）

跟车卡嫂觉得对不起孩子，而家中的孩子却往往非常懂事。孩子越懂事，母亲越觉得愧疚，CL 提起儿子对他们的叮嘱就哽咽了。

说实在的，我儿子挺懂事的！老人咱们尽不上孝，孩子咱们负不上责！儿子知道我们挺辛苦，一打电话都是嘱咐我们："吃好喝好，不要急，钱多钱少无所谓，你们两个在外面主要注意身体！"我们出去还是有家里人的支持，如果没有老人支持，我们也出不去！（QZ－CL 访谈录）

乡愁除了表现为思乡、对老人和孩子充满愧疚，还表现为与家乡物质世界与日常生活的脱节。ZJ 用"与这个社会脱轨"来形容这种感受，这个"社会"指的是家乡的、自己原本的日常生活。

我看这开车的人再也没有办法改变自己了，因为我们已经与这个社会脱轨了！我们现在到家里面，虽然作为我们县城的人，比如他们说"我们到哪个酒店去玩，到哪个 KTV 唱唱歌"，我都不知道那个地方在哪里！现在我们已经有跟这个社会脱轨的现象了！我们在跑车的时候一心只关注的就是跑车、路线、行情、货运什么的情况，从来不关注我们家里面发生了什么事情，一般那个事情都不往脑子里面放！（ZY－ZJ 访谈录）

如果说留守卡嫂的情绪、情感劳动是“人在家、心在车”，那么跟车卡嫂的情绪、情感劳动可以总结为“人在车、心在家”，二者都面临着身体与情感的异化。同时，卡嫂为了生活，无奈地做出或留守或跟车的选择之后，都要不同程度地经受担心、忍耐、焦虑等情绪，身体与再生产也都不同程度地被卷入丈夫的生产过程当中。跟车卡嫂与留守卡嫂不同的是，她们因为直接参与丈夫的生产过程，还需要规训自己女性化的身体，以适应整个生产过程的节奏，保证这个相对男性化的生产过程高效有序地完成。

## 四　“身不由己”：跟车劳动对于身体的规训

每次访谈，笔者都会在被访卡嫂面前放一瓶矿泉水，她们很少会打开喝。开始笔者以为她们是不好意思，就主动把瓶盖拧开递给对方，但是这些卡嫂仍然很少喝水，即使有时访谈时间很长。当笔者访谈 CL 的时候，同样礼貌性地请她先喝点水，她说“不喝不喝，你喝了一会儿还要去厕所”。这句话给笔者启发很大，也让笔者开始思考、关注跟车卡嫂跑车时关于身体的管理问题。于是，笔者在访谈中更多地与她们谈起这些事，也在问卷设计时涉及了相关问题。所有的田野资料均显示，跟车卡嫂确实对自己的身体进行了有意的规训，而这种身体的规训来源于公路货运的劳动过程特征，是一种女性身体适应相对男性化的工作时所进行的身体管理。[①]

图 2－62 展示了卡嫂跟车时面临的主要困难：选择最多的是

---

① 关于“规训”，法国哲学家米歇尔·福柯研究的是“权力－惩罚”意义上身体的规训，法国社会学家皮埃尔·布迪厄则从文化的意义上研究礼仪、惯习的熏陶如何使得身体活动变成理所当然的、习惯性的活动。卡嫂的身体规训更多地带有生产的意义，指的是生产过程中劳动者有意或无意地对自己的身体进行管理、使之逐渐适应劳动过程的尝试，因而是另一种意义上的“规训”。

“运价低”和“偷油、偷货、碰瓷”，占比均为 80.7%；其次是“疲劳驾驶”，占比为 78.3%；第三位是“货源少、不稳定”，占比为 77.1%；第四位是“吃不好、睡不好”，占比为 73.5%；第五位是“油价高”，占比为 72.3%。选择最高的五项中有四项与生产有关，只有一项与卡嫂的个体状态有关。这说明卡嫂跟车时与丈夫、卡车是一体的，也说明她们面临的最主要的困难仍然来自生产过程本身。

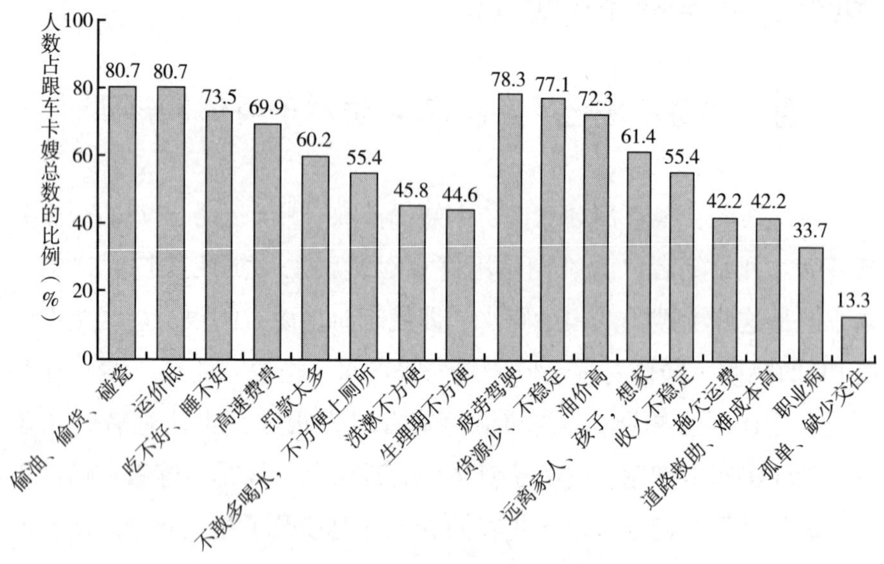


**图 2-62　卡嫂跟车的主要困难**

资料来源：2018 中国卡车司机调查。

与此同时，55.4% 的跟车卡嫂选择了“不敢多喝水，不方便上厕所”；45.8% 的跟车卡嫂选择了“洗漱不方便”；44.6% 的跟车卡嫂选择了“生理期不方便”。这些困难虽然没有货物运输中各种问题的选择比例高，但对于跟车卡嫂来说，仍然是不可小觑的困难，只是由于其私人生活的性质与女性性别的特质，很难被拿出来讨论。事实上，卡车司机也面临同样的不便，也需要在一定程度上规训自己的身体以适应整个劳动过程，但是跟车卡嫂面临的困难更多，规训程度更高。

图 2－62 展示出来的困难使跟车卡嫂需要对自己的身体进行一定程度的规训，以使自己的身体更加适应在路上的劳动过程。这种身体的规训表现在三个方面：日常、孕期与生理期。

### （一）日常规训

日常规训对于跟车卡嫂来说是最经常的，包括适应熬夜、尽量少喝水、吃饭少和吃饭不规律、睡眠片段化、不能洗澡、对美的需求减少等。

关于在路上尽量少喝水、不喝水，HQ 深有体会："跟车遇到的最大困难？哎呀，也没多大困难，就是夏天装不上货在外边热、累，不敢喝太多水，上厕所是个问题。"（QZ－HQ 访谈录）CP 也不敢喝水，还要忍受憋尿。身体的规训在某种程度上来说对于丈夫与卡嫂是一样的，但是由于卡嫂的性别特质，比起男人更加不方便：男人停车随便找个地方就可以解决的问题，女性要憋到服务区或者加油站的洗手间。同时货运过程一旦开始就进入"赶路"模式，频繁停车会影响"赶路"的效率，因此也不能总是进入加油站或者服务区。这是卡嫂忍着少喝水、不喝水的主要原因。

> 平常在路上，不方便嘛，我们上个厕所都不方便！有时候车停着必须要到服务区去；有时间白天了，像加油站什么的，去一下。反正像我们女同志出来真的不方便！都是憋着，憋到加油站！男人嘛！比我们女同志要好一点！（HZ－CP 访谈录）

除了不能喝水、没办法上厕所，还有着装问题，卡嫂往往需要牺牲对于"女性美"的追求。2018 年 37 岁的 WX 认为跟车卡嫂与普通的女性在穿衣打扮上是有所区别的："对普通的女性来说就是自己舒适，毕竟我们卡嫂嘛，你穿戴各方面、起居方面和普通的女性不一样！水也不方便，什么都不方便！一般的人穿裙子啊什么的，你就必须得穿宽松一点！"（ZY－WX 访谈录）我们见到 CL 的时候，她穿得漂亮、整洁，她说卡友取笑她"平常穿得跟个要饭的似的，为什么今天打扮这么漂亮"，她开玩笑说："这不是要见领导吗？"被问起在车上的装扮，她描述道："哎呀！到了冬天，平时在车上就是穿着破棉袄、棉鞋、破裤子，暖和！好几天都不洗脸！就是有一点水，早上刷刷牙，最多的时候一个星期不洗脸呢！"CL 与丈夫在路上都是在车上睡，不舍得住宾馆。有时候到了目的地觉得宾馆太贵了，他们仍然选择在车上睡，因此睡眠很不好，她形容自己是"40 岁的年龄，50 岁的容颜"："你看这跟车的卡嫂，最标准就是眼袋，休息不好这个眼袋是最明显的！我以前比这皮肤好得多！我以前白、皮肤细，我现在黑！你怎么睡，这个车上也不踏实，反正，唉，不容易！"（QZ－CL 访谈录）

CP 除了睡不好，还吃不好，经常一天只吃一顿饭。她还要在夏日酷热的午后卸货，完全没办法预防紫外线对皮肤的损伤。但这些对 CP 来说还不是最大的困难，她跟车最大的困难是"不能洗澡"。

> 唉，就是洗澡！真是个问题！大难题！有时间装货就装了一天，身上就出了几身的汗呀！没办法，没地方洗澡，挺难受的！自己闻着自己身上的味道都臭了！我都不敢拿单子给人家，都不好意思！（HZ－CP 访谈录）

2018 年 48 岁的 ZF 跟车时要替丈夫看车，无法保证充足的睡眠，因此身体必须要适应熬夜，还要适应车辆行驶时的颠簸。她的身体已经出现不良反应，总是头疼，头疼是规训到极限时发生障碍的表现：

"我几乎上车后，三天三宿不得睡一个。上半年，三天三宿不睡觉我都没事。这下半年，就不行了，哎呀，就头疼啊！"（QZ－ZF 访谈录）长期的熬夜、看手机找货让 2018 年 31 岁的 WJ 感到视力模糊："眼睛现在已经有点模糊了，每天熬夜、熬夜啊！"（HZ－WJ 访谈录）MH 在长期的跟车生活中，已经无法安然睡觉：在车上睡不好，拉着货回到家依然睡不好。只有过年回到家、完全收车之后，她才能好好睡一觉，她用"由不得自己"来形容跟车生活给身体带来的规训与适应。

> 一上车就感觉是由不得你自己，你能睡多长时间？自己感觉就醒了！睡眠肯定很不好，回到家更睡不好！哎呀！人就是个穷命！回到家，这么大床躺在上面，翻过来、调过去就是睡不着！但是你要是过年的时候，车停了，车里面没货了，一觉能睡到天亮！（ZY－MH 访谈录）

SJ 跟车后睡眠也很不好，每次在车上睡觉的时候，只要丈夫刹车、打喇叭她就心惊，赶紧坐起来看看发生了什么。她认为这是长时间跟车生活的累积效应，自身无法控制，只能适应。

> 跟车的人跟的时间长了，你睡不着！他一刹车、一打喇叭，你肯定得心惊，啥事啊？为什么要刹车？是不是前面有障碍物了？你睡觉的时候也得赶紧起来看一下！你自己得有那意识，不由自主的那是，那是不由自主的！（ZY－SJ 访谈录）

SJ 认为只有长期跟车才能使人的身体得到更高程度的规训，因为只有跟车经验丰富时才可以对卡车行驶在路途上的各种细节了然于胸，也才越来越"不由自主"。她的表述与 MH"由不得自己"的表述颇为类似：长期的跟车生活使得她们的身体不再完全属于自己，而成为卡车的一部分，不由自主地投入到丈夫的劳动过程之中去。这种“不由自主”与“身不由己”时间长了，就带来神经的紧绷与睡眠的薄弱。SJ 不仅白天小憩时睡不好，晚上车停在服务区也睡不好。

跟车跟的时间长了，人的神经都绷紧了，你睡在卧铺里面，有时候就做噩梦了！哎呀，有的时候就是：“开车开到哪了？这个刹车怎么刹不住了？”就紧张的，哎呀，起来都是一头的汗！这车跟的时间长了就是这样，人的神经自己就衰弱了！我睡到车上没有说是一晚上不醒、睡到天亮的，没有过！（ZY－SJ 访谈录）

卡嫂在跟车生活中，牺牲了对穿衣打扮、护肤、美和整洁的需求，不敢多喝水，经常憋尿，无法洗澡，同时最基本的再生产例如吃饭、睡觉都将自己的身体调整至最适合跟车的模式，使得自己身心俱疲：丈夫驾驶的那辆卡车成为她们身体最熟悉、最亲近却无法带来舒适感和安全感的地方，本该得到放松与休息的家反而成了陌生的地方。

### （二）孕期规训

有的卡嫂在跟车过程中度过孕期，并且在孕期之后很可能需要带着幼小的婴儿继续跟车，LJ 就是其中的一位。她与丈夫原本已经育有一子，跟车时又怀了小儿子。怀孕没有阻挡她跟车的步伐，除了怀孕前几个月头晕到无法站立、她在家休息了一段时间之外，孕期大半时间她都在跟车，坚持陪伴丈夫到分娩的前夕。

怀孕了也一直跟车，我是今年（2018 年）正月十五还跟车，

正月二十八生的孩子，一直跟车。他自己干不了啊！他那个身体，血糖还高，我不太放心。（QZ－LJ 访谈录）

因为整个孕期都在车上，LJ 有些产检就没有做，因为是否进行产检需要根据跟车的节奏来决定：跟车回家赶上了就去做，赶不上也只能放弃。生完小儿子没多久，她就带着宝宝又上了车。因为小儿子要喂母乳，家里老人还要带大儿子，LJ 只好带着他一起上路。宝宝很乖，很适应车上的生活："不舍得也没有办法，危险也没有办法！没人给带呀！"双方老人很不放心她带着孩子跟车，但是另雇司机就无利润可言，丈夫身体不好，一个人跑她又不放心，尤其他们的车是新买的，还处于还贷期。

LJ 与丈夫跑南方，经常拉的是蔬菜、瓜果，因而对时效的要求很高，到达目的地还需要押车售卖。由于总是要赶时间，即使在孕期与哺乳期，LJ 跟在车上都很少喝水，因为车不能停，停下也没有地方上厕所。

有地方上你也不能停！一停一走就得耽误时间呀！有的时候怀孕的时候、上厕所勤的时候，就是带一个桶，但是还是不安全，他开着车的时候过来过去的也是不太安全。觉得可能前面是服务区，想停下休息了，就喝点水，到时候上厕所。水就是少喝，不能和平时一样！（QZ－LJ 访谈录）

因为喝水少、吃饭不及时、奔波操劳，LJ 的母乳明显地满足不了宝宝的需要，宝宝只能喝奶粉。带着小婴儿跟随在路上，他们需要带很多东西：尿不湿、小车、湿巾、奶粉、奶瓶等。因为赶路，他们很少停车、下车，几个月大的婴儿也要一直待在车上。据 LJ 描述，宝宝跟车也很累："基本没下车。一停车，上个厕所接着就走，他就基本在车上。他出去，也休息不好。到宾馆之后，睡一整晚！”跟在车上，宝宝也没办法洗澡：“给他拿了一个小盆，底下什么的得经常擦，不能洗就擦一擦，到地方再给洗。”

带孩子上车之后，LJ 的睡眠更不好了。即使带着孩子，该做的工作她也同样要做。她每天只睡两三个小时，只有到了目的地的宾馆才能彻底睡一觉。她需要给丈夫做饭、陪丈夫聊天，还要帮助丈夫封车，封车时只能把宝宝放车上：“他哭的时候我就不帮忙，不哭就赶快下来帮忙。他在车上躺在那里，有时候也是哭，哭的时候就快上去抱起来。大了就用背带背着。”

LJ 的故事展示出跟车卡嫂在最该被呵护的孕期与哺乳期是如何跟车，同时完成身体规训的。她与丈夫几个月大的孩子因为跟车也被货运的劳动过程影响着，在某种程度上也需要对身体进行规训：无法洗澡、适应颠簸与狭小空间、不能下车等（QZ－LJ 访谈录）。

### （三）生理期规训

除了孕期，女性还有一个特殊时期：生理期。不能喝水、憋尿、找不到洗手间对于生理期的跟车卡嫂来说，是更大的考验。CP 跟车时遇到生理期，最多的情绪是“忍着”，生理期也让“不能洗澡”这件事变成更大的困难。

> 来事了就是找加油站、赶服务区啊！就是这样，逼着，没办法呀！不舒服没办法，就忍着！路上我们走下面加油站也比较多，耽误时间也没办法，生理期来了肯定要多上几次。生理期来的时候，不洗没办法，身上都臭掉了。（HZ－CP 访谈录）

ZJ 形容跟车是“太累了”，并且非常不方便。如果车停在服务区，解决如厕问题还可以去洗手间；但有时车停在别的地方，如厕就很困难，尤其是生理期。

我们在不方便的那个几天啊，特别特别难！来月经了就是跑好远好远的地方在那个滩上面，还要我老公陪着，也是害怕嘛！要是不舒服，最先要注意的，就是要开到方便的地方，才能停车。在车上都得憋尿，不敢喝水。就算要喝水，生理期哪能喝到热水呀？喝不到热水！车上没有热水，服务区打的开水都是不开的。带炉子有时候停车不方便的话，你带炉子也没用的。（ZY－ZJ 访谈录）

也是因为上厕所不方便、生理期等问题，HQ 认为女性不适合做卡车司机。

男士，一有劲；二呢，比如说在路上上个厕所干什么的，都方便。女的那不行，你还得找个地方，有的时候碰到什么地方还不合适，特别女人来例假的时候，凉水不敢喝。到了夏天你必须得要热水，所以我觉得女性不适合开卡车。（QZ－HQ 访谈录）

关于身体日常和特殊时期的规训不仅影响跟车卡嫂的睡眠、精神状态，也直接影响她们的身体健康。图 2－63 是不同类型卡嫂的健康状况对比，53.0% 的跟车卡嫂选择了“一般”，21.7% 的跟车卡嫂选择了“比较好”，18.1% 的跟车卡嫂选择了“非常好”；留守卡嫂中有 38.6% 选择了“比较好”，有 34.5% 选择了“一般”，有 19.3% 选择了“非常好”。由此可见，第一，留守卡嫂与跟车卡嫂健康状况很好的比例都不高；第二，整体来看，留守卡嫂比跟车卡嫂健康状况要稍好一些。

图 2－64 还显示出不同类型卡嫂在生病时的处理情况，62.7% 的

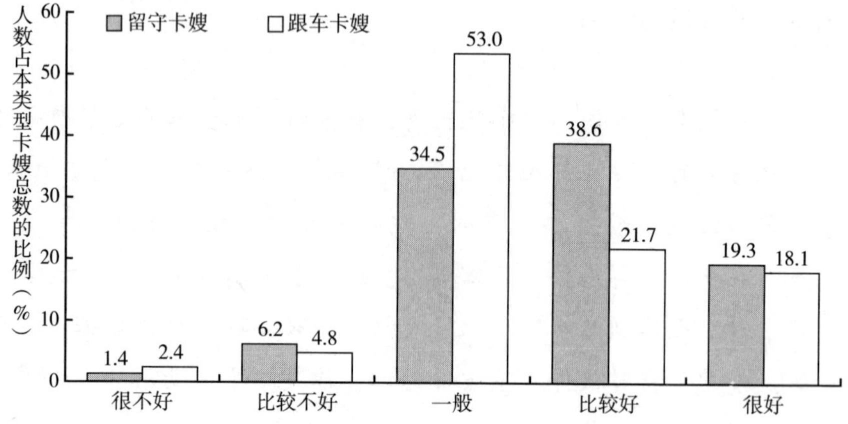


**图 2-63　不同类型卡嫂的健康状况对比**

资料来源：2018 中国卡车司机调查。

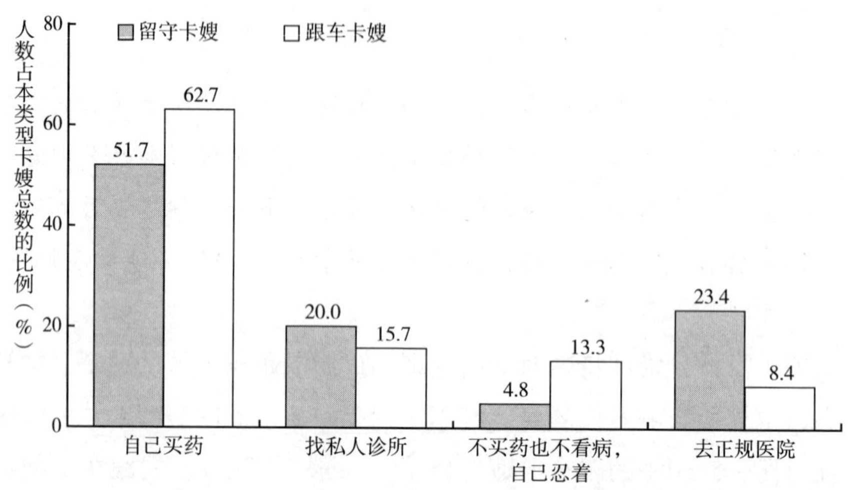


**图 2-64　不同类型卡嫂生病时的处置情况对比**

资料来源：2018 中国卡车司机调查。

跟车卡嫂与 51.7% 的留守卡嫂选择了“自己买药”，这是最经常的一种处理方式。除此之外，23.4% 的留守卡嫂选择“去正规医院”，8.4% 的跟车卡嫂选择“去正规医院”；20.0% 的留守卡嫂选择“去私人诊所”，15.7%的跟车卡嫂选择“去私人诊所”。跟车卡嫂去正规医院的比例比留守卡嫂低很多，因为跑车在路上正规医院确实不好找。如果不是大问题，停车去医院成本又太高，跟车卡嫂一般会选择放弃，就像受伤后躺一下就继续赶货的 WY（ZY - WY 访谈录）。还有一点值得注意，13.3%的跟车卡嫂选择“不买药也不看病，自己忍着”，这比留守卡嫂选择这一项的比例高很多（留守卡嫂是4.8%），可见跟车卡嫂对身体的规训使得她们的忍耐度更高，因而健康状况更差。

对卡嫂跟车之劳动与生活的描述、分析告诉我们，跟车卡嫂的劳动多种多样，细碎化地散落于卡车司机劳动过程的每一个环节，经常不被注意，却必不可少。她们不仅劳动内容广泛，而且劳动时间很长，劳动强度也很大。她们的劳动涉及体力、脑力、情绪、情感，还要规训自己女性的身体，投入到相对男性化的劳动过程当中。她们远离家乡、亲人与自己原本的生活，用无酬的女性劳动替代了本应有酬的男性劳动，用女性的性别角色支撑起丈夫的男性气质，也为货运工作与家庭运转做出极大的牺牲与贡献。

# 第四章　卡嫂的性别角色：男性气质的重要支撑

卡车司机作为男性占据绝大多数的职业群体，具有特殊的“男性气质”。这种“男性气质”被划分为三种：“支配型男性气质”、“共谋型男性气质”与“家长型男性气质”，[①] 这三种男性气质一起支撑了男性卡车司机的艰苦劳动。卡嫂作为男性世界中的女性，无论留守在家还是上车陪伴，都或多或少参与了丈夫关于公路货物运输的劳动，同时用妻子的性别角色支撑、造就了丈夫的男性气质。女性角色与男性气质是一种互相建构、相辅相成的关系。

## 一　卡嫂的生命周期与性别角色

卡嫂有许多性别角色：她们是妻子、母亲，也是女儿、姐妹和儿媳，有些人已经成为祖母。其中，“为人妻”与“为人母”对卡嫂塑造女性角色来说最为重要。纵观卡嫂的生命周期，她们的女性角色特质来源于原生家庭的性别底色，并且在婚姻关系中通过与丈夫男性气质的互动而不断调整与改变，最终达成最符合家庭需求的“刚柔并济”。

### （一）挥之不去的“重男轻女”观念

前文图 2 - 4 显示出卡嫂的学历以初中文化程度为主。事实上，

① “中国卡车司机调研课题组”：《中国卡车司机调查报告 No. 1——卡车司机的群体特征与劳动过程》，社会科学文献出版社，2018。

很多卡嫂的最终学历并没有顺利完成就辍学了，而辍学的选择总是伴随着挥之不去的传统观念："重男轻女"。卡嫂大多出身农村家庭，家中兄弟姐妹众多。由于家庭条件的限制，无法让所有的孩子读书上学，因此就会形成筛选机制，被选中的往往是她们的兄弟。

XP 的学历是初中，被问到为什么不继续上学时，她说因为家里条件不好，哥哥上了中专，她只能选择供哥哥上学（SJZ - XP 访谈录）。CP 读书到小学毕业就不读了，因为家里面有兄弟姐妹 4 个人，她要让给弟弟读书。后来弟弟读了大学，她再没机会继续读书（HZ - CP 访谈录）。MH 家中有哥哥和妹妹，她读小学 5 年级的时候，家中需要有人照顾生病的外婆，就让她辍学了。哥哥跟她年龄相仿，但她说只能是她停学，因为"我哥是我们家唯一的男孩"（ZY - MH 访谈录）。WB 与丈夫育有两个女儿，尽管经济不是特别宽裕，他们仍在女儿的教育上花费不菲，因为读书成绩很好的 WB 初中时被迫辍学，心中一直非常遗憾。

> 读到初中毕业，因为家里面重男轻女呗。我有个哥哥，比我大两岁。我那时上初中的时候，班主任亲自到我家，劝我爸爸让我上学去，给我爸爸保证说我高中毕业能考个好的大学，但是我爸爸说是不让我上，他要供我哥哥上学。（ZY - WB 访谈录）

"重男轻女"不仅是很多卡嫂的成长底色，也成为她们结婚生育后需要面临的困难与抉择。2018 年 19 岁的 CJ 还未到结婚年龄，但已经办了婚礼，并且生了个女儿。她觉得一个女儿对她来说已经足够，但是她很为难要不要再生一个孩子，因为女儿的爷爷奶奶想要个孙子（SZ - CJ 访谈录）。SL 连着生了两个女儿，她自己"挺稀罕"，但是公婆"不稀罕，嫌是女孩儿"。她丈夫的弟弟二胎生了个儿子，这个男孩与她的二女儿年龄相仿，爷爷却只负责带孙子，而不带她生的孙女，只能由她自己带大（QZ－SL 访谈录）。CL 的父母生了她和姐姐两个女儿，总是遗憾没有儿子。因为无子，父母让 CL 的姐姐嫁了一位入赘的女婿，但是姐姐和姐夫也生了两个女儿，CL 的父亲就很不高兴："没办法，父母的老传统还是喜欢儿子。我生个儿子他特高兴！只不过我姐在家，又生了两个姑娘，我爸爸就不高兴。"（QZ－CL 访谈录）

无论原生家庭还是自组家庭"重男轻女"的传统观念，都对女性的自我认同产生一定的影响，甚至使她们在某种程度上内化了与"重男轻女"相关的一整套性别角色和分工安排，再加上婚姻关系中男女两性关于资源与时间的对比，几乎所有的卡嫂都会根据家庭需求来安排自己的生命周期。

### （二）家庭需求、生命周期与艰难抉择

如前所述，留守还是跟车，对于卡嫂来说是左右为难的选择，其为难背后的逻辑就在于家庭需求与生命周期之间的关系。问卷数据与访谈资料都说明，卡嫂总是根据丈夫、子女甚至第三代子女的需求，而不是自我个体的需求来安排自己的生命周期。

观察卡嫂的生命周期，她们的人生有几个重要的节点：结束学校生活、结婚、怀孕、生育、丈夫买车、子女结婚、子女生育。结婚以前，几乎所有的卡嫂离开学校之后都会进入社会寻找工作，有的进入工厂，有的在服务业打工，有的学一门手艺自己开店，有的以顶替的形式进入父母的单位工作。工作到适婚年龄，她们要么自由恋爱结婚，要么相亲结婚。婚后，很多卡嫂因为怀孕或者家庭安排而放弃工作，成为家庭主妇，养育子女，照顾老人，打理家计。丈夫成为卡车司机之后，她们就面临是否跟车的选择。能跟车的上了车，不能跟车的留守在家。跟车与留守都不一定是确定的状态，都存在时断时续的特征，例如跟车卡嫂会随着孩子或者老人的需求而中断跟车、暂时回

归家庭；留守卡嫂也会在丈夫忙碌时或者特定时点上车陪伴。随着子女逐渐长大、结婚生育，卡嫂又面临照顾第三代子女的问题。在这种情况下，原有的留守卡嫂可能在家中继续照顾第三代，跟车卡嫂则在跟车与照顾第三代之间面临再一次的艰难选择。这是很典型的卡嫂的生命周期，其中，卡嫂根据自己的个体需求而做出选择的机会很少，很多都来自外部原因的推动。

卡嫂在生命周期的转换中，总是根据不同的角色期待满足不同的需求，但是这些需求经常会同时产生，卡嫂因此而面临非此即彼的艰难选择，而这个选择往往意味着牺牲与遗憾。卡嫂需要面临的困境之一是工作或跟车与陪伴子女之间的矛盾。留守卡嫂 FY 原本在餐厅打工，每个月有 2000 元左右的收入，基本可以满足日常花费，但是当孩子“小升初”、丈夫又跑车的情况下，为了使孩子得到足够的照顾与陪伴，她只好辞职回家。照顾孩子特别忙，因此 FY 很少参加朋友聚会。在家时间久了，她觉得自己越来越不自信。

> 我觉得我不上班了以后，在家感觉好像可没自信了似的！哎呀，我现在怎么说呢，就是第一，一定是把孩子照顾好！孩子的事儿是大事儿，孩子上学稳定了，我就能腾得出时间，干点我自己的事。(SJZ－FY 访谈录)

SL 跟车多年，因为受到小女儿成长阶段的影响，跟车生涯时断时续：女儿小时候她需要贴身照料，没办法跟车。女儿逐渐长大至进入小学，SL 就上了车。待女儿“小升初”后进入初中，她又回归家庭。

> 一开始孩子小，咱没办法跟。小的又大了，那不是又开始跟了。有时候跟两趟吧，就在家待两天。现在也是，一到星期天我

就在家里待着，孩子上了学，回来再跟着。这不是闺女才上了一年吗？打一上初一，就不敢跟了。这玩上车孩子也照顾不上，孩子也不愿意啊！（QZ－SL 访谈录）

在“是否跟车”这个抉择背后，常常是卡嫂的妻子角色与母亲角色之间的碰撞。CP 育有两个孩子，大儿子已经结婚生女，小女儿还在读中学。她陪着丈夫跑车，像大多数跟车家庭一样，把小女儿送进了寄宿学校。寄宿学校是私立的，价格不菲，但是 CP 与丈夫都要上车，没有人可以全面照顾小女儿，尤其是管理她的学习。她跟车之后，每次回家女儿都要哭，她也跟着哭：“想闺女的时候也没办法呀！我要顾他（丈夫）也顾不了我女儿，顾女儿也顾不了他呀，对不对？”在女儿与丈夫之间，她只能选择独自跑车极不安全的丈夫，因为小女儿可以上寄宿学校，家里还有亲人照顾（HZ－CP 访谈录）。

在都很重要的角色中选择一个、放弃另一个对于卡嫂来说，是无奈，也是煎熬。MH 讲述了儿子小时候与她分别的一件事：有一年她与丈夫跑车外出，行至高速路口时，儿子打电话来一直哭：“妈妈你回来！别人家孩子都有妈妈，我没个妈妈！我不让你去跟车！”MH 没办法，就在高速路口下了车，回到家看到儿子还在哭，她对孩子说：“没钱，你怎么生活？我咋给你买好吃的、好穿的？”后来，儿子说出了她至今难以忘怀的话。

我就跟他聊天，他吃完饭之后，望了望我，一个人在写作业。写写就掉过头来这样望望我：“妈妈！”我说：“我在，我不走，你好好写作业！”他写一会儿作业头又转过来：“妈妈！”我说：“干啥，你想说啥？你想说就说。”“妈妈，我想着，你还是跟爸爸走吧，我想着爸爸一个人。我在家，还有奶奶在，还有舅舅，都在，你放心走。”我眼泪就淌下来了。（ZY－MH 访谈录）

对于父母、子女来说，跟车这个选择承载了很多的牺牲与缺憾，却又无法避免。MH 的一番话道出她在丈夫与儿子之间艰难的抉择。

> 跟车刚开始的时候，就想着回家，不想跟车！但是车走的时候一望老公，就感觉心里放不下、过意不去，他一个人走，路上万一瞌睡了，怎么办？他也舍不下，儿子我也舍不下，没办法！最起码我儿子在家是安全的！（ZY – MH 访谈录）

“最起码孩子在家是安全的”是 CP、MH 与众多跟车卡嫂的心声。在众多“非此即彼”的角色需求之间，她们只能选择最需要她们、关系到整个家计的需求。这种性别角色之间的张力，是卡嫂忍耐最多的情绪，也是她们付出情绪劳动最多的地方。

随着子女逐渐长大、结婚、生育，卡嫂又面临“照顾第三代子女”的需求，这是卡嫂尤其是跟车卡嫂面临的第二个困境。CL 与 ZL 都表示等儿子结婚生子后就不再跟车，回到家中照顾第三代（QZ – CL 访谈录，HZ – ZL 访谈录）。CP 则已经开始面临这个困境：CP 的儿媳分娩时，她在家照料了 3 个月，丈夫只好独自跑车。那段时间她人在家里，心却跟着丈夫跑在路上，特别不放心。丈夫回到家，她看到丈夫的样子很心疼，但是家里的孙女也需要她的照料。后来儿媳表示“我爸爸一个人上车不放心”，放弃了工作自己在家带小孩，才解决了 CP 作为妻子与作为祖母之间的角色矛盾，让 CP 重新陪伴丈夫上车。需要注意的是，这其中又暗含了儿媳作为一个女性在照料子女与工作之间的角色矛盾，最终儿媳只能牺牲工作、回归家庭，展现出前述女性角色与家庭需求之间的第一重困境（HZ – CP 访谈录）。

### （三）卡车司机组织背后的推动力量

在卡嫂的诸多性别角色中，有一个值得提出的重要角色是：卡车司机组织的参与者与推动者。卡车司机的组织化是通过“虚拟团结”达成的，[①] 而在卡车司机组织化的背后，蕴含了许多卡嫂对于卡车司机组织的关注、参与、支持与推动。卡嫂的介入极大地促进了卡车司机组织化的进程，而组织化又成为卡车司机原子化、流动性、不确定的劳动的重要精神支撑。

图2－65显示了样本卡嫂参加、关注卡车司机组织的比例：53.1%的卡嫂参加、关注了卡车司机组织，有46.9%的卡嫂没有参加、关注。需要说明的是，卡嫂问卷是通过传化安心驿站的各站与“卡嫂交流小组”下发的，因而卡嫂参加或关注卡车司机组织的比例可能偏高。我们进行访谈时注意到，在物流港里访谈的卡嫂大多不知道，也未参加、关注卡车司机组织，但是她们仍然经常活跃于丈夫的卡车司机微信群。

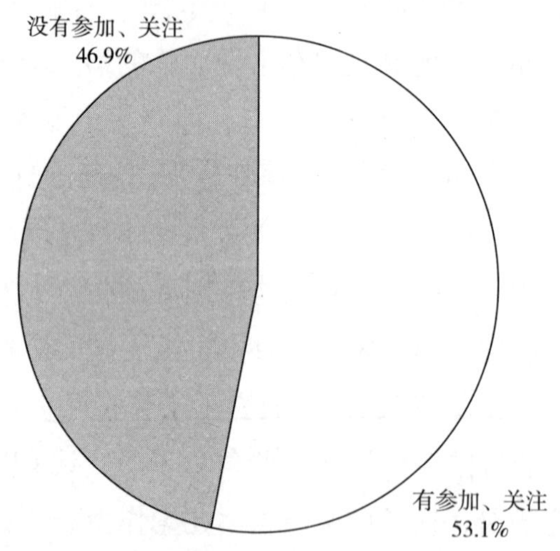


**图2－65　卡嫂参加、关注卡车司机组织的分布**

资料来源：2018中国卡车司机调查。

① “中国卡车司机调研课题组”：《中国卡车司机调查报告 No.1——卡车司机的群体特征与劳动过程》，社会科学文献出版社，2018。

对于参与、关注卡车司机组织的卡嫂来说，图 2－66 说明了她们的参与、关注方式，最主要的有：在 App、微信群、QQ 群、论坛中参与讨论（73%），帮开车的丈夫看消息、发帖、发言（67%），介绍、推荐其他人进入该组织（45%），参与救助（39%），参与线上、线下各种活动（31%）等，卡嫂参与卡车司机组织的方式是多种多样的。

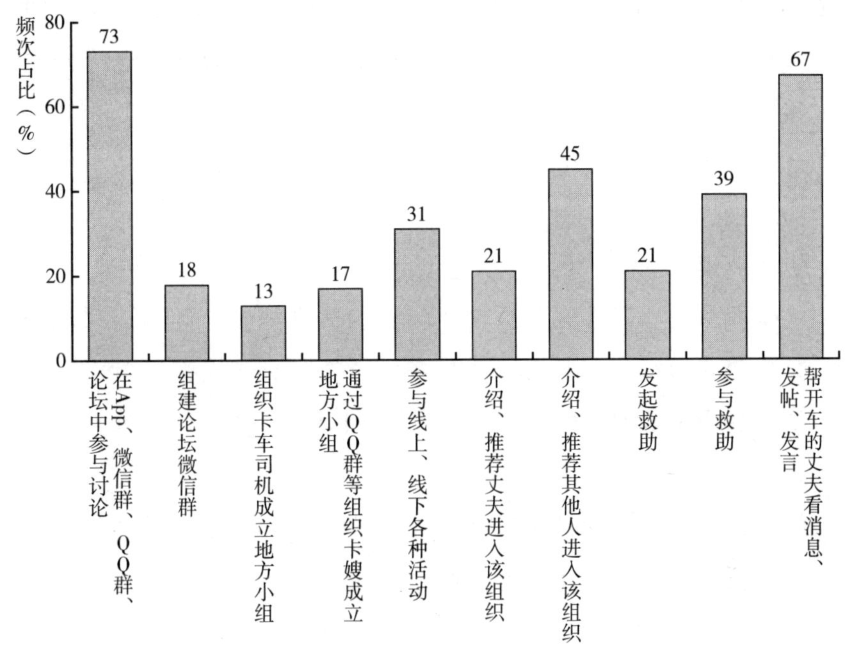


**图 2－66　卡嫂参加组织活动频次占比分布**

资料来源：2018 中国卡车司机调查。

留守卡嫂 LH 进入了丈夫的卡车司机微信群，她在里面很活跃，经常会在群里聊天："什么都聊。他们闲聊的时候，我会去插句话。如果他们聊一些专业知识的话，我会不说话，就在里边耐心地听他们讲。"（SJZ－LH 访谈录）跟车卡嫂 XH 不仅进入了丈夫的司机微信群，也进入了当地的卡嫂群，她在两个群里都很活跃："跟其他卡嫂交流啊！聊聊孩子的学习、最近哪儿的行情好点，就聊聊这些，把卡嫂之间的距离拉近了。我在司机群里也很活跃，车辆上行情问答什么的，我都参与。”（ZY－XH 访谈录）

跟车卡嫂 MH 是卡嫂微信群的建立者，也是卡车司机组织建立最初的推动者，是她在当地第一个关注传化安心驿站并学会使用驿站的 App。她不仅将安心驿站介绍给丈夫，支持丈夫加入，还推荐了很多其他的卡车司机加入，并且教大家使用 App。长期的跟车经验使得 MH 太了解卡车司机工作的辛苦，因此遇到传化安心驿站这样公益性的卡车司机组织，她特别感兴趣，每次安心驿站的 App 更新她都要一条一条仔细对照、学习，之后再教给其他卡友与卡嫂。

> 我以前觉得，我们就是个没人管的群体，自从有了这个 App，安心驿站，一下感觉有希望了！我们这么呼吁，真正达到我们心目中想要的社会，我这一代肯定受益不到，但是我呼吁了、参与了，后面上来开车的人，肯定有好处！（ZY－MH 访谈录）

MH 在安心驿站的 App 中帮助过许多发出求助信息的卡友与卡嫂，她不仅支持丈夫加入卡车司机的互助组织，自己还投入互助的实际行动中（ZY－MH 访谈录）。留守卡嫂 XJ 虽然不跟车，但是也经常参加卡车司机的救助活动，她觉得是自己代替丈夫为这个群体尽一分力量。

> 参加过，在群里一看，有需要帮助的，就去了。我参加的一般就是倒货，需要人多。你像修车这一块儿，咱卡嫂去也不懂，去也没用。倒货是好比这个车翻了，然后把这货搬到另一个车上去。一般就是他不在家，我在家，我为别人服务了，相当于他也为人民服务了。（QZ－XJ 访谈录）

留守卡嫂 JC 虽然很少能赶上参加救助，但是她每天都要看安心驿站的 App，并且特别支持丈夫救助其他遇到问题的卡车司机，因为自己的丈夫也是一名卡车司机，她太了解卡车司机漂泊在路上的艰辛。

> 我还想去呢！因为觉得特别骄傲！咱们也是干大车的，走到哪儿都有个事儿，像是在驿站里头一发求助，肯定有人帮助你！所以到咱们的地盘儿了，要是哪块儿有困难了，咱们也去帮助人家。觉得帮助人特别骄傲，他半夜去救助我都特别支持他！（SJZ－JC 访谈录）

由于卡车司机的团结是“虚拟团结”，大家都是通过电话、微信群、App、论坛等互通有无，而卡车司机长时间开车很难及时阅读、处理群组信息，卡嫂便代替丈夫活跃于组织内，连接、加强组织内的关系。同时，卡嫂之间的联系不仅使得“卡嫂”这个依据丈夫的工作属性所建构出来的概念逐渐成为实际的社会群体，也加强了卡车司机内部的联系与团结。无论留守卡嫂还是跟车卡嫂，她们都很支持卡车司机的组织化与公益救助，有的还亲自进入救助现场贡献自己的力量，因此卡嫂是卡车司机组织与团结背后重要的推动力量。

## 二　角色互构：女性角色与男性气质

通过卡嫂性别角色的描述，可看出在卡车司机家庭中，存在一种夫妻之间的角色互构：丈夫的男性气质影响了妻子的女性角色定位，妻子的女性角色又反过来支撑、成就、加强了丈夫的男性气质。角色互构是一个循环往复的过程，影响互构的因素有：夫妻双方关于性别劳动分工的观念，卡车司机职业的独特性，夫妻双方的工作与经济地位，家庭文化，等等。

## （一）卡嫂眼中的男性气质

《中国卡车司机调查报告 No. 1》分析了三种卡车司机的男性气质，分别是基于高技术、强体力和应对风险与处理事故等能力而建构起来的“支配型”男性气质；基于妥善处理劳动过程中复杂人际关系而建构起来的“共谋型”男性气质；基于养家糊口，成为家庭经济主要支柱而建构起来的“家长型”男性气质。[①] 作为卡车司机的配偶，卡嫂关于男性气质的认知无疑对丈夫建立、维持其男性气质非常重要。

第一，对于丈夫的“家长型”男性气质，卡嫂无论从客观还是主观上来说都非常认同。主观层面，卡嫂的性别意识大多处于从传统向现代过渡的阶段，她们一方面在形式上承认“男女平等”，认为“女人也应该有自己的事业”，另一方面她们又基本认同“男主外、女主内”，女人应该以家庭为重，有时不得不为丈夫与家庭牺牲个体需求。客观层面，在卡车司机家庭中，大部分丈夫都比妻子收入更高。

卡嫂跟车的家庭，夫妻同挣一份运费，而货运是以开卡车的丈夫为主的；卡嫂留守的家庭，妻子的收入也远低于丈夫的收入。图 2 -67 是留守卡嫂与其丈夫年收入的对比：大部分卡嫂的年收入在 4 万元及以下，占比为 93.8%；年收入在 5 万 ~6 万元的占 5.5%；9 万 ~10 万元的占 0.7%。丈夫的年收入比例最多的为 5 万 ~6 万元，占比为 32.4%；年收入在 7 万 ~8 万元的占比为 28.3%；9 万 ~10 万元的占比为 15.9%；4 万元及以下的占比为 13.8%；11 万元及以上的占比为 9.7%。收入对比说明了在卡嫂留守的家庭，其主要收入来自丈

① “中国卡车司机调研课题组”：《中国卡车司机调查报告 No. 1——卡车司机的群体特征与劳动过程》，社会科学文献出版社，2018。

夫，并且丈夫的收入远高于妻子。综合主客观因素，卡嫂大多认同丈夫的“一家之主”地位，认为他们是整个家庭的经济支柱。

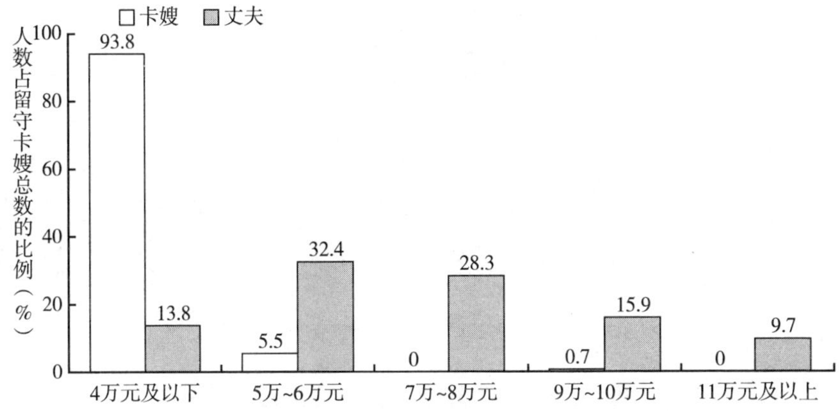


**图 2－67　留守卡嫂与其丈夫年收入的对比**

资料来源：2018 中国卡车司机调查。

第二，卡嫂对于职业性别属性的认知说明了她们对于“支配型”男性气质与“共谋型”男性气质的态度。尽管有的卡嫂拥有大车驾照，或者偶尔替丈夫开车，但是她们依然认为卡车司机这个职业更适合男性。如图 2－68 所示：80. 3% 的卡嫂认为开卡车更适合男性，19. 3% 的卡嫂认为“都适合，差不多”，只有 0. 4% 的卡嫂认为开卡车更适合女性。这个比例说明在大部分卡嫂眼中，开卡车仍然是一份男性化的工作。①

至于为什么大部分卡嫂认为开卡车更适合男性，图 2－69 给出了原因：86. 3% 的卡嫂认为“男性反应快、判断力强”，69. 9% 的卡嫂认为“男性能吃苦、耐力更好”，62. 8% 的卡嫂认为“男性力气大”，

① 女性卡车司机由两部分组成：一部分是由卡嫂演变而来，卡嫂学了大车驾照，就成为与丈夫一起开车或者独自开车的女性卡车司机；一部分是与婚姻没有关系，独自学习大车驾照成为卡车司机的女性。

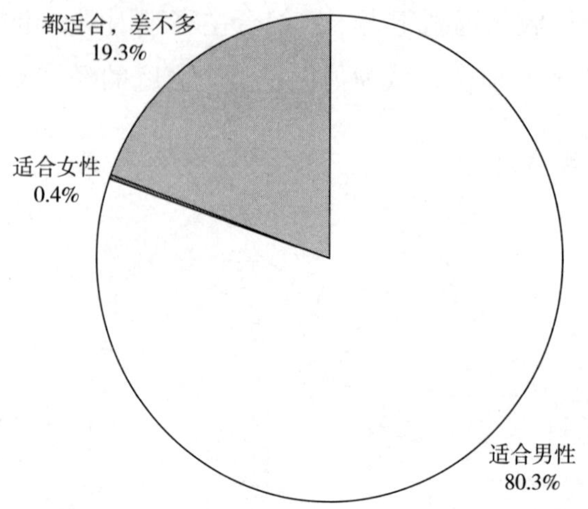


**图 2－68　卡嫂认为开卡车更适合男性还是女性**

资料来源：2018 中国卡车司机调查。

51.4% 的卡嫂认为“男性更冷静”，48.6% 的卡嫂认为“男性更善于跟各色人等打交道”，32.3% 的卡嫂认为“男性不用照顾家庭和孩子，没有后顾之忧”，32.8% 的卡嫂则认为“男性开车更细心”。

卡嫂认为男性无论体力、技术，还是性情、社交能力都更适应卡车司机这份职业，因此对于丈夫“支配型”与“共谋型”的男性气质，她们也大多认同。其中，相对于男性的体力、技术等特质，卡嫂认为“男性更善于跟各色人等打交道”的能力没有其他能力高。也就是说，对于“共谋型”的男性气质，卡嫂的认同度较“支配型”男性气质低一些。很多跟车卡嫂开始找货，一是因为丈夫需要开车，没有足够时间，二是因为卡嫂更善于交流和处理货运市场复杂的人际关系，更胜任找货的工作。即便如此，更胜任的卡嫂仍然偏向于自我边缘化她们的贡献，将功劳、面子、决定权留给丈夫（ZY－MH 访谈录，ZY－WY 访谈录）。因此可以说，卡嫂一方面认同丈夫“支配型”的男性气质，另一方面又推动、成就了丈夫的“共谋型”男性气质。

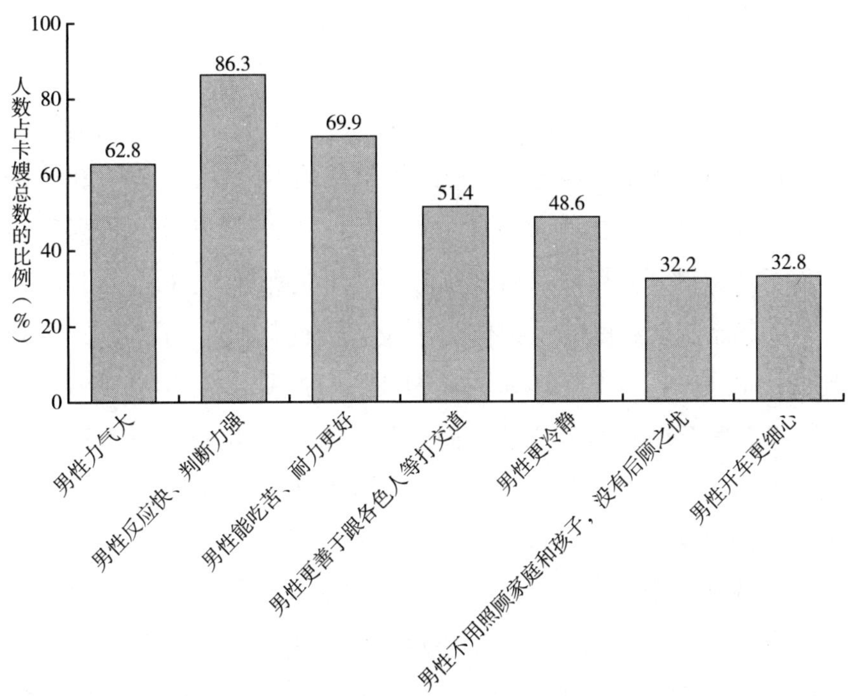


**图 2－69　卡嫂认为开卡车更适合男性的原因**

资料来源：2018 中国卡车司机调查。

第三，卡嫂对于丈夫“男性气质”的认同，除了对于“一家之主”与卡车司机职业的崇拜，更多地来自她们对这份职业的深刻理解与对丈夫的心疼：卡嫂往往开始时认为开卡车的丈夫特别能干，很崇拜；到后来深深明白开卡车的辛苦，转而认为男性气质并非只是能干，更多的则是能吃苦。JC 认为开卡车“很爷们”，关于“很爷们”的解释就是“特别能吃苦”。

反正我就知道开大车的人特别能吃苦。你想想吧，现在哪个男的能吃苦呀！除了白领，有的男的就是靠家里，我不喜欢那样的。如果我老公他是靠家里，我肯定不会跟他在一起。我觉得开

大车的特别了不起！特别能吃苦！（SJZ－JC 访谈录）

LX 刚认识丈夫时，觉得男人那种“在车上高高在上的感觉”很令她崇拜，但是后来发现这个职业跟她想象的不一样，“累”和“苦”才是其“高高在上”的表象下真实的生活：“刚开始挺崇拜，要不就不嫁给他了。觉得开车挺好，后来实际生活不是那样。”（SJZ－LX 访谈录）WM 将承担起家庭的重担作为丈夫“男性气质”的特点：“我觉得他们比较抗压，因为家庭的责任是一种重担。”她认为丈夫的“牛”在于其工作的不可或缺，而这份不可或缺是外人所不理解的，因而造成卡车司机的底层与弱势：“虽然我是挺佩服他们的，但是觉得他们真的是最下层的！”（SJZ－WM 访谈录）

不可或缺的艰苦工作与底层的弱势使得卡嫂对丈夫有一种复杂的情绪：既特别崇拜他们，又特别心疼他们。正是因为卡嫂对于卡车司机男性气质的理解与呵护，她们才更愿意调整自己的女性特质，突出那些更适合于支撑丈夫的特点来支持丈夫，YJ 关于卡嫂“刚柔并济”的表达就是最好的例子。

因为司机这个行业，其实风险挺大的。我觉得他当司机，我作为一个卡嫂，自己在家里就应该把家料理好，让他在外面放心地跑。如果他在外面有个什么事情了，我们也可以担起肩上的责任，扛起这个家。（SJZ－YJ 访谈录）

从以上三点可以看出，卡嫂基本认同丈夫作为卡车司机呈现出来的男性气质：她们认同丈夫是家庭经济的顶梁柱，因而具有“家长型”男性气质；她们认为丈夫作为男性在体力、技术与其他能力上都更加适合开卡车，因而具有“支配型”与“共谋型”男性气质。与此同时，卡嫂对丈夫男性气质的认同经历了从“崇拜”到“心疼”

的转变：她们一方面尊重、成就着丈夫的经济地位与家庭地位，另一方面也深刻理解卡车司机这份职业的底层与劳累，因而更多地从心疼的角度去理解丈夫的男性气质。因此，卡嫂总是根据家庭需求调整自己的个体需求，在不同的生命周期选择更优于家庭的选项。同时，她们总是选择支撑、维护丈夫的男性气质，抚慰丈夫的劳累，减轻丈夫的压力，默默为整个家庭的顺利运转贡献心力。

### （二）"不让老公做家务"与"让男人做决定"

卡嫂调整女性角色维护、成就丈夫的男性气质，最明显的例证来自卡车司机家庭的家务劳动分工与夫妻关系的平衡策略，即卡嫂的"不让老公做家务"与"让男人做决定"。

图2－70与图2－71分别显示了留守卡嫂丈夫回家分担家务的情况、跟车卡嫂与丈夫回家时的家务分工情况：留守卡嫂的丈夫回家

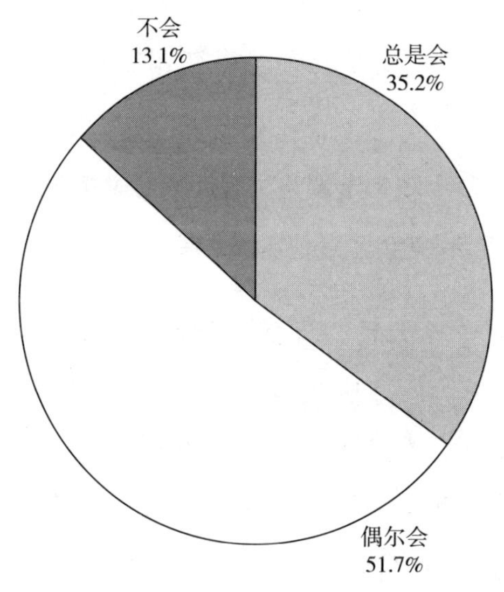


**图2－70　留守卡嫂丈夫回家分担家务情况**

资料来源：2018中国卡车司机调查。

时，51.7%的丈夫偶尔会分担家务，35.2%的丈夫总是会分担家务，从不会分担家务的占13.1%；跟车卡嫂与丈夫回到家时，卡嫂负责家务的比例为73.5%，丈夫负责家务的比例为22.9%，共同负责占2.4%，都不负责的比例为1.2%。对比之下，卡嫂跟车的丈夫回家分担家务的比例低于卡嫂留守的丈夫。

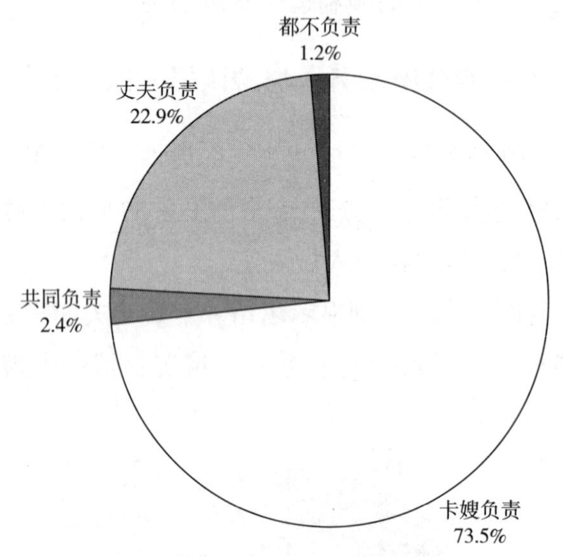


**图2－71　跟车卡嫂与丈夫回家时家务分工情况**

资料来源：2018中国卡车司机调查。

因为卡车司机工作的特殊性质，他们的家庭不仅有家中的家务，还有车上的家务，例如清扫、更换被褥、整理内务等，图2－72是跑车回家后车上家务分工情况对比，展示的是留守卡嫂的丈夫，以及跟车卡嫂夫妇跑车回家时，谁负责打扫车内卫生、整理车上内务：卡嫂跟车的家庭68.7%由卡嫂负责车上家务，26.5%共同负责，4.8%由丈夫负责；卡嫂留守的家庭45.5%由卡嫂负责车上家务，38.6%共同负责，13.1%由丈夫负责。由此可见，第一，无论卡嫂留守还是跟车，都是妻子更多地负责跑车回家后的车上家务；第二，跟车卡嫂比留守卡嫂更多地负责跑车回家后的车上家务，留守卡嫂的丈夫比跟车卡嫂的丈夫更多地负责跑车回家后的车上家务。

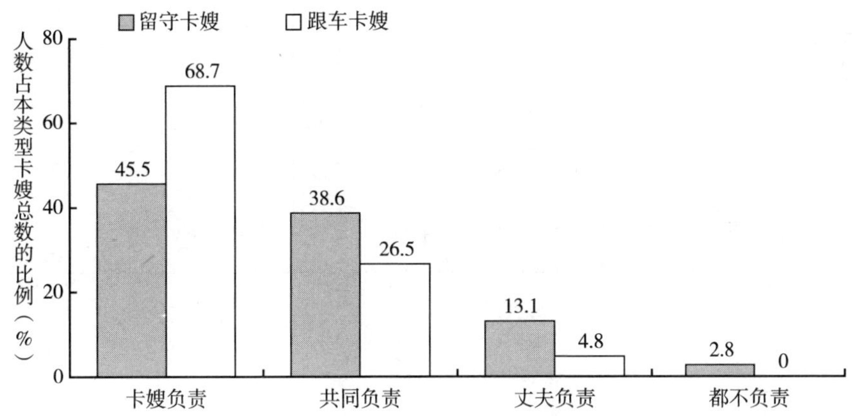


**图 2－72 跑车回家后车上家务分工情况对比**

资料来源：2018 中国卡车司机调查。

综上所述，无论家中家务还是车上家务，都是卡嫂比丈夫做得多，留守卡嫂的丈夫比跟车卡嫂的丈夫做得多。图 2－73 说明，无论是留守卡嫂还是跟车卡嫂，不让丈夫做家务的原因都是以“丈夫跑车太累了，我不让他做家务”为明显最高比例，其次分别是“丈夫不愿意做家务”、“丈夫做不好家务”、“丈夫不会做家务”和“家里有公婆，不好意思让丈夫做家务”。

访谈资料与问卷数据具有一致性：大部分卡嫂都主观选择“不让丈夫做家务”，原因是丈夫开车太累了，希望丈夫回到家可以得到充分的休息。当然，“不让丈夫做家务”与“丈夫不做家务”之间没有必然联系，数据与访谈都说明，卡车司机丈夫负责、参与家中家务与车上家务的比例并不低，只是“不让丈夫做家务”是卡嫂妻子角色的重要特征。

留守卡嫂 JC 将丈夫回家的时间描述为他难得清静的时间，因而她承担所有的家务与孩子的照料，不让丈夫插手。在 JC 的心中，男

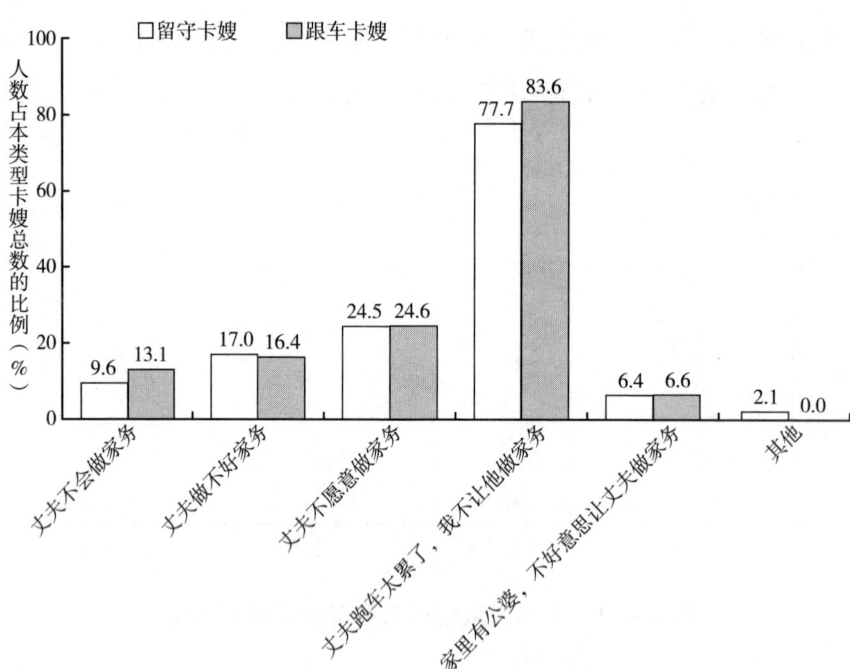


**图 2－73　丈夫回家不常做家务原因对比**

资料来源：2018 中国卡车司机调查。

人就应该在外面拼搏挣钱，女人就应该在家中照顾家庭，这是天经地义的。即使在她生病时，丈夫洗过一次衣服，她都耿耿于怀，觉得不该让男人做那样的事情。JC 全面承担家务与育儿，一是因为她心中的“男主外、女主内”的传统性别分工观念，二是因为丈夫职业的特殊性导致的过分劳累。

> 我不让他干家务，一个男人怎么去干家务呀？就是不愿意让男的下厨房、扫地、收拾家里，我不愿意让他干这个。他和别人的老公干的工作不一样，心特别累！反正我觉得他就是在外边儿挣钱，我在家里干家务、照顾孩子是理所应当的。（SJZ－JC 访谈录）

跟车卡嫂陪伴跑车也很辛苦，但是回到家她们也不让丈夫做家务，而是让丈夫睡觉、休息。她们都表示家务劳动没有什么，自己干就可以了，例如跟车卡嫂 QX 说："回到家，我干呀！他就负责睡觉！现在到家也没什么家务，就是把家收拾一下，该洗的衣服洗一下，地里没什么活儿，不用太麻烦。"（HZ－QX 访谈录）XH 说的话与 QX 如出一辙："我做呀！他反正是跑车，平时也很累的，他就瞌睡比较多，到家就睡觉了。反正现在也不耕地，也没有多少家务，我一个人就干了。"（ZY－XH 访谈录）SL 包揽车上的家务与家中的家务，她认为家务相比于丈夫的劳动根本不算什么，因而她能做多少就做多少："也没有一些家务，在车上一般的活儿都是我干。他就不能干，他休息休息还得开车。我累也比他还差吧！我也就是光会干个家务啊！"（QZ－SL 访谈录）

除了"不让丈夫做家务"之外，作为妻子的卡嫂还会采取另一个策略支持丈夫、平衡夫妻关系，那就是尽量"让男人做决定"。

无论留守卡嫂还是跟车卡嫂，基本都遵从"妻子负责家庭、丈夫负责卡车"这样的性别劳动分工。如前文图 2－27 所示，卡嫂留守的家庭，车上事务基本由丈夫决定，家中事务由夫妻商量做决定；卡嫂跟车的家庭，车上事务大多由丈夫与卡嫂商量做决定，家中事务也是由丈夫与卡嫂商量做决定。具体分析，无论是卡嫂留守还是跟车的卡车司机家庭，大部分决定都由夫妻二人共同商量做出，尤其是家里的事。同时，卡嫂留守的家庭，车上的事丈夫负责做决定与妻子负责做决定的比例为 82.1% 与 0.0%，家里的事妻子负责做决定与丈夫负责做决定的比例为 37.2% 与 2.1%；卡嫂跟车的家庭，车上的事丈夫负责做决定与妻子负责做决定的比例为 32.5% 与 3.6%，家里的事妻子负责做决定与丈夫负责做决定的比例为 19.3% 与 0.0%。也就是说，就单独负责做决定的比例来说，丈夫要高于妻子，并且留守卡嫂对车上的事、跟车卡嫂的丈夫对家里的事都没有出现单独做决定的情况。

访谈资料显示，“让丈夫做决定”是卡嫂一贯的策略，也是平衡夫妻关系的润滑剂，尤其是对于能干的跟车卡嫂来说，更是如此。“让丈夫做决定”有两种方式，一种是完全不参与，全部交给丈夫；另外一种是以商量的方式参与决定，但是让渡最终的决定权。后一种是更常见的方式。

45 岁的跟车卡嫂 LA 表示一切让丈夫拿主意，丈夫与她商量的过程只是让她听听丈夫的意见而已，因为她不懂货运。笔者追问她跟车那么久，不可能完全不懂，她回避了这个问题：“我要去的话就一起拿主意呢，我也就听听！反正我也不懂！哎呀，反正一般都是他拿主意！我也不掺和！”（ZY－LA 访谈录）跟过车的留守卡嫂 TX 会参与丈夫工作的决定过程，但是重大决定都交给丈夫来做，她自主决定的是围绕丈夫工作的家务安排：“基本上是比如他回家，洗洗衣服，给他做饭，走的时候该装的装上，这就是我自己决定的了。”（ZY－TX 访谈录）跟车卡嫂 ZJ 一般是与丈夫商量决定他们跑车的路线、货物种类等，但是她总觉得丈夫与她想法不一样，丈夫的考虑更全面，因此仍然是“老公做决定的时候多。我是多少参与一点，大多还是遵循他的意见”（ZY－ZJ 访谈录）。

跟车卡嫂 WJ 把“让老公做决定”策略背后的动机叙述得更加透彻，透露出卡嫂作为妻子的角色如何看待夫妻关系与性别分工的界限。WJ 有自己的想法，也会以“提意见”的方式显示出她的重视与参与做决定的能动性，但到最后决定的时刻，由于丈夫是男人，需要有面子和做决定的权力，因而她会“让丈夫做最后的决定”。

> 工作的事情他会和我商量，我会参与，会给他提意见，但是最终我还是会让他自己来做决定。因为他毕竟是男人嘛，我不想剥夺他那一点点权力。所以即使我做决定了，我也会跟他讲，让他最后决定。（HZ－WJ 访谈录）

WY 是一个很能干的跟车卡嫂，找货、装卸货时点数等都是她的强项，丈夫的主要工作是开车。因为找货时间长，经验丰富，所以基本都是她找货，但是她找到货后都要问丈夫合不合适、能不能装，丈夫决定了她才会定这批货。笔者问既然她主管找货，为什么不能自己决定？她说她需要让丈夫“心里舒坦”：“我管这个还要让男人心里舒坦嘛！男人要是说这货不好装，我自己做了决定，两个人就要干仗了！他就生气了！”WY 认为合适的货，如果丈夫不同意，她就不定，继续再找别的货。她从来不坚持自己的想法，也不想惹“如果找到的货不好丈夫会生气”这样的麻烦。

> 我不敢坚持，因为他毕竟是开车的！那毕竟是男的，多做一点决定嘛！有的时候货不好装、不好卸，上去要是赔了钱，我自己做了决定，他就生气了。有过这种时候，他生气了，他说：“你爱做决定你就做！”（ZY – WY 访谈录）

不过随着 WY 找货时间越来越长，丈夫越来越依赖于她的决定，两个人也很容易达成一致。WY 不仅找货，还签回单、收运费，收回来的钱都汇到丈夫的卡上，即使她拿着那张卡，收入明细的短信仍然是发到丈夫的手机上，这也是很多跟车卡嫂的习惯：即使卡嫂管理财务、负责收支，银行卡一定是以丈夫的名义办理的，财务信息也一定是发到丈夫的手机上，这与“让丈夫做决定”的性质是一样的，即以男人为家庭的顶梁柱和主心骨，并且由男人在外界代表家庭和卡车。

“让男人做决定”很好地平衡了微妙的夫妻关系，树立起男人“养家糊口”的高大形象，也给予在路上奔波的丈夫温柔的精神慰藉。但同时“让男人做决定”也是女性自我边缘化的特征之一，在某种程度上也是“女性劳动隐形化”的重要原因。

### （三）女性角色与男性气质的互构

通过阐述卡嫂对“男性气质”的认知、对女性角色的调适，描述卡车司机家庭家务劳动分工的情况与平衡夫妻关系的策略，我们更加深刻地理解了卡嫂在不同的生命周期关于女性角色的选择，也愈加意识到卡嫂的女性角色与丈夫的男性气质之间的互构。丈夫的男性气质植根于他们的职业特征，是他们艰苦劳动的文化符码。卡车司机的职业特征、家中经济支柱的地位与传统的性别观念一起影响了卡嫂对于女性角色的建构与选择。与此同时，卡嫂对于男性气质的理解与认同，她们“自我边缘化”的角色选择，也塑造、成就了丈夫的男性气质，是他们在底层、弱势、艰苦的劳动中依然坚守的支撑力量。

对卡嫂“自我边缘化”的着眼与分析，来自访谈中几乎所有的卡嫂都对丈夫跑车的困难与需求侃侃而谈，却对于自身的困难与需求茫然不知。这固然与卡车司机的女性配偶对于“卡嫂”这一称谓的理解和接受程度有关，但异口同声的沉默至少说明了她们对于自身状况的失语在一定程度上是存在的，并且在丈夫的工作世界中，她们在进行一种“自我边缘化”的过程。这与跟车卡嫂努力使丈夫的劳动中心化，而将自己的陪伴边缘化的尝试异曲同工，它代表了卡嫂思考问题的方式与对自身角色的定义。卡嫂的“自我边缘化”行为是夫妻角色互构过程的重要组成部分。

LH 在卡车司机组织与卡嫂组织中非常活跃，但是被问到“卡嫂这个群体最重要的特点是什么”，她说不上来，因为“没有考虑过”（SJZ－LH 访谈录）。CL 是一个很能干的跟车卡嫂，对于跑车路上遇到的困难她可以说出大段大段的独白，但是当被问到卡嫂需要什么公益需求时，她说：“那倒无所谓，只要是能把咱们车上司机的问题解决了，咱们自然而然也就轻松了，卡嫂没有什么特别的。”（QZ－CL 访谈录）跟车卡嫂 JH 也回答不出卡嫂群体的特点，因为“我接触比较少，真讲不好”，笔者追问下去，她说“我也感觉不到，我也说不上来”（SZ－JH 访谈录）。还有很多卡嫂会把丈夫遇到的困难转换成自己遇到的困难加以倾诉，跟过车的 HM 被问到卡嫂的需求时说她脑袋一片空白，后来说出来的其实是丈夫跑车的需求。

> 有啥需求呢？……我脑子一片空白呢！最需要的就是，我不知道说得对不对，这个路政你说，比较为难司机，对吧？我心里这么想的！收费太高了！就是说我们不超重、不超宽、不超高，没有别的毛病你别再找驾驶员毛病了！对吧？你们说这个钱多少就是多少，你们想想我们跑车辛苦，对不对？（SZ－HM 访谈录）

卡嫂对于自身状况的失语，是一种自我边缘化的结果，也是与丈夫、卡车融为一体的表现。由于丈夫是家庭经济收入的主要提供者，丈夫的工作又异常劳累与奔波，因此卡嫂的妻子角色都以丈夫作为考量的中心，而丈夫跑车的艰难也确实是他们共同面对的家庭困难。除了这个基本原因之外，卡嫂的失语还有其他几方面的原因：一是卡嫂内部的分化，留守卡嫂与跟车卡嫂虽然存在互相转换的可能性，但是从“理想类型”的意义上来看，她们的工作与生活都呈现较大的差异；二是卡车司机的妻子对于“卡嫂”这个称谓的接受度与认同度不等，她们留守也好，跟车也罢，都同丈夫一样原子化地工作与生活，到底在多大程度上可以意识到其群体性是一个悬而未决的问题；三是“卡嫂”这个词语或者角色本身就是一种依附性的称呼，她们是依附于卡车司机的职业群体中得以存在，卡嫂会把车、丈夫与自己视为一体，因而对于自身状况的边缘化或者未曾察觉也在情理之中。就像 FC 说的：

> 因为我们就是卡车家属，本身行业就是开卡车的，所以我们

久而久之就变成卡嫂了。也没有什么特点吧，我们卡嫂因为没有固定的工作，本身行业就是这个卡车家属，所以也没有什么特别的说法。(ZY－FC 访谈录)

由上可见，探讨卡嫂的性别角色与生命周期，分析卡嫂与丈夫之间的角色互构非常重要。关于性别角色与生命周期的探讨有助于我们解释卡嫂的劳动、生活与选择，而卡嫂与丈夫之间，即女性角色与男性气质之间的角色互构则使我们更好地理解了卡车司机男性气质的意涵、卡车司机家庭的性别劳动分工及其背后的意义。

# 第五章　卡嫂：男人世界中的女人

通过以上四章的描述、比较与分析，我们展示了男性卡车司机配偶卡嫂的劳动与生活。从样本数据与访谈资料综合来看，卡嫂大多是30～50岁、以初中学历为主的农村女性，她们较为了解丈夫的工作，大半留守在家，少数上车陪伴，有的在留守与跟车之间转换。大多数卡嫂对婚姻的评价较高，对自身社会位置的判定较低，在自我认同、自我意识等方面存在分化。大多数卡嫂对于公路货运业的前景信心不足，不希望丈夫继续从事卡车司机的工作，更不想让子女进入这个行业。

根据“是否跟车”，我们将卡嫂分为两类：留守卡嫂与跟车卡嫂。留守卡嫂大部分时间待在家里，负责家中诸项事务；跟车卡嫂大部分时间跟在车上，负责照顾、陪伴丈夫，并参与货运过程的相关工作。留守卡嫂与跟车卡嫂的分工不同，生活状态也相差许多，但二者仍然存在许多共性：都在“留守还是跟车”的选择中徘徊不定；相比于丈夫更多地负责家庭的管理、家庭关系的维持和子女的教育；进行多元化的劳动；根据家庭的需求塑造个体的性别角色与生命周期；认同、成就、维护丈夫的男性气质；进行以担心和忍耐为主的、大量的情绪和情感劳动；身体与再生产或多或少被卷入丈夫的劳动过程；等等。总的来说，在卡车司机家庭中，卡嫂扮演着多重角色，她们既是家计的管理者与支配者、子女的教育者，也是“车”与“家”之间的桥梁、家庭关系的维持者，有的跟车卡嫂还是生产劳动的组织者。

为了更好地分析、解释卡嫂的劳动与生活，我们提出四个关键性的概念——“双重家计”、“隐性劳动”、“身体规训”与“角色互构”，作为结论。

第一，“双重家计”与“男主车、女主家”是卡车司机家庭夫妻性别分工的主要特征。“双重家计”指的是车、家分离的家计分工状态，与“男主外、女主内”的性别观念相结合，演变成“男主车、女主家”的具体形态。相比于跟车卡嫂，留守卡嫂与丈夫的分工更多地呈现“双重家计”的分离特征：对于有工作、有收入的留守卡嫂来说，“车上的家”与“留守的家”各自独立、并行不悖；对于无工作、无收入的留守卡嫂来说，虽然“留守的家计”其收入来源于“车上的家计”，但是卡嫂主要负责的家中财务管理与丈夫主要负责的车上财务分配仍然是相对独立的。跟车卡嫂虽然与丈夫共同管理“双重家计”，但是丈夫仍然主要负责车、卡嫂仍然主要负责家，只是分离程度更低一些。“双重家计”在车、家地理位置分离的基础上加入了性别分工的元素，因而更多地展示出家庭分工的性别特征。同时，家计分工还体现出卡嫂与丈夫关于决定权的分工状态，是了解卡车司机家庭内部夫妻关系的重要概念。

第二，关于跟车卡嫂的劳动，其最重要的特征是“隐性劳动”。“隐性劳动”特指在私人家庭的家务劳动分工之外，出现在公共领域的生产过程、被隐形化了的女性劳动。“隐性劳动”的主要表现是：在“跟车”、“陪伴”、“打杂”和“帮忙”这一类模糊不清、过于简单的劳动指称之下，卡嫂跟车却从事着长时间、高强度的综合性劳动，这个繁杂的综合劳动体包含体力劳动、脑力劳动、情感劳动与情绪劳动等。“隐性劳动”的隐形化特征伴随着卡嫂自身与整个公路货运业关于“开车中心化”与“陪伴边缘化”的意识形态，又与卡嫂本身的劳动性质息息相关：其一，跟车卡嫂的劳动是一种碎片化的辅助劳动，并非显性、连续的劳动过程，因而劳动时间与劳动强度很难被体察与量化；其二，跟车卡嫂的劳动常被标签化为家务劳动的延伸，而女性的家务劳动在私人领域本身就有被隐形化的倾向；其三也是最重要的，跟车卡嫂的劳动表现出女性无酬劳动对于男性有酬劳动（他雇司机）的替代，这种替代完成了劳动从男性到女性、从“家外”到“家内”的转变，也完成了从“价值有形化”到“价值无形化”的转变。一言以蔽之，这种性别化的替代劳动掩盖了跟车卡嫂的劳动价值，以“陪伴”与“家务劳动”的名义将之消解，并通过卡嫂自身的认定与叙述变成整个行业的共识。

第三，卡嫂在跟车过程中，需要规制与训化女性的身体，以适应相对男性化的公路货运生产实践。“身体规训”包括日常规训、孕期规训与生理期规训，最基本的表现是：适应熬夜、饮食不规律、少喝水、憋尿、不能洗澡等情况，以及在孕期与生理期忍受身体无法被满足基本需求的状况。许多“身体规训”不只是卡嫂独有的，卡车司机也同样要规训他们的身体。不同的是，整个公路货运生产的形式、过程与节奏是按照男性化的身体设计的，因而卡嫂的女性身体在性别差异的语境中面临的困境更大，需要规训的范围更广、程度更深。“身体规训”积累到一定程度会威胁卡嫂的健康，其规训结果也表现出跟车劳动的异化特征：许多卡嫂描述的“身不由己”与“不由自主”。卡嫂的“身体规训”实践不是权力－惩罚意义上的规训，也不是文化－适应意义上的规训，而是生发于劳动过程、具有性别意义的规训，因而是一种独特的身体规训形态。

第四，在卡车司机家庭中，存在一种丈夫与妻子之间互相建构男性气质与女性角色的“角色互构”。“角色互构”的概念解释了“双重家计”、“隐性劳动”与“身体规训”背后的性别意涵。丈夫的男性气质植根于卡车司机的职业特征，是他们艰苦劳动的内在动力。丈夫辛苦劳累的高风险工作、家中经济支柱的地位与传统的性别观念一起影响了卡嫂对于女性角色的建构与选择。因此，卡嫂一般会以家庭需求为主要出发点安排自己的生命周期、职业选择与生活状态。同时，卡嫂对于丈夫男性气质的理解，经历了从“崇拜”到“心疼”的心理过程，她们认同丈夫“一家之主”的地位，也认为开卡车更适合男性，但是她们也深刻意识到这份职业背后的艰苦、心酸与风险，因而卡嫂大多会主动进行“自我的边缘化”，将自己的劳动、付出都退隐于丈夫的光环之中。她们尽量不让丈夫做家务，并且总是让渡最终的决定权，一方面支撑、成就丈夫的男性气质，另一方面抚慰丈夫养家糊口的重压。除此之外，卡嫂还作为背后的力量推动卡车司机的组织化与团结，以提升丈夫在路上工作的福祉。因此，从经济资源来看，是丈夫在养家糊口；而从时间分配、“双重家计”、“隐性劳动”、“身体规训”与“角色互构”来看，卡嫂以更加隐形的方式支撑着丈夫与整个家庭。

公路货运业是一个以男性为主体的性别化的行业，其中最核心的劳动被认为是卡车司机的运输工作。卡嫂作为卡车司机的配偶，无论是留守还是跟车，也同样付出了大量的劳动，创造出不易量化却至关重要的价值。通过“双重家计”、“隐性劳动”、“身体规训”与“角色互构”四个概念，我们对卡嫂的生活与劳动进行了梳理，也阐释出其背后卡车司机家庭内部的性别关系动力与卡嫂的女性角色特质。我们的研究表明：卡嫂不只是生产帮工与生活主妇，更是公路货运行业不可或缺的劳动者。作为男人世界中的女人，她们堪称日常生活与劳动中的无名英雄。

# 第三篇
# 卡车司机的组织化

沈　原　游睿山

# 第一章 “卡车界”与卡车司机组织

## 一 “卡车界”

“卡车界”是一个卡车司机口中的日常用语，含义宽广，泛指我国公路运输业的主要相关行业及其从业人员。“卡车界”至少包括两大部分成员：一部分是各类卡车司机，既包括自雇车主，也包括他雇司机，还有那些小型运输车队的队长或老板等；另一部分则是为卡车司机运货提供服务的人员，包括各级货代、仓储工作人员、装卸工以及所谓“车后服务市场”中的人员，如汽车修配、加油站等的工作人员等。这两部分人员的加和构成所谓“卡车界”。“卡车界”总共有多少从业人员并没有准确的数字。但是可以做出如下推断：如果大而化之地说我国的公路运输业现有1500万辆货运卡车和3000万名卡车司机的话，[①] 那么“卡车界”的从业人员肯定要大于这个数字。

在“卡车界”中，卡车司机彼此之间称呼“卡友”。“卡友”这个称谓据说起源于成立较早的卡车司机组织“卡友地带”，该组织的一位负责人告诉我们，正是从2014年该组织建立之后，经过他们有意识的大力推广，才使得“卡友”这个称谓在“卡车界”中被广为接受（KYDD－FL访谈录）。这个称谓似乎套用了我国工厂内工人们彼此之间互称“工友”的长久传统，体现出卡车司机对专门化的职业身份的渴望和认同。可以说，“卡车界”就是一个卡友江湖。

---

① 根据交通运输部的《2017年交通运输行业发展统计公报》，截至2017年底，我国载货汽车拥有量为1368.62万辆，比2016年增长1.2%。本文的数字来自“道路交通运输协会”。

## 二　卡车司机组织

“卡车界”虽然规模宏大，人员众多，但并非一块毫无组织纹理的光滑平板。相反，“卡车界”中充盈着为数众多的卡车司机组织。在开展卡车司机组织调查之前，我们已闻其名的就有“卡友地带”“卡车之家”“中国龙”“东北虎”“西北狼”“卡车部落”“西北雄鹰团”“雷锋卡友兄弟联盟”“传化安心驿站”“中国卡车行业协会”十个组织，在开展卡车司机组织调查之后，我们又陆续发现了一大批各式各样的组织。这些新发现的组织大多数在组织名称之前冠以地域名称，如“威远服务团”“齐鲁兄弟连”“华东驾驶员交流群”“榆次卡友团”“川渝卡友会”“唐山卡友联盟”“中原雄狮群”“沈阳卡友团”“草原卡友团”等，表现出鲜明的地方属性。但是也有一些组织名号甚大，并不以地名为主要标志，如“瓦岗寨卡车司机联盟”“天下卡友联盟”“与狼共舞卡车联盟”“中华卡友会”等。面对为数众多的卡车司机组织，从组织规模方面着眼，我们可以形成三个初步判断。第一，我们业已知晓的组织很可能只是其中一小部分而已，尚不为我们所知的组织或许还有很多。第二，仅就为我们所知的这些卡车司机组织而言，已可见到其规模差别甚大，所联络的卡车司机和从业人员多寡不同。规模宏大者如“卡友地带”，号称联络卡车司机达80余万；规模较小者如“中国龙卡车司机联盟”和“东北虎卡车司机联盟”（以下简称“东北虎”或“虎群”、“中国龙”或“龙群”）则各领卡车司机两三万之众。比它们规模更小的组织似乎不计其数。第三，组织名号与组织规模往往不成正比。有些组织名号响亮，乍看上去会吓人一跳，但究其实际不过是基于某个县份而建立的小团体而已，所属卡车司机为数寥寥，扎根在河南某县的“中国卡车行业协会”就是一例。迄今为止，几乎全部此类组织都是卡车司机自发成立的。即使是那些为数不多、较具正规化特征，而且规模较大的组织，也是在卡车司机自发组织的基础上，进一步嫁接各种制度和规范而成长起来的。

关于卡车司机的组织，从组织运作的特点方面着眼，我们又可以形成三个初步判断。第一，它们主要依靠微信群来运作。众所周知，卡车司机的工作是极为分散和高度流动的，因此依靠互联网和智能手机来建立联系，就成为卡车司机组织的基本技术依托。在前一部报告里，我们曾经描述了卡车司机对智能手机的拥有量和使用状况，并且把卡车司机之间依靠互联网和智能手机而建立起来的稳定联系界定为“虚拟团结”。[①] 如今，当我们着眼于卡车司机的各种组织的建构和运作时，这种“虚拟团结”就更为引人注目了。第二，具有独立办公地点和手机 App 等各种制度和技术支撑条件的组织少之又少。只有那些规模较大且较具有正式性的组织，如“卡友地带”和“传化安心驿站”才具有独立的办公地点，也才开发了自己的 App。其余的绝大多数组织不具备这样的条件和能力。缺乏空间实体和各种制度支撑构成它们的又一大特点。第三，与此相应，大多数卡车司机组织也鲜见开展线下聚会。因为线下聚会所需的资金和其他物质条件，是大多数组织难以负担的。但必须说明，同一个组织的卡车司机私人之间的小型聚会和餐叙却是频频出现的。虽然近两年内诸如“中国龙”“东北虎”等组织已开始举办线下聚会，但仍属偶一为之，并不多见。只有“卡友地带”和“传化安心驿站”这类较大的组织，才有足够的财力和能力定期举办卡车司机的线下聚会。

综上所述，卡车司机组织在组织规模和组织运作上各有特点。但是，它们在“卡车界”中的活动影响力业已日渐彰显。虽说这些活

① “中国卡车司机调研课题组”：《中国卡车司机调查报告 No. 1》，社会科学文献出版社，2018，第 149 页。

动多半是在线上，但对卡车司机的工作和生活却正在发生愈益增大的影响。原本处于原子化、分散化状态的卡车司机开始卷入各种卡车司机组织之中，形成了日益强固的组织关联。

## 三　卡车司机的组织化研究

我们把越来越多的卡车司机卷入各种组织这一现象称为“卡车司机的组织化”。从我们访谈过的几个主要组织，即“中国龙”、“东北虎”、“卡友地带”和“传化安心驿站”所提供的数据来看，在2017年和2018年内，这些组织的成员都有大幅增长，由此可以判断至少在近两年，众多卡车司机们已经被吸纳到组织中（ZGL－ZY访谈录、DBH－HJF访谈录、KYDD－FL访谈录、CH－TM访谈录）。虽说相对于大约3000万卡车司机总数来说，眼下被卷入组织之内的卡车司机占比尚不是很大——我们没有这方面的确切数据，只是根据调查状况做出简单推断，但毋庸置疑，“卡车司机的组织化”本身就是一个正在发生的重要现象，具有非比寻常的意义。正是各种卡车司机组织的产生和发育，试图破解卡车司机原子化、分散化劳动的局面，促动并巩固他们的团结，提升了他们维护自身权益的能力，并逐步使他们能够作为一个整体来行动。可以说，在现阶段，“卡车界”中的这些组织是激发卡车司机群体意识、发展卡车司机群体团结的最重要的动因。

因此，做卡车司机研究，不能不把对卡车司机组织的研究设立为一个研究方向。不过从事卡车司机组织化研究面临的方法上的困难也是显而易见的。除去“卡友地带”和“传化安心驿站”这类规模较大、属于正式组织的机构之外，大多数卡车司机组织尚属于社会学意义上的“非正式组织”，它们潜藏于“卡车界”之中，正切合了“神龙见首不见尾”这句充满江湖气的用语所描述的那种状态：你知道这些组织的存在，听闻到它们的些许活动，却委实难以觅得其真身。例如，某些组织乐于使用“抖音”和“快手”之类的视频网站，发布一些相关的信息，如组织卡车司机救援等活动的短视频，我们借此可在这一类网站上觅得它们的一些蛛丝马迹。但是，即便你知道了这些组织的存在和活动，但由于欠缺相应的接触桥梁和勾连渠道，你也是束手无策，近不得其身。你甚至都不会知晓其组织的真正头领为何许人也，遑论进行访问和调查。可见，就如同当年开始做卡车司机研究一样，各种条件约束使得我们无法形成标准的抽样框并进行规范的分层随机抽样调查。研究他们的组织也面临同样的困境，我们连现存卡车司机组织的总量都不曾掌握，如何对之进行常规调查？

幸运的是，我们毕竟有两大制度体系可以作为依托。依靠“传化慈善基金会”的安排，我们得以深入“传化安心驿站”系统开展调查，并能够接触到与之有联系的两个中小型卡车司机组织“中国龙”和“东北虎”；跟随全国总工会海员工会的调研团队，我们得以对全国最大的卡车司机组织“卡友地带”开展访谈和调查。从2017年6月中旬起，我们用将近4个月的时间，在河北省石家庄市、山东省潍坊市、浙江省杭州市和安徽省合肥市开展了有关卡车司机组织的田野调查工作。在石家庄市和潍坊市，我们分别访谈了“传化安心驿站”的两位大站长和下属各县市共14位驿站长；在杭州市，我们访谈了传化慈善基金会的两位负责人TM和WF，他们是“传化安心驿站”项目的决策者和运作者；在合肥市，我们访谈了“卡友地带”的两位发起人（也是领导者）FL和CL以及“卡友地带”合肥分舵的分舵主和六位堂主，还有两位总部联络员。我们还访谈了“中国龙”和“东北虎”两个中小型卡车司机组织的领导人。4个月的田野调查共访谈31人，获得录音记录22条，录音时长1675分钟，整理录音字数308160字，为我们提供了定性分析的基础资料。此外，我们还采用“目标抽样”的方式，陆续对“传化安心驿站”、“卡友地带”、“中国龙”和“东北虎”四个卡车司机组织进行了电子问卷调查，按照各组织总人数近似值的1%进行配额取样。从2018年9月5日起至2018年10月15日止，共回收问卷13762份，经清洗后获得有效问卷13703份，其中“中国龙”771份、“东北虎”2747份、“安心驿站”1073份、“卡友地带”9112份。这些问卷提供的数据构成我们进行基本定量分析的资料来源。

我们终归必须直面的还有一个问题，也是一个最为重要的方法论问题：依据上述途径获得的案例和样本，究竟具有什么样的意义？由取样方式决定的系统扭曲完全是不可避免的。但我们是否有办法多少订正这些扭曲，使我们的研究成果具有更为宽广的启示意义呢？回答当然是肯定的，而办法就是对这些案例和数据按照理论的要求，进行类型化和概念化的深加工。必须说明，我们正在做的绝不是追求统计意义上的一般，不是追求各组织之间那些抽象的共同点，而是尝试使用“同中求异”的方法，寻找和概括它们之间的组织差别，从而凸显不同的组织特点。具体说来就是我们努力将这四个卡车司机组织，依据其所产生的不同根源、使用的不同组织手段和形成的不同运作机制，从理论上概括成三个不同类型。简略地说，第一个类型是建基于“原生性社会关系”之上的组织类型：卡车司机之间那种最简单、最原始、主要表现为社会学意义上的初级属性的社会关系，成为构造组织的资源和基本的维持手段。“中国龙”和“东北虎”是这个组织样式的典型代表。第二个类型是建基于商业资源和商业手段之上的组织，这种组织有能力充分利用内部和外部各种可得资源，并使用典型的商业手法，实现对卡车司机的联合与组织。而组织本身的终极目标是有效推动商业活动。毫无疑问，“卡友地带”堪称此种组织样式最重要的代表。第三个类型则是以公益理念为旗帜的组织。在公益理念的导引下推进卡车司机的互助帮扶，调动他们自助助人的积极性，最终实现把卡车司机这个职业群体同时建设成为一个公民社团的基本诉求。“传化安心驿站”是这个组织样式的代表。

类型化的理论概括是校订系统扭曲、超越经验边界的一条可行路径。我们有理由指望，在这里提出的类型化的理论概括绝不仅仅限于对已知的案例的总结，它们还应当是能够照亮卡车司机组织化途程中的那些未知领域的灯塔。随着研究的推进，未来可能涌现在我们眼前的大多数卡车司机组织，都将被这样那样地归类于三个基本样式之内。于是我们就可以立足于对三个基本样式深切把握的根基上，远眺卡车司机组织化的未来。

# 第二章　应对“四大需求”：卡车司机的组织化动力

卡车司机特有的原子化、高流动的劳动过程塑造了他们的个性特征。绝大多数卡车司机个体性强，独来独往，习惯了散漫自由的行为方式。他们的天性与组织化是两相抵牾的。

在我们访谈过的卡车司机里，很多有见识者对此种性格特征及其社会后果都有觉察，并表达出相当的不满和担忧，认为这些习性是造成卡车司机群龙无首、软弱乏力的根源。L 师傅是“传化安心驿站”山东潍坊站的大站长，40 多岁，已经入行十好几年了。在我们对他进行访谈时，他劈头就说：

> 卡车司机不好管，他们流动性大，他们自由性特别大！这个素质就在这摆着，因为工作环境、工作要求，他们就这样。……现在说句心里话，就是难以形成合力。（WF－LSH 访谈录）

卡车司机既然由于职业特点而被造就得如此散漫不羁、自由自在、个性张扬，其必然的逻辑后果应当是难以抱团，不服管束。但在现实中，卡车司机为何能形成如此之多的组织，而且有越来越多的卡车司机投入这一组织化的洪流呢？换言之，天性自由的他们为何甘愿接受组织约束呢？答案只有一个，那就是在他们现实的劳动过程中产生出巨大的组织化动力，逼迫他们不得不走到组织起来的地步。还是那位 L 师傅深有体会，他说：

卡车司机必须抱团取暖。不抱团，你一个人，在现代社会单打独斗，你生存不下去。（WF－LSH 访谈录）

卡车司机为什么不“抱团取暖”就“生存不下去”呢？根据我们的调查，大致可以总结出卡车司机不得不“抱团取暖”、缔造组织的主要动因，这就是在其劳动过程中遭遇的“四大需求”——救援、讨债、议价和认同。可以断定，正是“四大需求”共同构成一种难以抗拒的组织化动力，推动卡车司机缔结和进入自己的组织。

## 一　救援需求

救援是卡车司机在其劳动过程中形成的第一个需求，也是最基本的需求。提到救援，人们或许首先会想到“道路救援”。“道路救援”固然是卡车司机救援需求的一个方面，但实际发生的救援需求却不止于此。卡车司机在劳动过程中产生的救援需求是多层次的，救援活动至少包括“技术救援”、“事故救援”和“生命救助”三种活动。

### （一）“技术救援”

顾名思义，“技术救援”就是当卡车发生技术故障时产生的救援需求和得到的相应支持。卡车司机组织提供的“技术救援”包括两种类型：“信息救援”和“实地救援”。

1. “信息援助”

“技术救援”的第一种类型可称为“信息救援”。“信息救援”大体上又包括三种。第一种是寻路问道。即使是行车多年的老司机，在送货途中行至陌生地段也难保不会迷路。情急之下，卡车司机往往会在自己组织的微信群或 App 上发出问路的求助信息。一般情况下，这个求助信息会很快引起当地卡友的反应。当地卡友会使用微信等各种沟通工具，或者干脆直接打电话，为求助卡友指点迷津。几乎每位卡车司机在送货途中都曾经历过迷路现象，也都得到过各地卡友的信息援助。一位大货车司机Z师傅告诉我们，有一年他去河北张家口尚义县某处拉土豆，有一段走的是山路。那时恰逢冬季，天黑较早，道路辨识不清，“走着走着就不认道儿了”。他不得已在“卡友地带”App上发了求助信息，尚义县本地正好在家的卡友多次用电话指点他行车，帮助他找到了要去的地方（KYDD－CF访谈录）。在卡车司机组织中，这一类的信息救助事例不胜枚举，每天都在发生。

第二种“信息救援”可以称为“货源信息共享”。无论是拉整车，还是拉零担，卡车司机都需要四处寻找货源。这些货源信息一部分来自公开的机构，如各种信息部、物流港以及货运App；另一部分则来自卡车司机的信息共享。一位来自西北的卡车司机Z师傅就说过，他不管在何处找到了合适的货源，除了自己拉货，还会尽快将这些信息分享给自己的卡友兄弟（ZY－KS访谈录）。“卡友地带”也将分享货源信息当作组建“诚信车队”的基本内容（KYDD－FL访谈录）。

第三种“信息救援”是在卡车司机群体中发布防范诈骗的信息。据卡车司机反映，公路货运市场中的乱象之一就是骗子满天飞。有一些骗子专门冒充货代，发布各种虚假货源信息，骗取卡车司机的信息费和货物定金，更有甚者还会冒充那些在“卡车界”赫赫有名的头面人物发布虚假信息，骗取信任，诳人钱财。因此，在微信群和互联网上发布各种警示信息，揭露骗子真面目，就成了“信息救援”的一个重要方面。在“中国龙”等微信群中，以及“卡友地带”App上，都常会看到愤怒的卡车司机将骗子的真面目“人肉”出来，公之于众，提请卡友注意，防止上当受骗。

2.“实地救援”

“技术救援”中包括的另一种救援类型可以称为“实地援助”。

这种救援是最常发生的，也是广为人知的。在“快手”之类的视频网站上经常会有卡车司机自己拍摄的短视频：多位卡友齐心协力将倾斜在路面的卡车扶正，或是钻入车底检修故障。车行天下，走南闯北，卡车司机特别是单人驾驶的卡车司机，最怕遭遇的就是因车辆的机械故障而导致的“坏车”“趴窝”现象。与前述“信息援助”的求助行为类似，卡车一旦发生故障，卡车司机又不能自行修理的话，必定会在自己所属组织的微信群、App 上发出求救信息。这条求救信息会通过各种方式，送达当地卡车司机组织的负责人——“卡友地带”的分舵主和堂主、“传化安心驿站”的大站长和驿站长、“中国龙”和“东北虎”的群主和组长等——的手机上。于是，由这些组织的基层负责人发动和组织的救援活动就此展开。其程序一般是：首先电话询问求助司机具体的停车地点，并告知他已经得到消息，将会有援助卡友及时抵达和提供援助，以平缓求助司机的焦虑情绪；然后仔细询问故障的具体状况。一般情况下，碰到驾车司机都难以应付的状况，那就一定不是简单的小修小补能够解决的，多半是汽车配件受损，因此需要了解究竟是哪个部位的配件坏了以及配件型号等十分琐细的信息，以便换件。掌握了这些信息的负责人在动员本地卡友参加救援活动时，往往还会进行明确分工，如有必要即安排本地卡友代购配件并迅速带领大家前往施救地点。根据对受损车况的判断，被动员起来参与救援的卡友数目不等，少则两三人，多则十数人。遇到需要“倒货”的时候，组织起包括“卡嫂”在内的二三十人的队伍，连带运输车辆一起，浩浩荡荡前往施救地点，也是十分常见的，景象蔚为壮观。“传化安心驿站”石家庄市藁城区的分站长 H 师傅讲述了前不久发生的一次救援行动。

> 一位山东的站友从山西那边拉煤回来，途经我们这儿的高速公路。车坏了，下着雨，挺危险，他发了个求助。我们也是在这

个 App 里边看见的。看见了就给他直接打电话，就问他需要什么东西。说是风扇皮带坏了，车也走不了。我把求助信息在我们群里一发，在家的七八个人全部都过去了。买配件的，带工具的，全部都过去了。(LCH－HJW 访谈录)

H 师傅带领救援队伍到场，帮助求助卡友更换配件，修好卡车，使得这位山西卡友能够继续前行。这就是一次比较标准的“实地救援”行动。可以说，类似这样的由卡车司机组织发动的救援行动，规模或大或小，在全国各地的公路或者货场上，几乎每日都在发生。

尽管有关部门安排了高速公路救助机构，但是加入组织的卡车司机遇到车辆故障时，还是会尽可能地求助于自己所属的组织。究其原因，大概有二。一是正式的公路救援机构行动起来时常不如卡车司机组织快捷，特别是出事季节若属酷暑寒冬，或是雨天黑夜，这类机构的行动往往较为迟缓，远不如自己的组织行动迅速；二是正式机构提供的配件和服务往往价格昂贵。有司机师傅描述过这种情况：

拽车时……牵引钩一搭上，就得上千块钱，在高速上跑过几个路口才下来，又得千把块钱，到他指定的修理厂，所有配件的价格和手工费，都比外面的要高得多……（SY－LJ 访谈录）

这就远不如本地卡友代购零件价格公道，也不如本地卡友的无偿修理尽心尽力和更有效率。特别是当车辆故障较大，仅靠卡车司机的修理手艺难以解决，需要聘请专业的修理工出场时，本地卡友的人情关系就成了一个关键因素。万一在夜间出了事故，几乎没有哪个修理工愿意夜间加班。此外，由于在高速公路上处理故障车辆风险较大，极易发生二次事故，即被高速行驶中的其他车辆撞上，因此修理工都不大愿意“出现场”工作，即使给钱也不愿干。这时，卡车司机组织中的本地卡友就会用“老关系”“拘住”那些跟自己相熟、长期为自己提供服务的维修工，把他们带上高速公路去修理车辆。当谈及技术救援所面临的主要困难时，河北省的 H 师傅说，如果车辆出了点“小毛病，那就……几个人，帮他鼓捣鼓捣。那就是……举手之劳”，但是如果碰到大毛病，那就要请修理工。

> 最主要的就是有时候修这个机器，不会修，得请人家修理工。半夜里面人家谁也不愿意动。……凭面子。都是弄车的，经常在那儿保养车什么的。就跟他硬说，硬拉也得过来。这是最大的一个困难了，别的倒是小事。（LCH – HJW 访谈录）

再进一步说，如果车辆发生的故障较为严重，需要进厂大修，那么当地卡友推荐的修理厂，也都是平日为他们自己维修车辆的汽修厂，处于熟人网络的覆盖和约束之下，使用配件、修理质量、维修价格都要比官办救援机构指定的修理厂便宜和牢靠。

有时候，“实地救援”不仅仅是个技术活，它还可能是个复杂的系统工程，甚至包括大量的体力劳动。当载满货物的“重车”坏在路上，一时不能修理妥当，而货主又在催货时，就需要“倒货”——把货物从坏车转移到找来接替运输的车辆上。此时，当地卡车司机组织不仅需要寻觅替代车辆，帮忙谈妥运价，还要帮忙把货物从坏车腾挪到替代车辆上去。下面是山东省潍坊市的 L 师傅讲述的救援故事。

> 2018 年夏天，石家庄一个站长，他拉的那个铁粉……在高速公路上翻车了。他拉了 32 吨铁粉，全翻沟里去了。那大包都是一吨一包的。我们这边卡友去救，去了有十几个卡友，本来想自己干。干了一上午，正好麦收啊，找不到装卸工，只能自己

> 搞，搞了一上午吧，确实太累了。然后请了装卸工，请了六次装卸工，好不容易才讲价人家来给干。那天上午那么热，下午马上又下雨了，我们没办法，一直帮着他们忙，虽然他们挣着装卸费。我们的站友也帮他们干活啊，因为一下雨这货就坏了。装卸工不多，七八个吧。卡友多，十几个吧，都在那里，哎呀，那个铁沫子特别重，买了六百多小袋子，买了三个铁锨，铁锨装了小袋子，然后由沟里扛上来，扛到路上来。他那个大车过不来，就先装到小车上，由小车开到外面去，再装到挂车上。啊，那都累死了，关键是那个铁粉太重啊，一袋这么点儿一百斤，抬不动，哎呀，卡嫂也去参与救援啊。(WF－LSH 访谈录)

由于实地救援都是在公路上进行，因此气候环境对救援行动影响甚大。酷寒、暴晒、雨雪交加，都是卡车司机在救援活动中经常遭遇的天气。河北省辛集市的一位卡车司机向我们讲述了在 2016 年春节前参加过的一次“实地救援”，留给我们印象最深的一句话还不关技术操作难度的问题，而是“在大风天里工作了七八个小时，干完活腿都不会弯了”（XJ－QH 访谈录）。山东省潍坊市昌邑县的一位司机师傅讲述了他们在 2017 年夏季的一次救援，“救到半路下起暴雨，在公路上无处躲藏避雨，只能披个塑料袋子，蹲在路旁壕沟边上硬扛。大雨过后，衣裤全能拧出水来”（CY－CT 访谈录）。正如一位卡友所说：“实地救援”真是一个苦活儿。

3. “技术救援”的复杂性

“技术救援”是卡车司机诸种救援行动中之最基本的一种。如前所述，我们把技术救援分为两个类型：“信息援助”与“实地救援”。前者是在行车问路、货源共享、防范诈骗风险等事项方面提供援助，后者是在抢修故障车辆方面提供援助。与仅通过各种通信工具就能提供援助的“信息援助”不同，“实地救援”是当地卡车司机组织成员赶赴故障车辆现场的援助，它既包括修理和更换部件的技术活动，也包括动员和使用各种地方性关系的社会活动，在需要“倒货”的情况下还包括付出体力的劳动活动。此外，“实地救援”不仅要让当地卡车司机组织的卡友花工夫、费力气，还有一项就是要花钱。修理车辆的零件以及如有必要聘请修理工、雇用装卸工等的费用，固然由求助卡车司机自己承担，但是当地卡车司机组织动员众多卡友到场救援，夏天购买饮用水，到了饭点招呼大家吃个饭，总都是要有花费的，类似这样的费用，在大多数情况下，就由卡车司机组织的负责人承担，或者干脆由参与者分摊。

### （二）“事故救援”

在公路货物运输中，卡车司机遇到的糟心事不仅仅是车辆出现了技术故障，还包括车辆行驶过程中遭遇的各类意外事故，其也是卡车司机需要的一项颇具紧迫性的救援。“车辆事故”和“人员事故”是“事故救援”需要施以援手的两种主要状况。

1. 车辆事故

“车辆事故”主要是指行驶中的卡车由于车辆碰撞而受损的事故，需要处理的主要是车的问题。卡车在行驶途中，出于多种原因，会产生各种各样的“车辆事故”。轻则有与其他车辆的剐蹭，重则有车辆之间的撞车或追尾，甚至翻车。这类“车辆事故”有时还会危及卡车司机自身的生命安全。

当外地的运货卡车与本地的车辆发生剐蹭或碰撞时，问题经常不会轻易得到解决。一般来说，本地车辆之间发生剐蹭或碰撞时，处理时通过定损、走保险、支付赔付等一系列安排就可了结。但遇到外地车辆时事情就往往没有这么简单了。无论在何处，一旦有外地车与本地车发生剐蹭、碰撞事故，很多本地人往往会趁机狠狠地咬上一口，要求天价赔付，而事发地点的交警和其他管理部门的工作人员作为本地人，多少偏向本地居民乃是题中之意，本地人共同对付作为“侵入家园者”的外地卡车司机，绝不手软。在这种情形下，由卡车司机组织的本地卡友出面担纲，帮助外地卡友处理事故，就成为极其重要并富有成效的关键一环了。“传化安心驿站”石家庄栾城站的 H 师傅说了一个相关的故事。

> 正好在蓟县（蓟州区）一个物流园，有一个保定的车，他倒车把人家的车给撞了。那个卡友没办法，发了个求助，发在安心驿站 App 上。……也是个货车。两个货车撞的。被撞的卡车司机是我们这儿本地的人，老百姓吗，想着多要点钱，要人家 2000 块。其实撞得也没那么严重。后来就给我打的电话，我就过去了，过去就跟对方直接硬说。我说不行拉去给你修车。后来找关系，看看哪儿修车便宜，后来 300 块钱成交了。（LCH－HJW 访谈录）

本地卡友到场，比较顺利地处理了两个货车的相撞事故，把外地卡友的赔付额度从 2000 元降低到 300 元。当被问道，替外地卡友出头会不会影响本地卡友乡里乡亲的关系时，H 师傅说：“那哪能啊，就是中间协商，双方都能接受的，要是不能接受，那还叫啥协商?”（LQ－Y 访谈录）

一般来说，发生在外地卡车与本地事主之间的各种事故，只要卡车司机组织的本地成员能够到场说和，总能起到“化干戈为玉帛”的效果，这成为降低外地卡车司机赔偿额度、比较妥善地化解冲突的一个必不可少的条件。在这种场合，起作用的主要是本地卡友的地方性知识和地方性关系。

2. 人员事故

在高速公路上行驶，追尾是最可怕的事故之一。对 2018 年 5 月 3

日凌晨发生在河北辛集的一起严重的货车追尾事故，组织抢救的 Q 师傅是这么说的：“山东滨州的一辆 9.6 米高栏，司机犯困了，结果跟前边货车追尾了。”Q 师傅接到求助信息赶到现场，看到的情况是：

> 车楼子（驾驶室）都没了。他这个车的车厢往回缩了 1 米多……接电话的时候我都不知道他带着媳妇和孩子，媳妇、孩子撞飞了，从车里撞出去了，你找不着人了。我去了怎么办？我说赶紧救人，先看看人，人没事再说车吧。……就是我们到了，已经找着卡嫂了，在河沟边上了。卡嫂当时是没事，其实她回去一检查吧，腰椎骨折，有裂纹了。那孩子脸上、身上、腿上都肿了，你看了就心疼。（XJ－QH 访谈录）

这次追尾，万幸的是车虽然报废了，卡车司机一家大小虽然也都受了伤，但全家性命总算都保住了。可并不是所有的追尾事故都那么走运，由于追尾而造成车毁人亡的事故多有所见。

这就涉及“人员事故”。卡车司机都知道，如果仅仅是车辆出了各种事故，只要不伤到人，那就是不幸中的大幸。但现实的情况却是各种事故经常和人员伤害扭结在一起。在“人员事故”中，伤了自己还好说，伤害了别人可就难办了。人命关天，即使走法律途径，伤亡者家属也常常不依不饶，一方面是亲情难舍，另一方面是希冀索求巨额赔偿，由此对当事司机造成巨大的压力。其实，在中国的乡土社会里，不要说外来过往车辆造成人员伤亡，就是行车路过不慎伤害了家畜，也非可轻饶。“卡友地带”的一位负责人 CL 先生曾经告诉我们，就在我们访问的前两天，安徽某地农村发生了一件伤畜事情。

> 前两天就有一个事情，有一个司机，他把一个村民的狗给撞死了，要 5000 块钱赔偿。因为那个村民是当地的一个有点像恶

霸性质的人，然后反正就不给他走了。那个司机他来求了个助，然后我们卡友过去十几个，不是去打架，他们都是本地人。本地人也认识那个人，说这人不好讲话……最后是经过本地人的协商，给他600块钱然后走了。就这样的事情，你说这样的事情，其实目前这个社会，没有这样的服务机构能解决这类的事情。（KYDD－CL访谈录）

实际上，诚如CL所说，我们的社会没有任何正式服务机构能够处理这样的事故，而卡车司机组织正是处理此类难事的替代机构。在乡土社会中，地方上的强人势力再大，再无法无天，对于邻里乡亲总还是要留一点面子。卡车司机组织利用本地卡友的乡土邻里关系，巧妙地摆平了事端。

在处理人员伤亡事故方面，卡车司机组织化解纠纷的作用更为显著。以人情和乡土关系破解难题仍然是卡车司机组织的惯用手法。“传化安心驿站”山东省高密市的驿站长Z师傅说了这么一件“人命关天”的大事：2017年秋天，一辆枣庄的拉货卡车途经高密，“直接把过马路的一位老太太撞飞了”。

当时那个路口很小……老太太可能也着急……早上六七点时司机可能疲惫，反应意识慢那么一两秒，就这样撞上了。老太太全身骨折得不得了。当时家属就情绪都很激动，如果我们不到现场，那个司机可能就有被打的危险……（GM－ZWC访谈录）

事发后，肇事司机赶紧在App上发了求助信息，高密的卡友及时赶到现场，首先防止了肇事司机被愤怒的围观村民殴打的危险，并协助家属迅速将受伤的老太太送入医院抢救，还帮助肇事司机垫付了部分医药费。然后开始协调事故纠纷。到现场处理事故的交警也是高密人，在当地卡友参与协调的情况下，看着乡亲情面处理起事故来也能够做到入情入理。最重要的是家属的态度，由于受伤老太太和“传化安心驿站”的一位卡友同住一村，家属们互相熟识，因此比较容易协商。肇事卡友投注的保险齐全，一部分赔付金额可以由相关保险支付。所有这些都有助于双方尽快达成协议，结果是“反正第二天就把车给提出来了”。

在处理交通事故时，卡车司机最怕的就是被扣车。扣车就意味着扣了一家人的饭碗，特别是在购车还贷期，扣一天车就意味着多损失数百元钱，会极大地增加还贷压力。能够“把车提出来”则表明事情基本上被摆平了，司机可以继续开车挣钱了。但是怎样才能很快地把事摆平、把被扣押的车辆“提”出来呢？这里就涉及“事故救援”中最为紧要，也最为艰难的一个方面：跟交警打交道。高密参加救援的卡友说：处理此类事故时，首先就是要和交警“尽量去说”，做到“让双方责任平分”。不然的话，“一般都让大车赔得多”，即肇事卡车司机方会受到较大损失（参见 GM－ZW 访谈录）。

但是卡车司机组织成员凭什么就能和处理事故的交警“尽量去说”呢？这是因为交警大都是本地人，与当地卡友及其家庭有着千丝万缕的联系。换言之，当地卡友总是能够设法找到处理事故的交警，疏通关节，让事故处理得不至于使得外地卡车司机过于吃亏。所以，地方上的卡友们总是会说“我们说得上话儿”，也就是能够找到关系，“把话给交警递过去”。

事故处理完之后，Z 师傅对肇事卡车司机说了一番话：

> 你是卡友，躺床受罪的是我们家乡的父老乡亲，两边都是亲人，事情的处理不能坑了你，也不能坑了他。这就是规矩。（GM－ZWC 访谈录）

这番话体现出卡车司机组织处理这一类事故的原则。事故过后，当地的卡友们还在伤者住院期间数次前去探望，深深地感动了家属，也极大地张扬了卡车司机组织的名声。

3. “事故救援”中两个层面的交织

综上所述，“事故救援”是卡车司机组织经常需要操办的第二种救援类型。“事故救援”需要处理的两个层面，即“车辆事故”和“人员事故”，分别涉及车辆损伤和人员伤亡。但“事故救援”的两个层面经常是交织在一起的，车辆事故如果只涉及剐蹭、轻微碰撞等，那么对于当事者生命就并无大碍；可严重的车辆事故在很多情形下会伤及当事者，甚至危害生命。所以，“事故救援”往往是比“技术救援”要求更高，也更为紧迫的救援行动。此外，“事故救援”还涉及诸多社会层面的内容，而卡车司机组织基本上是依赖地方性社会资源来化解困局，对涉事卡友提供援助。

### （三）生命救援

在上述“事故救援”中，“人员事故”主要是指卡车司机驾驶的车辆不慎伤到其他人——伤到行驶路途周边社区的成员或者驾驶其他车辆的司机。而这里所说的“生命救援”则是专指卡车司机在行车途中因病或因故造成对自身生命的危险和伤害。人命关天，“生命救援”就成为诸种救援中一个最为紧迫的救援项目。

甘肃省张掖市的一位卡嫂 S 女士讲述了施展“生命救援”对于卡车司机的必要性和急迫性。S 女士的丈夫 W 师傅患有尿路结石症，犯病时会引发剧痛。2016 年的一天，夫妻俩驾车前往新疆乌鲁木齐送货，出发之际，W 师傅犯了一次病，到医院打了针，病情稍缓后勉强上路。

……好像就是嘉峪关那个啥地方了，哎呀，又疼开了！这路上一个人都没有！男人都疼得眼泪花子直转圈了，又没有一起做伴的！就想，无论如何开到服务区先停下，等到不疼了再说！……这走到半路，你说，又没有人帮我，你就给谁打电话也没人帮，能帮你的人都挺远的！谁来帮你啊？（KS－SJY 访谈录）

可见，若是单车司机在公路上犯病，即便有卡嫂陪伴在侧，也往往束手无策，在这种情况下亟须卡车司机组织实施“生命救援”。S 女士在陈述这个案例的时候，各个卡车司机组织都还没有启动“生命救助”项目，这就使得 S 女士在丈夫犯病的情况下那种无能为力、孤立无援的感受特别强烈。这个案例中患病的 W 师傅自己勉强把车开到了高速公路的休息区，服药后才慢慢缓解了病痛，总算是没有导致更大的不幸。

但是有些时候就没那么幸运了。“传化安心驿站”石家庄开发区的 S 师傅给我们讲述了 2017 年“一对夫妻在 109 国道新乐段出事故，双双亡故的悲剧”。

唉，现在我说起来，我还是难受……那一回，我们去处理这个事儿。这个卡友是 32 岁，他媳妇儿是 30 岁，他媳妇儿第一次跟他的车，就出了事儿，就去世了。唉，也是因为救助不及时，就是失血过多。因为他那个车冲出高速公路，冲下了沟，人下不去，要吊车把事故车吊出来。才能把人拽出来。那个时间太长，还是晚上，后来没来得及抢救回来。（KFQ－SGJ 访谈录）

S 师傅在谈及此事时几度哽咽。当时卡车司机组织派遣的救援队伍已到现场，但因为客观条件所限——天色已黑、大型救援机械未能及时到场等，使得救援速度没能及时跟上，最终导致失事司机夫妇因失血过多而亡故。实际上，至少是近年来，卡车司机因各种事故导致身亡的比例居高不下，甚至出乎人们的意料之外。“卡友地带”于2017年开始推出了一个针对罹难卡车司机的“互助保障计划”，在推行该计划前曾做过一些调查和预测。该组织的一位负责人CL说：

推出“互助保障计划”以后，这一年多死亡事故是40来起，事故率有点高。当时我们测算的时候，估计是万分之一的死亡率，但现在来看是千分之几的死亡率……（KYDD－CL访谈录）

上述统计还只限于加入“卡友地带”的卡友，尚不包括那些生命虽然受到伤害或者死亡威胁，但经过卡车司机组织抢救而转危为安的案例。对于“生命救助”中抢救成功的案例，目前尚无确切的统计数字，但是我们在调查中了解到一些案例，表明救援成功的状况确实存在。“中国龙”的负责人ZY就说过2017年夏季发生的一个“生命救助”的典型案例，那是一个极为复杂的系统工程，由“中国龙”负责组织调配。

一个张家口的卡友，在西藏，失联24小时。打电话，电话是关机的。总之家属联系不上，谁也联系不上他。当时黑龙江一群的LM上报了“中国龙”核心平台，我们就开始商议。五分钟以后，安徽的群主通过“运满满”[①] 给这个司机定位，两分钟给他定位了，他是头天晚上九点开始在这个位置睡觉，然后就失联了。第二天上报到我们这儿是下午四点多了，基本就以为这人已经死了，因为他是一个人开车啊，7.2米的车。定完位了群里一通知，正好四川的卡友有两辆车在附近，那个叫LX，给我打电

① “运满满”是一个货运App。

话，说大哥正好有两辆车在路上，我们马上去。没超过十分钟就到这地点把这人找上了。找到以后问我怎么办？我说先把玻璃砸了。我说人应该是在车里，看看有没有气。我说你先报警，然后砸玻璃。正好第二辆车也到了。他俩同时把这个玻璃给砸开了。砸开以后，警察也到了。一摸人还有呼吸，这不就送到那曲的医院了，后来转到拉萨。现在这个人进入我们群了，特别感激。就是大上个月的事。这还很惊动了……把整个卡车界应该都惊动了。（ZGL－ZY 访谈录）

这个案例展示出生命救助的几个基本环节：第一，失联卡友家属向其所属卡车司机组织上报失联；第二，该组织的基层领导上报到核心领导层；第三，核心领导层决策救援，设法定位车辆；第四，查找附近该卡车司机组织成员，通知前往现场施救；第五，找到事故车辆后施救——在这里就是破窗救人，同时报警；第六，将获救司机送医治疗，拯救司机生命。在这里，救人如救火，关键是卡车司机组织决策迅速：5 分钟信息送达决策层并决定救援措施，2 分钟定位并查找失联车辆附近的组织成员，10 分钟内即有卡友赶到现场实施救援。总共 20 分钟内解决所有问题。卡车司机组织借助于微信组织的“生命救助”之快捷有效，由此可见一斑。

综上所述，救援需求无疑是卡车司机劳动过程中所面临的第一大需求。各种卡车司机组织应运而生，其首先应对的就是卡车司机的救援需求。卡车司机组织实施的救援活动基本上可以分为三类：“技术救援”、“事故救援”和“生命救援”，其中又各包含细目若干。当然，我们只是出于分析的便利而区分出三类救援。在实践中，三类救援绝不是边界清晰排他、内容截然有别的，而是往往混杂在一起的。首先，除了技术救援中的“信息援助”外，其余所有的救援都需要出现场，因此也都在某种程度上属于“实地救援”；其次，“生命救援”往往是和“事故救援”连带发生的。重大事故中的撞车、追尾等都常常不仅伤到别人，而且会伤害到肇事司机自己。因此，“事故救援”也往往和“生命救援”融合在一起。

卡车司机在劳动过程中面对各种救援需求，最有效的应对途径就是自己组织起来，化解困境险情。卡车司机组织使卡友们的互助救援行动得以制度化，也使卡友们在各种救援基础上形成的团结得以规范化，成为可以长久存在和运行的机制。

## 二　讨债需求

### （一）克扣运费与拖欠运费

这里所说的“讨债”专指代替卡车司机向货主或货代讨要被克扣或者拖欠的运费。据卡车司机反映，虽说拖欠运费的现象历来就有，但自 2013 年以来，由于宏观经济下行和货运车辆饱和等诸多因素的影响，拖欠运费越来越成为公路货运市场中的普遍现象。在我们访问过的卡车司机中，很多人都曾有运费被克扣、拖欠的经历。

克扣运费和拖欠运费的结果当然都是损害卡车司机的利益，使他们不能获得应得的收益。但在这两者之间还有量的区别。克扣运费是指货主、货代因故不肯足额给付约定的运费。克扣的额度有高有低，但还不至于拒绝给付全部运费。拖欠运费则是货主、货代拒不及时给付整笔运费。当然，货主、货代很少会生硬地拒付运费，而总是找到各种各样的借口拖延给付。例如待货物运抵后告诉司机，最近资金链断裂，所以无钱给付司机。此外，用加油卡来顶替运费也是一项极不合理的举措，不过这尚不属于拖欠运费的范畴，是故于兹不论。

对于运费遭到小额克扣，卡车司机大多采取“认命”的态度。

山东的LSH师傅说：

> 你到地头，运费扣个几百块钱，太正常不过了。有扣钱历史的司机，我感到占一半儿。只要是扣钱的，达到百分之五十的比例。我们不在乎几百块钱，无所谓。就像你买烟抽，你不扣，他还问你要呢。（WF－LSH访谈录）

按照LSH的陈述，至少在山东省潍坊市的卡车司机群体里，就有一半人的运费曾经遭到过克扣。在LSH看来，“我们就是羔羊，谁都可以随便吃一口”。克扣运费似乎已经成为货运市场中的惯例。而卡车司机自我安慰的方法就是，把被扣运费当成给收货方“买烟抽”的费用，等于用小钱贿赂他们了。LSH说：

> 我上次来还扣三百块呢，三百块给你吧。我就是本地拉香蕉啊。装货时候就下大雨，我拉过来，箱子湿了，不是我给你搞的，还扣我的钱。扣几百块钱无所谓，我们都不在乎。（WF－LSH访谈录）

但是克扣也“不能扣太多了”，扣太多了就成了拖欠部分运费，卡车司机就不再“认命”，而是会起而抗争。卡车司机组织发动的绝大多数讨债行为都并非针对小额克扣运费而发，而是针对各种形态的拖欠运费而发。

据LSH的估计，在卡车司机中遭到拖欠运费的人数似乎不如被克扣运费的人数多，但为数应该也不少，大约占到三成。“东北虎”的负责人HJF则估计被拖欠过运费的卡车司机要占到六七成之多，他说，“不说每个司机都碰上，至少十个得有六七个碰上过这事”（DBH－HJF访谈录）。到底有多少卡车司机被拖欠过运费似乎找不到精确统计，在这里，我们只知道遭此厄运的卡友为数不少就够了。

HJF 给我们讲述过他自己在公路货运生涯中三次被尅扣和拖欠运费的故事。

> 从我养车开始，到现在，还有三份钱没有要上来的。第一个是 2009 年的，从黑龙江往辽宁拉土豆。当时是冬天装的袋。拉到那块之后，就是卸了一半，发现中间冻了。收货的发现了，说你这土豆冻了。我说，冻了不是在我车上冻的，在我车上只能是冻两边，上下左右，中间不可能冻。然后收货的说，那我不管。冻了，我就得扣你钱。扣了 1700 块钱运费。（DBH－HJF 访谈录）

这是借口货物受损而大额克扣，也就等于拖欠运费。第二次是 2012 年冬季，从辽宁盖州往黑龙江鹤岗送苹果。当时下大雪，高速公路都封闭了，为了赶路只有走下道，结果走了两天才到。

> 到了地方，发现苹果不是冻了，就是风捎着了，那皮刚刚稍变点儿色，软乎了一点。其实正常来说，那什么毛病都不算。进冷库里，放一两天，它就缓过来了。但是货主以这个为借口……那是 5500 块钱运费，只给我 2000 块。（DBH－HJF 访谈录）

这也是借口货损而大额克扣运费，第三次的经历就更为离奇了。

> 我那年是从黑龙江那边拉辣椒到天津。那是高速公路上堵车。辣椒这东西是赶时间的。比方说今天赶不上这早市，下午或第二天，就是太阳光暴晒的情况下，它稍微有坏的地方，就烂了。那次是在路上堵车了，有事故，然后当天的早市没赶到。等

到中午了才到市场。到市场之后，那个卖货的，那个女的，那非常彪悍，你一进市场了，车停好了，她把她那兜子从脖子上一摘，“咔嚓”一下挂到你脖子上了，“辣椒你卖吧，我不要了”。那会儿咱得先说好话啊。先和人家商量，低三下四的。然后卖了一下午，卖了三分之一。剩下那三分之二就卸下来了，摞在她那个摊位上了，然后把我的车，就弄到市场里面去了。那个门，只能是从大门出，市场里面只有一个后门，不让大车走。这不是把我放到里面不让我跑吗？说“这个运费 4400 块钱不给你了，你还得给我拿出 5000 块钱损失费”。(DBH – HJF 访谈录)

这是因为送货延时而扣压运费。虽说 HJF 在夜半时分成功逃离返家，但是这 4400 元的运费却整整拖了两年之久才部分索要回来。而且百般设法也只要回来 2000 元，一多半的运费打了水漂。

拖欠运费使得卡车司机苦不堪言。工作完成了，成本和辛苦都付出了，但是该得的收益却拿不到，从而严重地影响到他们的生计。特别是对那些尚处于还贷期内的卡车司机，更是加重了他们的还贷压力。但个人面对货主或货代经常是无能为力的，于是卡车司机不得不组织起来，利用组织的力量追讨被拖欠的运费。

在被拖欠运费的卡友自己讨要而无结果时，他们就会上报到自己所属的卡车司机组织，由组织出面来帮助讨要拖欠的运费。卡车司机组织接到卡友的讨债求助后，一般会派员专门核实，了解货主状况、欠费事实等，有的还会让求助卡友向组织提供一纸委托书。在谈到由卡车司机组织出面帮助讨要运费时，“卡友地带”的几位堂主一致认为，首先需要把事实弄清楚，确认货主的确是拖欠了卡友的运费。

货主承认我欠你钱，咱们就好说了，对不对？那现在你怎么确证？有证据，有单子，有合同，有电子合同。货主说你钱给了，你微信转账，你得有记录，转账有转账记录。（KYDD－LZS访谈录）

当卡车司机组织掌握了货主拖欠运费的证据，拿到了求助卡友的委托书，并最终决定对该卡友提供帮助时，正式的讨债程序就开始了。

## （二）讨债过程

由卡车司机组织谋划、运作的讨债行动如同一场大戏，可以分为“文戏”和“武戏”两个折子，包括“电话协商”“电话攻击”“登门讨债”“扣押货物”四个基本环节。

### 1.“电话协商”

“电话协商”是讨债过程中的起始步骤，可以称为讨债大戏中唯一的“文戏”折子。这时的讨债遵循“先礼后兵”的原则，由卡车司机组织出面，派遣代表替被拖欠运费的卡友出头索要欠费。这个阶段的关键事项有二：一是要挑选能说会道的组织成员出面去跟货主或者物代打交道；二是要亮出组织的名号，表明此番讨债非同昔比，已系组织行为。“中国龙”的ZY说，他成立这个组织，很重要的一个目标就是帮助卡友们追讨运费。在“中国龙”里甚至专门设立了一个“清欠小组”，有8个成员，专司帮助卡友讨债之职，而起首阶段就是要派员说理。ZY说：

一个卡友，他被拖欠运费了，他自个儿要也要不回来，他要去找他的群，他的群的管理会上报到清欠小组。清欠小组去核实，打电话沟通、调查，看这个事儿属不属实。你卡友涉不涉及给人货淋湿了、晚到了……都得去核实。不是说你报上我就去给你要，那不会的……要看公正不公正。打电话时不是说所有人啊，就是说找一个人去打电话，语言组织能力特别强的人，就是说的话叫货主能接受。基本由他去协商，得找个这样的人去跟他（货主）协商。（ZGL－ZY 访谈录）

卡车司机组织帮助卡友追讨运费，首先都是通过电话，动之以情、晓之以理，跟货主说好话，开展协商。按照 ZY 的说法，要找那种能言善辩的组织成员去跟货主打交道。在很多情况下，只要把话说得合理、得体，再加上组织的名号，一般都能把钱要回来。

有时也不是说货主特意不给钱，有的卡友的语言组织能力很差的，两句话说不来就跟人家急眼了，就闹崩了。货主惹上气了，就不给你……他们惹完事了以后，大多数货主，经过我们沟通以后，就把钱给了。（ZGL－ZY 访谈录）

当然，并非所有的货主都那么通情达理。还有很多货主属于“太难整”的，怎么说好话也没有用，就是坚决不肯偿付运费。碰到这种情况，讨债活动就会进入第二个讨债环节：“电话攻击”。

2. “电话攻击”

“电话攻击”表明讨债过程中“武戏”登场。ZY 讲了一个讨要未果，进行电话攻击的故事。

咱就说这个南宁货主吧，欠了“龙群”卡友的运费。当时跟他沟通吧，答应好好的，说隔半个月给你钱，到那个日期他不给我钱了，再给他打电话他开始骂人了。说你“中国龙”怎么整的，那么牛，“我就看你能把我怎么地”。后来我给他打电话了也不接。那天给我惹上气了，我说，所有的群，有一个群，算一个群，有一个人，算一个人，全给我打电话。不给他手机打电话，我说往他们公司打电话，打座机，所有的电话全让他瘫痪了，那天就给他打瘫痪了。后来他就打电话赔礼道歉了。后来说来说去的，他把钱都给了。是 13000 多块钱，欠了一年零三个月吧。（ZGL－ZY 访谈录）

这个案例说明了“中国龙”如何动员整个组织成员一起往拖欠运费的货主公司打电话，一直把该公司的电话都打得瘫痪了，以致无法正常开展业务，使得该公司不得不屈服，最终支付了拖欠运费。有时，针对拖欠运费的货主，卡车司机组织还会动员组织成员一起将该货主的电话号码定义为“骚扰电话”，这样，该货主再去联系业务，贸易伙伴接到的电话就不再显示该货主真实身份，却是标注为“这是骚扰电话”的提示，因而往往会被立即挂断，从而影响其正常生意的往来，对货主形成实际压力。通常只有在支付了拖欠运费后，组织才会通知所有成员去除“骚扰电话”的标签，使该货主的生意能够重上正轨。

有时，这种“电话攻击”还会产生意想不到的戏剧性效果。“东北虎”的 HJF 就曾有过这样一段经历。一位佳木斯的卡车司机从河北文安拉货到长春，货物送到后与货主发生纠纷，导致 8500 元运费被扣，上报到“东北虎”请求帮助。“东北虎”派人出面与货主协商未果，于是决定发起“电话攻击”。刚开始打电话，接通之后货主就开始骂街，于是“东北虎”讨债成员就跟他对骂。后来那个货主干脆连一个电话都不接了，他把所有来电都转接到“东北虎”负责人的手机上，让他挨自己组织成员的骂。

后来他把电话转接了，把所有骂他的电话都转接到我这儿来了。我接受大家的攻击，得接近三天的时间，有的电话打通了，

> 就说些不三不四的，说欠钱不给，你还这么嚣张。我赶紧说先别骂，你打谁这来了，知道不知道？……最后怎么的呢？最后他自己家的亲属，有一个他姨，还有一个他舅舅，打电话找他，也转接到我这块来了。然后我们就知道他姨和他舅舅的电话号码，就开始攻击他姨和他舅舅。就他姨、他舅舅，那两个人也非常顽固，蛮不讲理，也整了得有三四天的时间，才把这8500块钱要回来。（DBH－HJF访谈录）

“电话攻击”导致阴错阳差的结果，殃及货主亲属，对货主全家形成连带压力，整整折腾一周，最终才把运费讨要回来。

当拖欠运费的公司与货主遭到“电话攻击”之际，他们也绝不会束手待毙。除在电话上与卡车司机组织斗智斗勇之外，他们更常用的手法是报警，动员警方出面来阻止卡车司机组织的“电话攻击”行为。但是，只要把缘由向警方解释清楚，一般都会获得谅解。“中国龙”ZY就曾接到过南京市鼓楼区某派出所警察的电话。下面是一段ZY在与警察通话时的录音回放。

> 警察：喂，你好！喂，你是×××？我这边是南京鼓楼分局××派出所。×××说一直受到你们联盟的人的电话骚扰。
>
> ZY：那个你听我说啊，这个不叫骚扰啊。因为我们电话都是实名制的，明白吗？他们欠钱，欠一年了，他们有诈骗的行为，你们应该质问他我们为什么给他打电话。欠一年多了，我们的卡友都是贷款购车，舍家撇业地跑车……
>
> 警察：这是债务纠纷，可以到人民法院起诉，到公安机关报案。
>
> ZY：报案属于民事纠纷，要自行调解。那我问你，我们用自己的方式去解决啊，行吗？为什么违法啊，因为他欠我们的钱。你把钱给人家，不就不打电话了吗？是不是这个道理啊。

(ZGL - ZY 访谈录)

通过向警察说明情况，一般都可以博得警察的同情，从而不把卡车司机组织的电话攻击硬性界定为治安事件而加以干预。有时警察还会回过头来批评欠费公司，要求他们尽快付清运费，避免事故升级。

还有一种情况，就是碰上小货主，他们连正式的经营门面都没有，情况就更为麻烦。这类小货主拖欠运费后常常会躲藏起来，让司机连面都见不到。这时的“电话攻击”就是另一个样子了。潍坊的LSH介绍了一个这样的案例。

> 在“卡友地带”的时候我领导了一起讨债，钩心斗角搞了好几天啊。山西汾阳的一个卡友，在汾阳通过信息部，配了一车炭，拉到昌乐一个生化公司的。去了他跟货主都是不见面的，都是电话联系啊。但是人家一看，质量不行，人家不要，一直没有见那个货主，运费一分钱都不给了。那个卡友就叫救援，我们去了看现场，那个发货的人是个无赖，我们就找电话，找出这个人来。我给货主打电话说，你不是在哪儿哪儿住吗？落脚地方我们打听到了，你不是昌乐的吗？我们也是昌乐的。他住哪个村的我们都知道。村里有我们的卡友，卡友都知道他的情况，全摸清楚了。所以我们兜底一说，他害怕了。他感觉有压力了，最后给钱了。(WF - LSH 访谈录)

本地货主欠了外地卡友的运费，外地卡友久讨未果，遂请求卡车司机组织出面代为讨要。卡车司机组织的本地成员首先把货主的基本情况、居住地点等了解得一清二楚，然后打电话讨债，同时把掌握的信息有意识地透露给拖欠运费的货主，表明对他已经知根知底。此种讨债文戏武唱，带有一定的恐吓性质，形成巨大压力，逼迫货主支付欠费。

就一般情况而论，卡车司机组织通过电话协商解决运费拖欠问题的比例较高，电话攻击只占很小一部分。

3.“登门讨债”

比电话攻击上升一级的“武戏”是“登门讨债”。有时电话攻击也不奏效，卡车司机组织就会动员一些司机到货主公司“登门讨债”。“卡友地带”的一位堂主说：

> 沟通不好了，那就只有上门，合肥就遇到一起，那是在北城，卡友去了。他们准备到货主家里去了，先告诉欠费货主，准备到你家去要钱了。还没到他门口，他就把钱转过去了，他怕你造反。（KYDD－CF 访谈录）

一位堂主讲了个登门讨债、大闹货主公司的案例。

> 2018 年上半年一个河南的卡友发求助，说是合肥的某企业欠他 20000 元运费已经大半年了，多次讨要都没拿到钱，最近干脆连电话都不接了。我一看，我了解那个企业，已经拖欠员工工资好久了，可能很快要破产了，如果再不要回运费，可能就成死账了。所以我赶快跟那个卡友联系，看能不能帮他要一下试试。当天我跟那个企业的老板打了电话，他接了，但一听是要运费，马上就挂了，再打也不接了。于是我召集了几个在家的卡友和那个河南卡友一起，开了六辆车，两个大车，四个小车，把那个厂的门堵上了。结果厂里人报警了，警察来了，说我们堵门不对，让我们赶紧离开。我跟警察说，堵门是不对，但我们不是来捣乱的，他们欠债不还，连面都不见，是不是也不对？警察了解了情

况，也挺理解我们，跟门卫打招呼，让他开门放我们进去。于是我们就开车进了厂区。然后我们九个人就到了厂部，老板还是躲着不见。我们就跟厂部的人说，今天不还钱我们肯定是不走的。我跟一个兄弟大声说，你去买几包方便面，从车里把暖壶拿上来，我们今天就在这里开伙了。厂部的人一看我们来真的，就给老板打电话了，老板在电话里答应下午三点半把款打到银行卡上，我说你别耍滑头，拿不到钱我们肯定不走，下午三点半钱不到的话，我们就到厂门口打横幅去。中午在厂部吃了顿方便面，下午两点半钱就到了。（KYDD－ZRS 访谈录）

大部分公司都还是讲究脸面的，谁也不愿意在公司门口堵上几辆大货车，拉上一条讨债横幅，办公室里还拥挤着一堆人熙熙攘攘地讨要运费。那样对声誉多有影响，会影响到以后的生意。所以，如果卡车司机组织真的动员卡友上门了，这些拖欠运费的公司、货主一般都会很快结算和拨付运费，以求息事宁人。

4. “扣押货物”

卡车司机组织帮助卡友追讨运费，最后也是最狠的一折“武戏”，就是“扣押货物”。这是“武戏”折子的压轴。在卡车司机那里，“扣押货物”又称“压货”，指的是当货主拖欠某个卡友运费时，由其他卡友出面，借承运该货主货物之名，拉走并扣压他的货物，以此逼迫该货主偿还欠费。在极端情况下，卡车司机甚至会自行变卖货主的货物以偿还欠费。不用说，“扣押货物”会使得货主遭受比运费大得多的损失。

“卡友地带”的几位堂主说：

咱们讨要运费，这是一种办法，其实这种办法……叫“压货”。你不给我运费钱，我就压着你的货……然后我还报警了。

（KYDD - ZRS 访谈录）

“东北虎”的 HJF 也谈及“压货”的事情：

> 如果这车不给运费了，或者为难我了，下车再拉你的货，就说我们的车不是多吗？就给你拉家去了，给你拉家去就直接给你卖掉了。好一点的，让你自己来取来，把运费……之前欠我们的钱，给转过来，自己把货取走。不好的，到家直接给你卖掉了。（DBH - HJF 访谈录）

那么，货主难道不会求助于法律手段，起诉“压货”的卡车司机吗？当然可以，但实际情况却是：

> 起诉，法院也能判货主胜诉，胜诉之后，到执行那块儿，也执行，执行庭告诉你，这个车也不是压货的卡车司机自己的，他是给别人打工的，他一个月也就赚几千块钱，赚这几千块钱，他得留够自己的生活费用，然后一点一点还你。很多雇主他都耗不起，然后也就不了了之了。久而久之，这个名声也就出去了，很多货主就不敢为难卡车司机了。（DBH - HJF 访谈录）

实际上，“扣押货物”是以一种极端方式对货主拖欠运费的报复行为。这种方式对追讨欠费固然有效，却从根本上伤害了货主与卡车司机之间的契约关系——“扣押货物”所引发的一个后果就是对当下货运市场中业已十分脆弱的信用系统的摧毁，其对于公路货运市场规范性制度建设有怎样的毁灭性影响，卡车司机大概也都是心知肚明的。因此，不到万不得已，追讨运费的卡车司机组织一般不会轻易采用这一方法。

### （三）“互助讨债”作为民间小额经济纠纷的社会调解方式

综上所述，卡车司机追讨运费包括“电话协商”、“电话攻击”、“上门讨债”和“扣押货物”四种形式。如果说，近年来公路货运市场中拖欠运费的状况日渐普遍，卡车司机群体中产生了巨大的追讨运费需求的话，那么很明显，能够满足这个需求的只能是卡车司机自己的组织。上述这些追讨运费的形式或许可以界定为卡车司机之间的“互助讨债”，它们是通过有组织行为才生效的。因此，卡车司机的各种组织承担了追讨运费的基本功能。

需要指出的是，在运费纠纷层出不穷、货主拖欠导致卡车司机利益严重受损的货运市场中，卡车司机组织创造的各种追讨运费方式，无疑是一种对小额经济纠纷之自发的社会调解方式。在解决运费纠纷领域，这种社会调解方式甚至比诉诸法庭更为便捷有效。这是因为，由于涉及金额标的较小和诉讼周期过长，将此类案件诉上法庭对卡车司机而言成为一件经济成本和时间成本都过于高昂、难以负担的事项。为运费拖欠而打一场官司？他们根本负担不起。以往，卡车司机遇到拖欠运费往往不得不忍气吞声、不了了之。这也就给一些不法货主恶意拖欠的行为提供了机会。现在，由卡车司机组织出面代为讨要运费，在基本不触碰法规、法条的前提下，借助地方资源，动用社会手段，帮助司机挽回损失，同时也维护了货运市场的秩序，应当说是一件好事，是对法制的一种社会补充。

## 三　议价需求

所谓“议价”即市场上的讨价还价，它是市场定价机制得以最终实现的一个环节。公路货运定价机制是一个复杂的系统，对之加以详细考察并非当下的任务。在这里只需简单扼要地表明公路货运的价格结构：货物重量、货物体积和运输里程（吨、体积、公里）是三个运费定价的重要参数。这三个参数的乘积构成基本的公路货运费。在正常情况下，从公路货运费中扣除高速公路的过路费、车辆行驶和修理的成本以及司机本身的食宿费用等，所余部分就构成卡车司机的净收益。近年来，随着各种原因造成的货运市场的不景气，公路货运价格呈下降趋势。图 3－1 描述了 2016 年 1 月～2018 年 3 月公路货运运价指数的基本走势，不是一路走高，而是起伏不定，总体向低。其中自 2017 年 2 月后运价指数下行趋势明显。

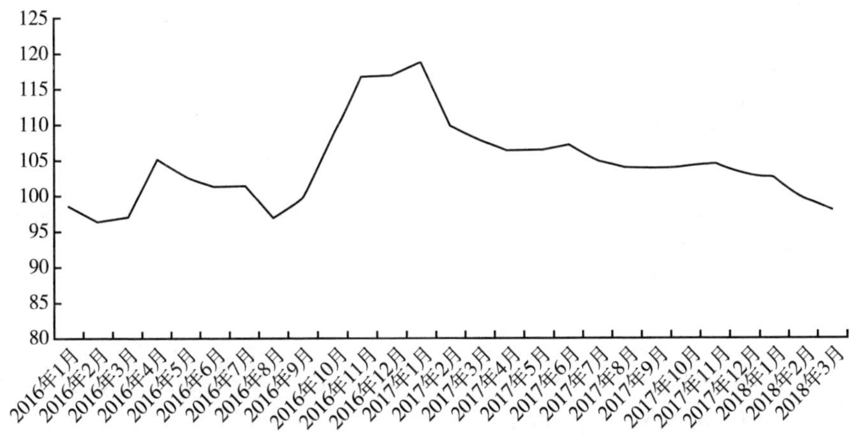


**图 3－1　中国公路物流运价指数走势**

资料来源：《近年来中国公路物流行业竞争及发展前景分析》，中研网，2018 年 10 月 9 日。

其实运价低迷并不只是 2017 年以来才出现的走势。很多卡车司机都反映，实际上自 2013 年起，运价就是一路下行。运价下行挤压的无疑是司机的收益空间。在我们的调查中，卡车司机往往带着无限的惆怅回忆起 2013 年以前的好日子。据说那时，驾驶一辆 17.5 米的大板车，一年的收入可以达到 20 万元之多。但今非昔比，现在大多数驾驶大板车的卡车司机的年收入跌了近一半，降至 10 万元及以下。

我们的上一个报告描述了卡车司机收入状况的这一变化。[①]

卡车司机对运费低迷极为不满，也充满了担心。他们自己归纳了运费低迷的几个原因。一为宏观经济下滑导致货源锐减。二为严苛的环保政策，使得很多小厂商，特别是砂石料类的厂商难以经营，甚至被强行关闭，也使得货运市场的运输需求下降，“没有那么多货物可拉”。国家对华北地区运输“公转铁”“公转水”等政策的强力推行，削减和压低了煤炭的公路运输量，将大批原来跑煤炭运输专线的货车挤入零担运输系统，加剧了车多货少的状态。三为物流业本身的乱象。山东的 LSH 师傅说：

> 现在好多有能量的人，做物流这块。物流这块投入太多了。投入太多了就形成一种竞争和垄断。你像“MB 集团”，现在就是这样的。它垄断了，垄断了现在不好做了。（WF－LSH 访谈录）

近几年大批人车涌入公路货运市场，造成过度竞争。类似“MB 集团”这样的大额资本雄踞物流业，谋求垄断，所有这些都导致物流业的乱象。在卡车司机眼里，这就是压低公路货运市场运价、导致自己收入降低最直接的罪魁祸首。但除此之外，卡车司机也日益认识到，运费低迷的原因不止于此，还有一个同样重要的原因，那就是卡车司机群体自己不团结，因此在市场上没有形成集体的议价能力，在定价方面只能任人宰割。

> 现在说句心里话，卡车司机就是难以形成合力。如果形成合

① 参见“中国卡车司机调研课题组”《中国卡车司机调查报告 No.1》，社会科学文献出版社，2018，第 46～47 页。

力了，那可好做事了，这个运费也不可能那么低。从运费这个事可以看出来，卡车司机各自为战，他们没有合力，就是这样，我只要对我有利就行，不管你们咋样。市场？爱咋地咋地！与我没关系，价格便宜，便宜我也拉。那如果便宜就不拉的话，价格就涨上来了。（WF－LSH 访谈录）

“大家一条心，便宜就不拉！”这位山东籍的司机师傅非常明确地表达了卡车司机团结起来，提升市场集体议价能力的需求和意愿。为了抑制低运价，司机们必须“形成合力”。“合力”就是由团结迸发出来的力量，而团结是靠组织来保证的。虽说卡车司机群体关于增强议价能力必须组织起来的观念还仅处于发端的状态，远不够成熟，但我们在这里已隐约可见一种类似于早期欧洲工人运动诉求的状况。在经典作家笔下，工人们最初是为了抗议恶劣的工作条件和提升工资而催生了团结的机制。《资本论》第八章中的名言——工人们为了捍卫自身的利益，不得不“把头攒到一起”，即组织起来而行动的描述，也同样适应于今日中国的卡车司机群体。当然，彼时彼地的欧陆工人们“把头攒到一起”是为了“做一天公平的工作，得一天公平的工资”，而此时此地的中国卡车司机们“把头攒到一起”则是试图抵制低迷运价，维护自己的切身利益。无论如何，卡车司机已逐步认识到，为了提升自己的议价能力，就必须组织起来，形成合力。这里的确折射出工人运动的某种“返祖现象”。

## 四　认同需求

卡车司机是一个非常特殊的职业群体。一方面，他们绝大多数起自田家，属于农家子弟，但是他们所从事的工作和收入来源又与农业生产和乡村生活毫不相干，就这一点而论他们与农民工群体并无二致；另一方面，他们所从事的工作欠缺一个类似工厂那样把人们聚拢在一起的制度框架和空间框架，他们中的大多数人也从未接受过近现代产业大军在工厂生产中接受过的那种严格的纪律规训，这一点与进厂工作的农民工又有所不同。如我们曾经描述过的那样，他们是一个高度离散的职业群体，原子化、高流动的工作特点塑造了他们的行为模式和认知方式，也给他们带来了极端困扰。欠缺认同就是其中之一。

一些长期与卡车司机打交道的人员早就发现了他们所面临的这个困扰。“卡友地带”的负责人 CL 说：

> 这其实涉及这个群体一直以来的一个比较核心的问题，就是他们自己的身份认同这个问题，以往的从业环境里面，卡车司机基本上是找不到什么身份的社会，他是个个体户，然后平常自己常年在外跑，跟亲戚好友之外很少接触别人，一年就那么几次回老家……在这个情景下，这一类的人，就是我们在早期起步的时候，发现一个比较核心的东西，就是这些人欠缺对自己的身份认同……（DYDD – CL 访谈录）

在这里，CL 特别强调了“缺乏身份认同”。这些卡车司机起自田家而又不落脚于农业和乡村，他们日日穿行于城市之间但又非城市社会的一员。他们从根本上说对城市和乡村都欠缺足够的忠诚，他们的职业特点又决定了他们与产业工人的区别。这种状况其实可以说是一种“群体异化”。这些农家子弟一旦干上了卡车司机这个行当，在社会结构中就再也找不到自己的稳定位置了：“我是谁”的问题时刻折磨着他们。

因此，卡车司机无法得到在常规条件下应当从劳动过程中产生和获得的自我认同。唯一的出路就在于自己组织起来，通过各种互助来建立和维护自己的职业身份，通过卡车司机组织，自己给自己造就一份认同。“卡友地带”最先推出的“卡友”这一身份，就是卡车司机借助自己的组织而锻造出来的身份认同的象征符号。“天下卡友是一家”，他们的认同在“卡友”的符号下凝聚和生长起来，并且由自己的组织加以支撑，以实现符号的持续和再生产。

当下，卡车司机追求认同的需求愈发强烈。多年来，涉及大货车的各种负面报道频繁见诸各类媒体，已形成对卡车司机的严重“污名化”。[①] 当然，这并不是说，对大货车的各种事故就不可以报道了，而是说，在负面报道铺天盖地而来、正面报道为数寥寥的情况下，对卡车司机“污名化”的象征符号已经被构建起来。卡车司机亟须摆脱这种“污名化”的影响，从而使得构造和维护自己的职业认同、职业荣誉感成为甚至带有某种紧迫性的任务。毫无疑问，个人要想完成这一任务是不切实际的，只有依靠组织的力量才能实现。

至此为止，我们叙说了卡车司机在其劳动过程中形成的四大需求，即“救援”、“讨债”、“议价”和“认同”。这“四大需求”中的每一个都蕴含多个层面，展示出不同的内容。“四大需求”集中表明了卡车司机劳动过程中面临的困境和亟待解决的实际问题，毋庸讳言，面对“四大需求”，某些体制内的部门或者是能力有所不逮，或者是麻木不仁、熟视无睹，或者是尝试设立了某些制度而效率低下。故而卡车司机群体不得不主要依靠自己的力量来应对“四大需求”。我们认为，“四大需求”的合力构成了促动卡车司机组织化的巨大动力，因为上述所有的问题和困境，非依靠组织而不能得到化解。“四大需求”形成的动力推动了各式各样的卡车司机组织的问世。

---

① “中国卡车司机调研课题组”：《中国卡车司机调查报告 No. 1》，社会科学文献出版社，2018，第 214 页

# 第三章 卡车司机组织的三种基本形态

## 一 组织化的基本界定

“卡车界”中充盈着大大小小、各式各样的卡车司机组织，它们名号各异、规模不同，但都试图把卡车司机组织起来，以应对其在劳动过程中产生的“四大需求”、化解卡车司机面对的主要困局。眼下，越来越多的卡车司机卷入各种组织之中，形成了卡车司机组织化的趋势。

我们在前文中特别强调的一点是：卡车司机的职业特点与产业工人截然不同，由此决定了卡车司机的团结和组织化也具有不同于产业工人的自身特点，因而不能套用历史上组织产业工人的那些概念去识别和把握卡车司机的组织化。依据劳工社会学通常的观点，在工业产业中，工厂制度都是所谓“一级建构”或“首属安排”，而工会组织等工人团体则为“二级建构”或“次属安排”。两者的关系是：二级建构立足于一级建构的基础之上，正如一架藤萝的枝蔓附着在支撑它们的木架上才得以生长一样。工人总是要先被领进工厂，在同一个屋顶下和同一条生产线上聚集起来，彼此之间发生工作关联，然后才可能进一步发展出其他的关系，逐步团结起来。相形之下，卡车司机的团结就不具备这样的制度条件和空间条件。诚然，除少数他雇司机之外，大多数自雇司机都会找一个公司挂靠，但是他们与挂靠公司之间以及与公司内的其他挂靠卡车司机之间，其实并无多少联系。因此，卡车司机的团结不可能攀附在公司或车队的制度框架上，借助这些既成的制度安排发育和成长。卡车司机原子化的劳动过程决定了他们的团结必定是以不同于车间中产业工人的形式而发展起来。诚然，在有些地方，跑同一条线路的自雇司机常会结伴而行，以便互相照料。这种联合已是某种卡车司机组织的雏形。但就总体而言，并没有从根本上改变卡车司机原子化劳动过程的现状。

实际上，卡车司机组织化的基础是他们自身承载的那些最基本的社会关系。对此种社会关系加以一定的制度化和符码化，造就其层级架构和符号系统，由此就形成组织。基于这些社会关系所构造的组织具有极大的素朴性和本真性。可以说，任何卡车司机组织都是在卡友本身基本社会关系的基础上进一步嫁接制度框架而塑造成形的。当然，用来构造制度框架的手段和资源可以是多种多样的。

我们曾经将卡车司机特有的团结称为“虚拟团结”，其意在于强调，他们的团结特别依赖于互联网和智能手机。[①] 在本章中，我们将从“虚拟团结”的概念出发，沿着两个方向继续前行：一个方向是向下发掘，揭示出“虚拟团结”得以存在的基础，即卡车司机所承载的各种社会关系对建构组织的作用；另一个方向是向上扩展，阐述将此种“虚拟团结”加以定型化和符码化的手段，把握卡车司机组织产生和运作的逻辑。

我们在开篇之际就叙说了我们从众多卡车司机组织中识别出的三种不同的组织形态：基于原生态社会关系的卡车司机组织、基于商业关系的卡车司机组织以及基于公益理念的卡车司机组织。在我们看来，万变不离其宗，所有现存的卡车司机组织大体上都可以归入这三类不同的组织模型之中。在这里要着重说明的是，第一，这三类组织模型的边界不是僵死不变的。正如我们在前一部调查报告中对“自雇司机”和“他雇司机”的界定一样。三种组织模型具备相互过渡

① “中国卡车司机调研课题组”：《中国卡车司机调查报告 No. 1》，社会科学文献出版社，2018，第 149 页。

的可能性。可以在方法论上将这三种组织模型划归社会学意义上的“理想型”。第二，这三类组织模型也并无高下之分，它们都是在当前条件下组织卡车司机的具体进路。至少在现阶段，无论是用什么手段去实现卡车司机的组织化，只要能够应对卡车司机面临的困境、帮助卡车司机解决实际问题，就都具有不言自明的合法性。第三，无论现有的这些卡车司机组织是按照什么机制组织起来的，其基础都是卡车司机本身的素朴社会关系和由此体现出来的自组织。卡车司机应对劳动过程中产生的“四大需求”，首先是自己行动起来，利用自身掌握的地方性资源来化解这些压力，于是促动了各种组织萌芽破土而出。行动在先，而后组织构架才慢慢生长起来。

## 二　基于原生性社会关系的组织：“中国龙”和“东北虎”

“中国龙”和“东北虎”这两个卡车司机组织具有众多相似之处。两者的成员规模相似，都联络和组织卡车司机两三万名；两者的组织手段相似，都是依托互联网，通过微信建群而组织成形；两者的功能相似，都是以动员卡车司机互助救援和帮助他们追讨拖欠运费为主要目标；甚至两个负责人的特点和经历都有很大的相似性，他们都是东北人，都是40多岁正值年富力强的年纪，都曾经有过入伍当兵的经历，都属于“魅力型权威”，在各自的组织中具有极强的号召力和影响力等。但两者最为重要的相似之处还不在这些地方，而是在于这两个组织都是牢靠地扎根于卡车司机自身固有的“原生性社会关系”之中的。

### （一）“原生性社会关系”

在这里，我们用“原生性社会关系”一词，指称卡车司机入行时自身就已经带有的那些素朴的、基本的社会关系。可以把这种关系分为三类。第一类是源自乡土社会的关系，包括人们常说的亲缘、地缘等关系。兄弟叔侄、同乡邻里等关系就属于这一类关系。第二类是源自共同生活和工作经历的关系，包括同学关系、从军经历等。第三类是源自共同族群的关系。在中国文化中，“族群”是个复杂的概念，它和“种族”的概念不同。按照某些社会学著作的看法，中国的“籍贯”就是具有中国文化特色的族群概念。[①] 我们正是在这个社会学的意义上，将“族群”当作“籍贯”的同义语来使用的，它和地缘相近但又大于一般所谓“地缘”。例如，“东北人”“苏北人”就属于这个意义上的族群范畴。与之相异的是“种族”概念。在中国文化情境下，“种族”概念应包括体质、语言和宗教等要素在内。据说在西北地区也有个别卡车司机组织是基于“种族”关系而建立的，但是我们的调查未能触及这一类的组织。“中国龙”和“东北虎”所建立的组织，主要立基于此种“原生性社会关系”之上。

需要说明的是，正如社会学家所发现的，在中国社会中很多特定的职业都是与某一籍贯的人群捆绑在一起的，例如韩起澜笔下的“苏北人”与旧上海的黄包车夫和剃头匠等职业结下了不解之缘，冯军旗描述的当代北京各大学周边的打印店老板则多由湖南新化县人经营。[②] 在“卡车界”，也有某个籍贯的卡车司机专跑某条专线，或者某个籍贯的卡车司机专用某种车型的现象。这就说明“原生性社会关系”本身并不那么纯净，而是会与某些职业要素混杂在一起，从而使得边界模糊的情况出现。

但是无论如何，“原生性社会关系”都是形成卡车司机团结、造

① 韩起澜：《苏北人在上海：1850～1980》，上海古籍出版社，2004。

② 冯军旗：《新化复印产业的生命史》，《中国市场》2010年第13期。

就卡车司机组织的一个重要基础。“中国龙”和“东北虎”的组织结构就是基于此种关系成长起来、固化成形的。

## （二）组织的萌生和演化

“中国龙”和“东北虎”这两个卡车司机组织，其萌生和演化的路径多有相似之处。首先，两个组织的负责人都是东北人，也都具有相似的经历。“中国龙”的负责人 ZY，据说是初中尚未毕业就进了部队当兵，在部队学的车本，给团长开车，六年后复员回到老家。回家后当了六年刑警，之后到深圳福田区承包过酒店，到秦皇岛市做过玩具生意并在那里成家。七转八转，他到 2005 年才算入行，先是给别人打工开车，第二年靠家里凑钱和朋友帮助，买了辆“解放天V”，开始自己跑运输。从 2006 年算起，到现在已经跑了十二年运输（ZGL－ZY 访谈录）。“东北虎”的负责人 HJF，也是初中毕业后就进了部队，九年后在副连职位上转业回家，先后在绥化市的粮食局和供电所工作，因为在部队拿过车本，所以后来又到葫芦岛市的一个乡镇政府当司机，2008 年入行买车，跑起了个体运输（DBH－HJF 访谈录）。由此可见，“中国龙”和“东北虎”两个卡车司机组织的负责人，虽然都是农家子弟，但是其阅历要比一般农家子弟丰富得多。特别是两人都有过入伍当兵的经历，都当过地方上的公职人员，后来也都从事过多种工作：ZY 是做买卖，HJF 是当电工、当小车司机。这种在部队和地方、政府和商场之间穿梭行走的经历，使得他们见多识广，工作和生活经验丰富，因而足以服众。所以尽管两人入行时间都不算太长，却可以一跃而成为组织负责人。

其次，起家之初，这两个组织都是从其他的小型卡车司机组织中分化产生的。ZY 叙述过自己加入组织的经历。

2016 年，我们跑满洲里，我有个战友，建个群，说的维权，专门说给讨运费，挺厉害的一个人。我说这个挺好。我说给司机讨运费，要钱吗？说不要钱，当时他跟我聊天，他说你也是当兵的出身？我说当兵的出身，他一说，哎，还都认识。他说你这样，你给我建几个群，咱们一起为卡友服务，免费的。当时我就建了五个群，1800人。大约半个月以后，他就跟我说这个，帮卡友追讨运费要提成，要提30%～50%。他一看这钱回来的多了，就要提成。当时我就不干了。（DBH－ZY访谈录）

ZY最先加入的卡车司机组织显然也是一个非正式组织，靠微信群联系。为了拉ZY进群，说好的是免费为卡车司机讨还拖欠运费，但是后来该负责人变卦了，他看到讨要回来的运费多了，于是准备提成收费。这一下惹恼了ZY，于是他发动与自己亲近的那些卡友，大家齐心合力，把原群主踢了出去，并且把组织更名为“中国龙”。

“东北虎”建组织的情况也差不多。HJF说：

之前我并没在“虎群”里……我在L群里。这个L群是唐山的。……进L群应当是2014年。我进得比较早，他只建四个群的时候我就进去了。（DBH－HJF访谈录）

在L群里，有两件事引发了HJF的不满。第一件事是那位群主得病了，要做心脏搭桥手术。偌大一笔医疗费，全是动员卡友们捐赠的，“他自己一个子儿没花，还落了不少钱”。这种明显的利用组织群体谋私利的行为很让HJF看不上。第二件事是那位群主逐渐把L群做成了买卖。在那个群里“搞物流的、加油的，都得交广告费，物流每个月是……300块钱……”在HJF看来，卡车司机自己建组织就是要保护卡车司机的利益，在自己的组织里不可以弄这些收钱的事情。于是HJF退出了唐山L群，和另一位过去的战友WLG一起加入

2016 年 9 月刚刚组建的“东北虎”。

我们可以把这时的“东北虎”称为老“东北虎”，以与 HJF 后来改造过的新“东北虎”相区别。老“东北虎”的建立者是一位辽宁沈阳人。他号称他所建的老“东北虎”是专为东北籍卡车司机服务的组织。HJF 加入后，因为阅历和能力都比较强，原群主就逐渐把老“东北虎”的日常事务都交给 HJF 打理。但是在老“东北虎”里又有两件事引起了 HJF 的不满。第一件事是原群主准备把老“东北虎”注册为商标，他来找 HJF 商讨，挑明了他的目的就是要用这个注册商标来为自己贷款服务。这显然又是一个和唐山 L 群一样，试图利用建立组织来为群主个人谋私利。第二件事是为了达到目标，原群主试图改造老“东北虎”的领导机构，想方设法把自己的夫人也拉进来。这两件事使得 HJF 忍无可忍，于是联合前述 W 姓战友和其他人共同发动“政变”，把原群主夫妇踢出群外，重组了领导班子，新“东北虎”由此诞生（DBH – HJF 访谈录）。

由上面的陈述可以形成两点结论。第一，“中国龙”和“东北虎”这两个在今日业已卓有影响的卡车司机组织的领导人，起初都参加了其他的卡车司机组织，而他们起初参加的组织也毫无例外的都是建基于各种“原生性社会关系”之上，靠微信组建成群的：HJF 起初加入的唐山 L 群是以河北唐山籍的卡车司机为主体，具有强烈的地缘特征；ZY 入群则是通过以往战友介绍，而且这个群不仅是以东北籍卡车司机为主体，而且是以“跑满洲里”的为主，有点“跑专线”的色彩。各种各样的“原生性社会关系”成为卡车司机拉群、建组织的根基。第二，“中国龙”和“东北虎”的成立也都经历了某种“组织裂变”的历程，它们都是各自从先前的组织中破茧而出，另立门户，开创了新组织的基业。现在来看，卡车界中的“组织裂变”似乎是经常发生的，而这成为新组织得以萌生的一个基本途径。

### （三）组织理念

“中国龙”和“东北虎”各自设定的组织理念都带有极强的素朴性，表达出卡车司机基于“原生性社会关系”而形成的互帮互助观念。“中国龙”的组织理念是“互帮互助，彼此感恩”，“东北虎”的组织理念是“有难必帮，有险必救”。这些理念并不是单纯功利主义的，而是在强调互帮互助之后，突出了彼此尊重和感恩。

### （四）组织架构与组织运作

“中国龙”和“东北虎”的基本组织单位也是微信群。“中国龙”建群较早，迄今约两年半，现在有 50 个群，联络约 22000 名卡车司机；“东北虎”建群刚满两年，现在掌握的群数较“中国龙”多一些，有 58 个群，联络约 26000 名卡车司机。

“中国龙”和“东北虎”的组织架构大体相同，基本上分为两个层级。第一个层级就是为数众多的单体微信群，每个单体群吸纳成员在 400 名上下。单体群各设群主，负责对群内卡友的管理。在两个组织中，群主的名称不一。“中国龙”称为群主，“东北虎”则称为组长或者管理员。各群除群主或组长外，一般还设有副群主和副组长来协助管理。第二个层级可以称为“核心平台”，实际上就是整个组织的管理层。“核心平台”仅限于各群群主或组长参与。这个层级的参与人是实际上的决策者，举凡第一层级各群接到的重要信息，如重大求助信息等，在本群内难以决策的，都会上报到第二层级的核心管理层来加以讨论和决策。两个组织的最高负责人，“中国龙”的总盟主 ZY 和“东北虎”的领导者 HJF，也都参加第二层级的沟通和讨论。

在核心平台上，两个组织的负责人和管理成员是最为忙碌的。每天有无数的信息报送上来，需要尽快决策和处理。“中国龙”的 ZY

和“东北虎”的 HJF 一般都使用两部手机，每日的各种沟通联络信息源源不断，手机滴滴叫个不停。卡车司机组织的负责人处理组织事务占用大量时间，有时不仅影响生意，甚至会影响夫妻关系。HJF 的妻子就曾于 2017 年春节之际在“东北虎”的微信群里发了一篇题为“把老公还给我”的帖子，抱怨 HJF 一心扑在组织工作上而冷落自己。

如果说，两个层级的微信群奠立了“中国龙”和“东北虎”的基本组织架构，那么在这个基本组织架构之外，两个组织还都设立了一些特殊的功能性部门。“中国龙”在总盟主之下，设立了“宣传部”、“清欠小组”、“救援小组”和“调解小组”。“宣传部”负责群内发生的各种好人好事的宣传报道，与外界的舆论打交道也由该部负责；“清欠小组”主管各群发生的追讨运费事宜，为之出谋划策；各群需要开展重大救援行动时，也会上报到“救援小组”，由该小组直接指挥，前述青藏公路生命救援活动就是由该小组和总盟主共同指挥的；最后是“调解小组”，这个小组主要是对组织内部成员的纠纷开展调解工作。据 ZY 说，这些功能性的小组人数不多，但是工作效率很高。与“中国龙”设立各种功能小组不同，“东北虎”是另外设置了三个具有不同功能的特殊的群，这些群也具有特殊的工作小组的性质。第一个是管理卡车加油、故障车修理和救援工作的群。其他各群的卡友有了技术救援类的需求，都会到这个群里来寻找可得资源。第二个是集中了各种小物流、信息部的群。把它们集中在一个群里，可以降低各群卡友的市场搜寻成本，便于找货。第三个则是“复转军人群”，把加入“东北虎”的复转军人共一百六七十人都集中在这个群里。按照 HJF 的设计，这个群是“东北虎”的“黄埔军校”，是专门为“东北虎”培养干部的，日后各群的组长都要从这个群里选拔。HJF 介绍说，在“东北虎”中已经有十六七个群由这批复转军人中的佼佼者担任组长。

### （五）组织的符号、经费与线下聚会

迄今为止，“中国龙”和“东北虎”都没有自己独有的会员证，但是他们各自设计了标志自己组织的车贴。早期的车贴多半是纸做的，用彩色印刷印制一个“龙头”或者“虎头”图像，下面标注一圈字样：“中国龙－龙行天下卡车司机联盟”或“东北虎卡车司机联盟”。加入组织的卡车司机把这些标志张贴到自己的车头或者是驾驶室的侧门上，以供互相识别之用。后来组织壮大了，纸印的标志就换作金属制作的，但也不过如此而已。与那些较大的卡车司机组织不同，除了车贴，这两个组织再无其他的组织象征。

“中国龙”和“东北虎”两个组织都不向成员收取固定会费，两个组织也都没有固定的经费来源。但是组织救援、讨债等事项总会发生一定费用，例如电话费就是一笔不小的开支。这些钱从哪里来呢？两个组织都是由组织成员自己承担。HJF 说：“电话费都是自己本人承担，谁打电话谁掏电话费。”（DBH－HJF 访谈录）有些时候，在帮助卡友追讨运费成功后，求助卡友心怀感激，经常提出来要给组织留下点费用，支付电话费等一应开支，这两个组织都是坚决拒绝的。HJF 说：讨债回来的钱都让卡友拿走，“我们一分不留”（DBH－HJF 访谈录）；ZY 说得更明白，进“龙群”只是付出，没有索取，要是讨债拿提成，“那就成了黑社会了”（ZGL－ZY 访谈录）。

“中国龙”和“东北虎”两个组织主要都是在互联网上活动，靠智能手机联系，初期很少有组织本身操办的线下聚会。据我们所知，“中国龙”是在成立两年以后，即 2017 年召开了第一次线下聚会；而“东北虎”则是在前不久的 2018 年 10 月召开了第一次线下聚会。线下聚会无疑有助团结、巩固关系，但线下聚会确实是一件成本颇高的事情。一方面是卡车司机走南闯北，难以聚集；另一方面除那些财力雄厚、规模较大的卡车司机组织外，像“中国龙”和“东北虎”

这样的中小型组织实在缺少线下聚会的必要成本。当然，如果两个组织愿意找厂家拉赞助，还是有不少厂商如轮胎厂、汽贸公司等乐意充当金主。但两个组织对于与厂商打交道都是比较谨慎的，至少在当下，它们都尚未与某些厂商建立过于密切的联系。

## （六）组织成员的基本状况

调查问卷提供了“中国龙”和“东北虎”两个卡车司机组织成员一些基本状况的信息，在这里对两个卡车司机组织成员状况的描述主要依据调查问卷提供的数据资料来进行。由样本可见，“中国龙”和“东北虎”两组织的样本成员依然是以男性成员为主，分别占到94.5%和97.5%。这个比例和我们在上一个研究报告中发现的卡车司机群体的性别比例大体对应。图3－2表明了此种情况。

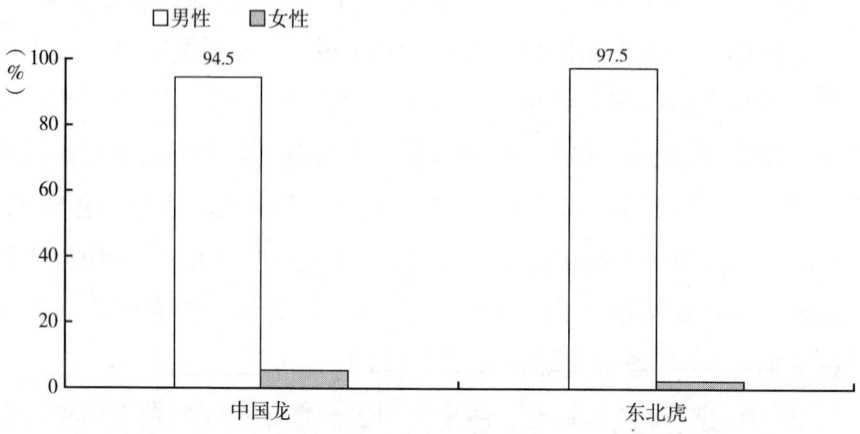


**图3－2 “中国龙”和“东北虎”样本成员的性别比例**

说明：样本量，东北虎：2747；中国龙：771。

资料来源：2018 中国卡车司机调查。

两个组织中样本成员都多为中年人，26～50岁的卡车司机在两个组织中都占90%以上，其中31～40岁的样本成员在两个组织中都超过50%。从这个年龄结构大致可以判断，作为两个组织中坚力量的多为年富力强的卡车司机。图3－3反映了此种状况。

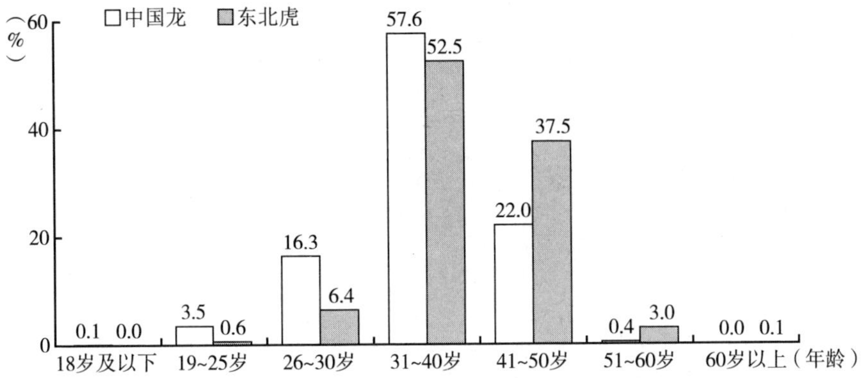


**图3－3　“中国龙”和“东北虎”样本成员的年龄结构**

说明：样本量，东北虎：2747；中国龙：771。

资料来源：2018 中国卡车司机调查

从这两个卡车司机组织样本成员的户籍来看，“中国龙”的成员户籍以华东、华北等地区为主，而“东北虎”成员的户籍则以东北地区为主。两个组织成员的户籍分布参见图3－4。

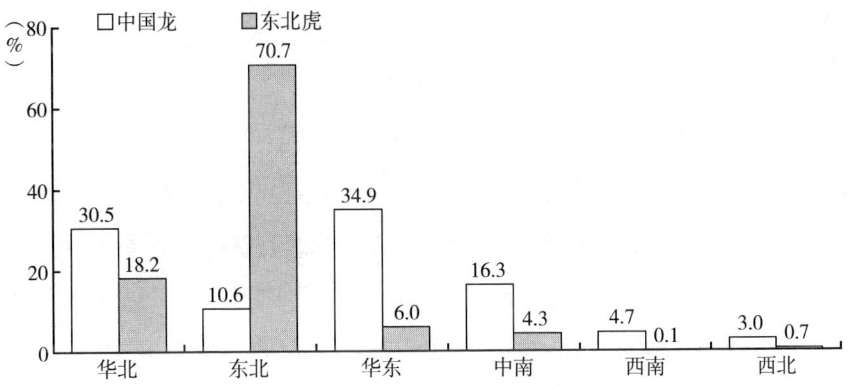


**图3－4　“中国龙”和“东北虎”样本成员的户籍分布**

说明：样本量，东北虎：2747；中国龙：771。

资料来源：2018 中国卡车司机调查。

从两个组织样本司机的从业年限看，他们大多是从业达六年以上的司机，属于年龄较大、从业年限较长的老司机。图 3 –5 表明了两个组织样本司机的驾龄。

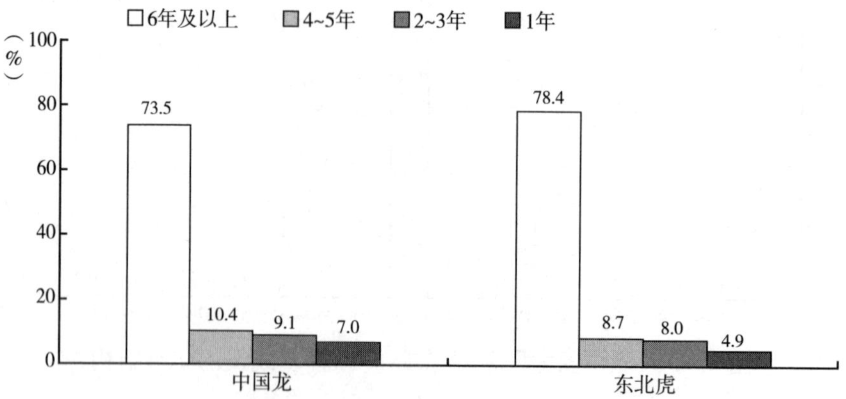


**图 3 –5 “中国龙”和“东北虎”样本司机的从业年限**

说明：样本量，东北虎：2747；中国龙：771。

资料来源：2018 中国卡车司机调查。

关于参加卡车司机组织的动机，我们在问卷中列出了九种可能的答案，并且注明是多选题。令人惊奇的是，两个组织的答案非常接近。排在第一位的都是“结交更多的朋友”，透露出卡车司机广泛的团结意向。“中国龙”样本中持此答案的达 87. 29%，“东北虎”样本中持此答案的达 87. 24%。排在其后的是“获得道路救援”，然后是“索要运费欠款”。“在论坛里讨论各种事务”也占据很高的比例，表明这些卡车司机具有较强的表达意愿。两个组织各自的回答状况参见图 3 –6。

关于卡车司机是通过何种途径加入“中国龙”和“东北虎”的，两个组织成员的反映也是非常相近：主要都是通过卡友介绍，这是在“原生性社会关系”基础上形成的非常典型的网络运作。图 3 –7 表明通过熟人介绍进入“中国龙”和“东北虎”组织的成员比例，前者高达 83. 4%，而后者接近 100%。

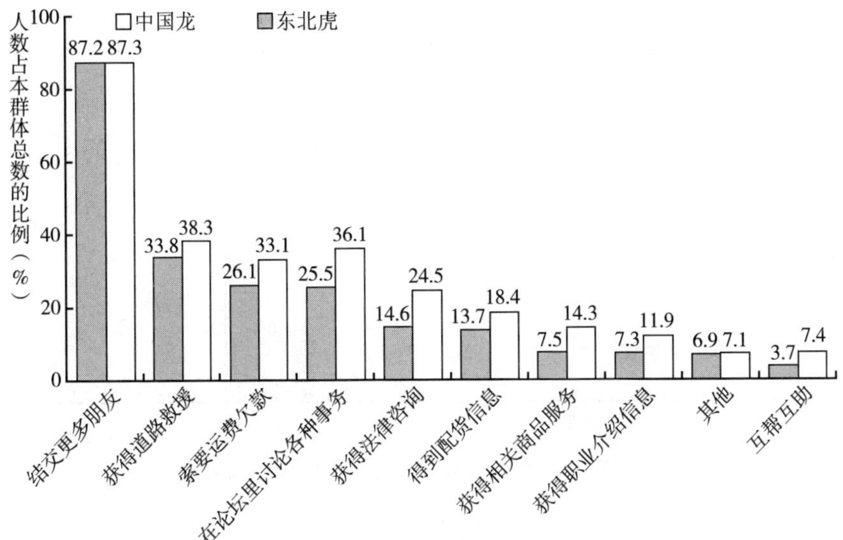


**图 3－6　“中国龙”和“东北虎”样本司机加入组织的目的**

说明：样本量，东北虎：2747；中国龙：771。
资料来源：2018 中国卡车司机调查。

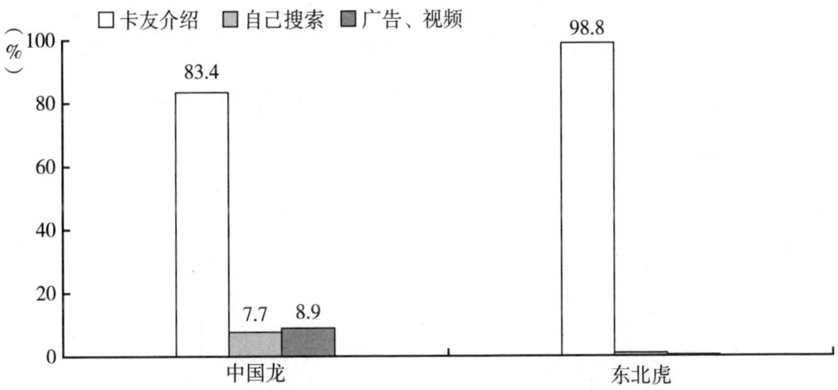


**图 3－7　“中国龙”和“东北虎”成员加入组织的渠道**

说明：样本量，东北虎：2747；中国龙：771。
资料来源：2018 中国卡车司机调查。

在被问道“你是否还介绍了你的朋友加入本组织”时，大多数样本卡友给出了肯定的回答，参见图 3－8。

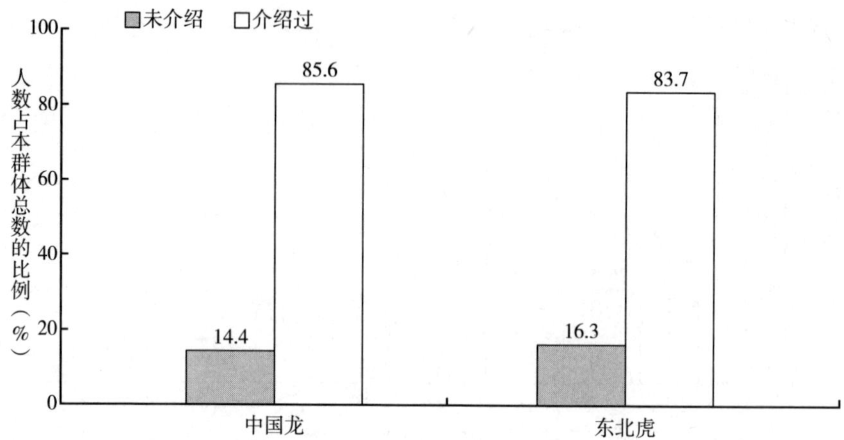


**图 3-8　你是否介绍了你的朋友参加本组织**

说明：样本量，东北虎：2747；中国龙：771。
资料来源：2018 中国卡车司机调查。

在参加组织年限方面，样本中的大多数卡车司机都限于一年以内——“中国龙”成员高达 92.61%，“东北虎”也有 69.96%，见图 3-9。在这里需要说明的是，两个组织成立年限都不过两年上下，因此样本成员加入组织年限较短正表现出它们作为新兴组织的特征。

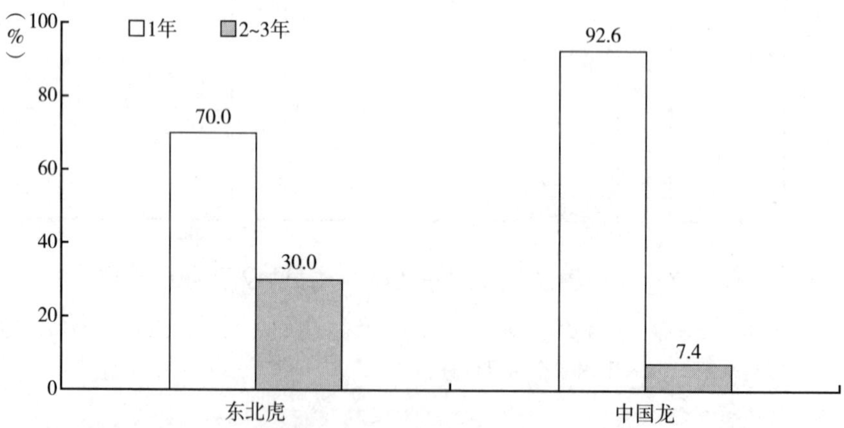


**图 3-9　“中国龙”和“东北虎”样本成员加入组织年限**

说明：样本量，东北虎：2747；中国龙：771。
资料来源：2018 中国卡车司机调查。

加入卡车司机组织的卡友们对组织多抱持高度信任的态度。在被问到“如果您工作或生活中发生自己处理不了的事情时，通常您会首先向谁求助”时，两个组织成员中都有60%以上的样本卡友回答去找“卡车司机组织”，虽然大多数卡车司机加入组织尚不过一年之久。图3－10表明了这种情况。

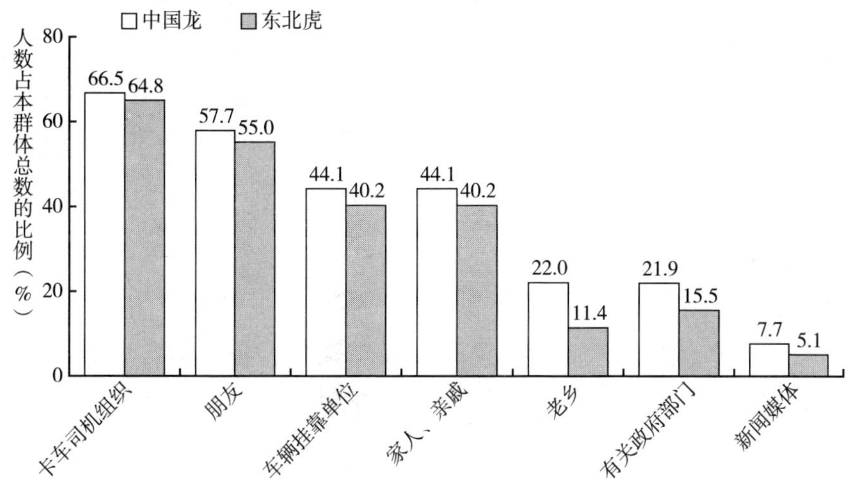


**图3－10　“中国龙”和“东北虎”成员求助对象分布**

说明：样本量，东北虎：2747；中国龙：771。

资料来源：2018中国卡车司机调查。

由上可见，加入“中国龙”和“东北虎”的卡车司机们，至少从样本反映的情况看，主要是一群中青年男性，他们的户籍地主要分布在中部和东北部地区，具有较长的从业经历，而且对组织充满了憧憬和信任。“原生性社会关系”是其建立和发展组织的基础。

## （七）组织绩效

“中国龙”和“东北虎”两个组织各自成立不过两年多的时间，但是业已做出显著绩效。这种建立在“原生性社会关系”基础上的组织具有高度的自主性和内部团结，用最简单的手段把一部分卡车司机组织起来，逐渐凝结了他们的群体归属感并确立了他们的团结，在应对卡车司机劳动过程“四大需求”方面做出了巨大贡献。两个组织在全国各地多次组织和参与各种救援活动。仅“中国龙”两年半以来就已完成各种救援3200多起（ZGL－ZY访谈录）；“东北虎”则表示救援活动每天都有，“少则数起，多则十数起”（DBH－HJF访谈录）。此外，它们还各自为组织成员追讨了大量的拖欠运费，两年半以来，“中国龙”讨回的运费达113万元（ZGL－ZY访谈录）；“东北虎”讨债数百起，追回运费也有110万元以上（DBH－HJF访谈录）。这种追讨运费的行动，不仅在实际上挽回了卡车司机的损失，更为重要的是面对整个卡车界释放出一个强信号：卡车司机孤立无援、任人欺凌的年代已经成为历史。现在，司机们开始团结起来，通过自己的组织来维权。类似拖欠运费、压低运价之类直接损害卡车司机利益的事情，今后再也不是无良货主可以为所欲为的了。

## 三　基于商业关系的组织：“卡友地带”

“卡友地带”是“卡车界”中迄今为止规模最大的卡车司机组织，也是出现较早、影响深远的卡车司机组织。从一定意义上说，“卡友地带”的产生是卡车司机组织化高潮到来的一个标志。

### （一）组织缘起与发展

“卡友地带”是由“合肥维天运通信息科技股份有限公司”（以下简称“合肥维天”）创立和运营的一个卡车司机组织。“合肥维天”的前身是2002年在北京成立的一家科技信息公司，2010年迁至合肥，改称“合肥维天”。该公司自主开发并运营的“路歌物流电子商务平台”（以下简称“路歌”），是集物流业的服务交易、过程管理和协作流程于一体的大型电子平台，在物流业扎根日久、影响巨大，现已拥有 7 万多家物流或生产制造企业用户，300 多万从事干线营运的个体重卡会员。据称“路歌”当前的上线运输交易额已突破 17 亿元/月。

1. 不经意间迸发的组织创新设想

“卡友地带”是“合肥维天”建立的卡车司机组织。换言之，“卡友地带”这个卡车司机组织，自诞生之日起就是扎根于商业机构之中，并作为商业机构的一个部门来运作的。不过，它的问世倒不像一般的在公司内部建立一个经营部门那样平淡刻板，而是很有点故事意味。

“合肥维天”的老总 FL 毕业于北京邮电大学，后来又读过清华大学经管学院的 MBA。FL 不同于一般的商界人士，据他自己说，他从念书的时候起就不仅对信息技术感兴趣，而且对社会科学也有浓厚的兴趣。在社会科学中，他起初信奉经济学，后来则对社会学产生了很大兴趣。广博的知识面使得 FL 在创办和运营公司时总是具有不同于一般商人的眼光。在他眼里，公路运输业里最重要的不只是跑来跑去的车，更是驾驶货车的人（KYDD - FL 访谈录）。

据说当年 FL 鼓励公司的年轻人创新观念，让大家对公司运作的项目提出各种设想。一位叫 CL 的青年科技人员提出了一个创立男女青年社交软件的设计。“社区交友”的点子马上引发了 FL 的兴趣，和他头脑中日思夜念的卡车司机群体吻合起来。当时“路歌”平台上已经掌握了上百万卡车司机的登录信息，能不能利用平台软件推进卡车司机的交流，把他们进一步联络成为一个比较稳定的社群呢？FL 和 CL 就此多次讨论、商议，终于把创立卡车司机网络社区的设计理念确定下来，并且为之冠名“卡友地带”。不过现在，社区交友的主体已经不是原初设计时的那些少男少女，而变成了卡车司机。

2. 顺应时势的发展

“卡友地带”于2014年问世之际，恰逢物流业发展臻至高峰，“卡车界”里聚集和涌动着大批货运车辆和卡车司机，前述“四大需求”空前高涨。“卡友地带”在此时问世，可以说是应运而生，大旗一经竖立，旗下便汇聚了大批卡车司机。

2014年6月1日，“卡友地带”在安徽“合肥维天”正式成立。自斯时以降，“卡友地带”的发展可以说因应时势，顺风顺水。“卡友地带”的基本特点是，对外是一个自治的卡车司机组织，对内则是“合肥维天”的一个营运事业部。“卡友地带”的负责人一身而兼二任焉，既是组织负责人，同时也是营运事业部总经理。2014年8月，“卡友地带”面向全国卡车司机推出促进交流互动的网络社区。2015年5月2日，“卡友地带”在合肥市举办第一届“5.2卡友节”。2016年9月19日，“卡友地带”App正式上线，引发大量关注。到2018年，据称“卡友地带”已在全国聚集了80万卡车司机，成为全国规模最大的卡车司机组织。

## （二）组织架构

与此前的组织相比，“卡友地带”具有完整的组织架构。这个架构大致可以划分成基本卡友和领导机构两个层次。

参加“卡友地带”的卡车司机统称为“卡友”。“卡友”包括四个级别：“无等级”“实习卡友”“正式卡友”“铁杆卡友”。四级卡友的区分是由各自不同的“卡友值”来界定的（参见表3－1）。

**表3－1　卡友值与卡友等级**

| 卡友值 | 0～199 | 200～799 | 800～1999 | 2000及以上 |
| --- | --- | --- | --- | --- |
| 卡友等级 | 无等级 | 实习卡友 | 正式卡友 | 铁杆卡友 |

资料来源：卡友地带App。

不同等级的卡友在“卡友地带”享有不同的权益。比如求助，并非所有卡车司机都有登陆“卡友地带”App发布求助信息的权利。只有那些通过实名认证的卡友，即获得“实习卡友”资格以上的卡友才有发布求助信息的资格。在购买“卡友地带”专有商品方面也有相应的限制，至于担任组织领导成员，具备“铁杆卡友”的资格则是起始条件。

“卡友地带”的负责人分为三个级别。最高级别的领导称为“总舵主”，“总舵主”就是上述营运事业部的总经理，相当于公司的副总级别。“总舵主”以下依次为“分舵主”和“堂主”。“分舵主”管理一个地区（地级市）的“卡友地带”成员，“堂主”则负责领导一个县（县级市、区）的“卡友地带”成员。一般来说，在地级市这一级，还设置有“军师”1～3人，协助“分舵主”开展工作。

组织负责人的这种称谓系统表露出明显的江湖色彩。我们在访谈“卡友地带”的负责人时曾经专门问及这一点。CL做了如下的说明：

> 叫这个名字是因为他们喜欢啊，这些人他常年在外跑，其实当时我们去定组织名称的时候，也是跟他们聊过一些，他们还是很愿意认可这样的称谓的。有一点点的江湖气，然后也觉得具有组织感。（KYDD－CL访谈录）

“有江湖气的组织感”构成“卡友地带”领导层级的一个文化特征。但是为什么卡车司机偏爱此种称谓系统呢？“卡友地带”的负责人FL提示我们，这可能与民间文化流传的“武侠精神”有关。20世纪80年代以后武侠小说和相关影视作品风靡全国，影响了一两代人。卡车司机对“行侠仗义”的帮会英雄们心向往之，于是乐于将那些帮会的称谓直接移植到自己的组织上来。

“卡友地带”的“总舵主”W曾经是“合肥维天”的客户，据说当过特种兵，“外形、气质都很有魅力”，而且在经营货代业务的过程中积累了很多与卡车司机的交往经验，充分了解卡车司机的生存状态和实际需求。他是被“合肥维天”发掘出来担任“总舵主”的（KYDD – CL 访谈录）。为树立“总舵主”的形象，公司运营团队还通过撰写网文、现场活动等方式对他进行“塑造”和“加持”，把他打造成卡车司机的“意见领袖”和“卡友代言人”。W 一方面要作为“总舵主”，代表“卡友地带”总舵出席各类社会活动，比如各个分舵组织的卡友聚会、“5. 2 卡友节”等；另一方面，作为“合肥维天”一个营运事业部的总经理和公司的副总，还要经常代表公司出席各种商业活动。

为了方便“总舵主”与各地“分舵主”和“堂主”之间的沟通联络，管理和帮助各地分舵开展重大活动以及调理各地组织发生的内部纠纷等事项，“卡友地带”还专门设置了“联络员”的岗位。联络员管辖的区域大致按省（区、市）划分，偶尔也有交叉。其中最多的一位要负责 10 个省（区、市）的分舵。由于“联络员”主要从事与人交流的工作，所以公司在招聘时，更多考虑的是那些表现出有同情心、有亲和力的人员。又由于“联络员”是在一个以男性为主的群体中开展工作，女性被认为具有天然的优势，所以公司招聘的联络员多为女性——目前的七名联络员中仅有一位男性，其余六名均为女性，平均年龄为 30 岁左右。

参与“卡友地带”的 80 万卡友就这样通过遍布全国的 288 个“分舵”和 1440 多个“堂口”而组织起来，在“总舵主”的率领下开展各种活动。

### （三）组织理念

“卡友地带”设定的组织理念是一个复杂体系，包括两个侧面。在我们看来，其组织理念反映出它既作为卡车司机的社会组织，又作为商业组织的二重属性。

1. “热情、团结、诚信、互助”四大价值理念

一方面，“卡友地带”提出“热情、团结、诚信、互助”四个词语，将它们界定为“卡友地带”的基本价值理念。按照CL等的说法，为什么首先提“热情”呢？这是因为在当下的卡车司机群体中普遍存在人与人之间漠不关心的现象。所以“卡友地带”提倡以“热情”去破解卡友之间的冷漠和隔阂。其次是“团结”。在CL看来，现在的卡车司机不是没有团结的意向，但多半都只是拘泥于“小团结”，那只是“地域性的抱团现象”，还不是真正的团结。“而我们强调的团结就是去破除这种地域式的团结”，提倡卡车司机跨地域的大团结。再次是“诚信”。据CL介绍，卡车司机工作的周边环境，包括“货物匹配市场和后服务市场”等，一概缺乏诚信，“卡车司机加个油、换个胎都很容易被人坑”。因此“卡友地带”倡导诚信，倡导无欺，并且要求首先从卡车司机自己做起。最后是“互助”。实际上，“互助”是卡车司机行动在先的。即使不倡导，很多卡车司机已经将之付诸实践了。把“互助”纳入，更多的是为了加以强调（KYDD－CL访谈录）。

2. “生意、生产、生活”三大目标取向

另一方面，“卡友地带”又提出“生意、生产、生活”三个词语，将它们同样设定为指导组织活动的目标取向。“卡友地带”反复强调自己的宗旨就是“全心全意为卡车人谋福利，努力改善中国卡车人的生存状况，让中国卡车人活得更有尊严，更幸福”。这个宗旨的落实就体现在要对卡车司机的“生意、生产、生活”都有所助益。但是实现这些诺言必须具备实际可行的手段。在“卡友地带”那里，这些实际可行的手段就是各种商业化手段。通过商业手段的实施，努力为司机带来生活上温暖的关怀、生意上强大的助力、生产上优良的供应。

由上可见，在“卡友地带”中，组织理念系统实际上包括两个侧面。“四大价值理念”是比较超越的，更加凸显出“卡友地带”作为一个卡车司机社会组织的特征；“三大目标取向”则是面向实践的，更加凸显出“卡友地带”由以托生的商业组织胎记。两个侧面之间必然存在一定的张力。因而当“卡友地带”在后期发展中愈益倾向于后者的时候，这个张力的爆发导致一系列的组织裂变。

### （四）象征标识

作为成立较早、规模最大的卡车司机组织，“卡友地带”设计了一整套的象征标志，作为整合卡友的符号系统。

1. 组织标识

“卡友地带”的组织标志设计的是一位正面戴帽的卡车司机头像，下方展开一条注有“卡友地带”的四字横幅。有趣的是，这个卡车司机的头像是高度抽象化的，面部并无五官痕迹，似乎意在凸显这个卡友形象的高度概括性和延伸性。这个组织标志被广泛地印制在“卡友地带”发放和出售的车贴、服装和各类商品上。

2. 车贴

如前所述，车贴是卡车司机组织身份的重要标志物。“卡友地带”的车贴上印制的就是该组织的象征标志。“卡友地带”对车贴做了如下描述：“车贴是卡友地带的象征，代表卡友荣誉和使命的标志。共有实习车贴和正式车贴两类，完成对应的任务才可领取。有了车贴，你才是一名货真价实的卡友。”[①] 在“卡友地带”，车贴并非随意发放的，而是制定了比较严格的两级车贴制度。两级车贴分别对应“实习卡友”和“正式卡友”及以上层级的卡友，直观地标明不同等级卡友在组织内的不同身份。此外，车贴虽然免费，但是“实习卡

① 参见“卡友地带”App。

友”还是需要支付递送车贴的邮费。只有“正式卡友”才能享受免付邮费的福利。

3. 服装

“卡友地带”还制作了自己的专用服装，这是那些中小型卡车司机组织可望而不可即的。服装包括夏季的T恤和秋冬季的冲锋衣。服装的左前胸部缀有“卡友地带”的标志。服装的发放方式与车贴有所不同，虽然仍然严格按级分等，但是，除各级“领导”能获赠诸如T恤之类的服装之外，其余产品都需要卡友严格根据等级来购买。

象征标志和印有象征标志的系列产品的生产和发放，为“卡友地带”提供了强有力的凝聚手段，催生了加入组织卡友的荣誉感和归属感。

### （五）“卡友地带”的App和文化宣传

1. “卡友地带”App

2016年9月19日，“卡友地带”App上线。2018年1月，改版后的“卡友地带”App正式启用。现在该App平均日活跃用户在10万人次上下，日求助量高达1500~2000件。

“卡友地带”App大致分为以下四个版块。

社区版块：提供卡友交流交友、分享跑车生活、组织卡友聚会、曝光假冒伪劣供应商、提供卡友视频等服务。

互助版块：提供卡车司机专业的在线问答服务，回答卡车司机在驾车运营途中的各种问路、汽修等方面的求助问题并提供相应服务，各分舵提供线下互帮互助服务。

分舵版块：提供各分舵基本情况的在线查询，还提供分舵主、联络员、堂主、军师等的个人信息，包括加入“卡友地带”的时间、通过各类验证的情况、卡友值、参与互助等的查询。同时还提供申请加入分舵的服务。

发现版块：提供 ETC 卡、加油卡、定制卡车、卡友商城等商品销售服务。同时还提供卡友电台、卡友影像馆、保障计划、查询号码等项服务。

2. 微电影与歌曲

作为一个大型卡车司机组织，“卡友地带”非常重视各种文化宣传。2015 年 7 月 31 日，卡友地带通过“喜马拉雅”电台推出卡车司机专属电台栏目“路歌在路上”，使得卡车司机第一次有了专属于自己的歌曲专栏；2015 年 10 月 18 日，“卡友地带”首部微电影《夜曲》发布，播放量超过 1500 万次，之后又陆续发布多部微电影。

3. “5.2卡友节”

“卡友地带”自成立之后，每年一次的“5.2 卡友节”成为卡车司机重大的节日庆典。把 5 月 2 日定为“卡友节”意义重大。首先，将“卡友节”定在紧紧毗邻“五一国际劳动节”之后，凸显了卡车司机作为劳动者的地位和形象。其次，“5.2”谐音“我爱”，表达对广大卡友的深切爱意。迄今为止，“卡友地带”已成功举办过四次“5.2 卡友节”。2018 年 5 月 2 日举办的全国第四届“5.2 卡友节”，总会场加上各地分会场参与人数超过 5 万人，堪称规模宏大。所有这些活动都不但增强了“卡友地带”成员的认同感和组织归属感，而且对国内的广大卡友也是巨大的精神鼓励。

## （六）商业化要素的投放与运用

1. 商业化运作的机制和手段

“以社区交流、互帮互助为吸引点，吸引足够多的，高质量、高信任度的用户。……筛选出可进行商业合作的潜在用户。”这是“卡友地带”在 2016 年的对外宣传文档中明确表明的运作模式，体现出鲜明的商业化特征：促动“交流”和“互助”都是手段，目标是筛选商业用户。那些“卡友值”高，能得到高信任度的卡友，就被界定成潜在的商业合作伙伴。为此，在“生意、生产、生活”的目标取向导引下，“卡友地带”投放了一系列商业化要素和商业化手段，以此促动整个组织的运行。

“卡友地带”通过在 App 上的一系列证件认证、与行为相关的分值界定以及从后台抓取的使用者的“位置信息”等数据，立体地界定了注册卡友，利用数码复原了他们所具备的“专职司机”“个体车主”“货运代理”等身份。通过这套沉淀数据对注册卡友的“生意、生产、生活”状况开展的全方位评估，构成“卡友地带”的核心资产，也是他们开展商业活动的重要基石。

2. 面对现有司机的各种涉车服务

（1）社区商城。

卡友地带在 App 中开设了社区商城并建立了微店：商城主要提供定制卡车、卡友身份标志产品，按卡友级别销售的商品如服饰、水杯、平安挂件、箱包、洗漱用品等，以及各种工具如多功能工兵铲、驱蚊液等。随着组织的发展，带有“卡友地带”标志的商品越来越多地被制造出来，在社区商城上架，堪称琳琅满目。

（2）“诚信汽修联盟”。

2015 年 6 月，“卡友地带”就推出了首家提供线下服务的站点。2016 年 1 月，“路歌 - 卡友地带诚信汽修联盟”正式成立。该联盟旨在为卡友提供救援维修服务，解决运输过程中的车辆故障，与各分舵卡友实行联动，力求全方位解决卡友求助问题。秉持“卡友推荐，分舵考察，总部审核，卡友监督”的规则，截至 2017 年 10 月，各省（区、市）加入“汽修联盟”的修理厂已经达到近 1500 家，覆盖全国逾 80% 的地级市，日均为全国各地卡友解决 300 起车辆故障问题。

（3）“互助保障计划”。

针对当前保险业在公路货运业中大多“保车保货不保人”的状况，2016 年底，“卡友地带”推出了“互助保障计划”，当时仅对卡友社区内级别较高的卡友开放。2017 年“5. 2 卡友节”时，“卡友地带”宣布该计划向所有在“卡友地带”注册的卡车司机开放。“互助保障计划”的主要目标是：为每位罹难卡友及家庭提供 30 万元的互助金，帮助其渡过难关。具体做法则是：参与计划的卡友每人在账户中存入 10 元的互助金作为基数，积粟成仓，用以支持罹难卡友家庭。该计划的关键是需要众多卡友参与。参与计划的卡友人数超过 3 万时，每次分摊的互助金就会低于 10 元，因此对参与计划的卡友并不构成重大经济压力。同样，参与计划的卡友自己一旦遭遇事故，也只要付出几元互助金就可以让自己的家庭获得 30 万元的保障金，支持自己应对风险。这个“互助保障计划”意在补充社会保险体系的不足，可以让卡车司机在无须花费过高成本和精力的前提下有效应对风险，因此受到卡友欢迎。截至 2018 年 11 月 4 日，“卡友地带”中共有 51712 人加入“互助保障计划”，已救助 46 个罹难卡友家庭。

3. 重建生产组织，提供系统服务

“卡友地带”运用商业化要素建设卡车司机组织，不仅着眼于对现有卡车司机提供各种服务，更重要的还在于它着眼于用商业化手段来改造现有货运市场的运作结构和机制，试图用一个完整组织链条实现卡车司机的再组织。在 2018 年“5. 2 卡友节”上，“卡友地带”宣布正式启动“全生命周期定制计划”。所谓“全生命周期”，即为从车辆购买到车辆运营，再到车辆维护的每个环节，均由“卡友地带”提供服务，为卡友提供“购车—金融—保险—挂靠—配货—加油—过路—维修保养—二手车交易”等一条龙服务。在这个计划中，除已有的“诚信汽修联盟”外，“卡友地带”还成立了“挂靠联盟”“诚信车队”等服务体系，从购车、用车、养车、管车四个方面为卡友提供系统服务，整合行业相关资源，打通整体链条。

（1）购车服务。“卡友地带”联合“三一重工”“江淮汽车”等卡车制造厂商，面对卡友共同推出了定制卡车。卡友购买定制卡车可以享受10万公里长换油技术等多项服务以及“江淮服务站+诚信汽修联盟”全程提供的车辆维护。

（2）金融支持。2015年“合肥维天”已推出卡车司机专属银行卡。在本计划中，“卡友地带”又增设了一系列面向卡友的金融服务，包括购置定制车辆的零首付、零利息贷款以及附赠加油卡等。

（3）挂靠服务。针对个体司机购车后挂靠方面遭遇的种种困难，“卡友地带”成立了“挂靠联盟”，为卡友提供办理手续、后续挂靠、金融保理服务。

（4）“诚信车队”。“诚信车队”项目于2018年第四届“5.2卡友节”上正式启动。这是一个互助性的生产组织，其基本模式是由车型、线路一致的多名卡友自发组织车队，通过总部提供的形象包装和服务支撑，塑造诚信、高效、透明、规范的业务形象，帮助卡友得到更好、更稳定的货运业务，改善生意状况。截至2018年10月底，已经分三批审核、通过200支车队为“诚信车队”。

综上所述，可以看出“卡友地带”通过“全生命周期定制计划”，力求通过商业要素的投放，实现卡车司机的再组织，从而在社会生活和营运市场中展示卡友团结的力量。

### （七）卡友概况

问卷调查提供的数据反映了加入“卡友地带”的卡友的基本状况。与其他的卡车司机组织类似，样本卡友的性别比例也是以中年男性为主，图3-11是样本卡友的性别比，图3-12则是样本卡友的年龄分布。

样本卡友的户籍也是以山东、河北为多，其后依次为河南、江苏和山西，详见图3-13。

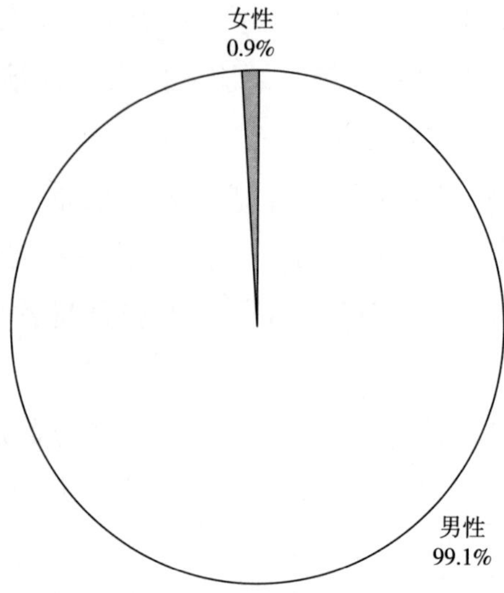


图 3-11 样本卡友的性别比例

说明：样本量为 9112。
资料来源：2018 中国卡车司机调查。

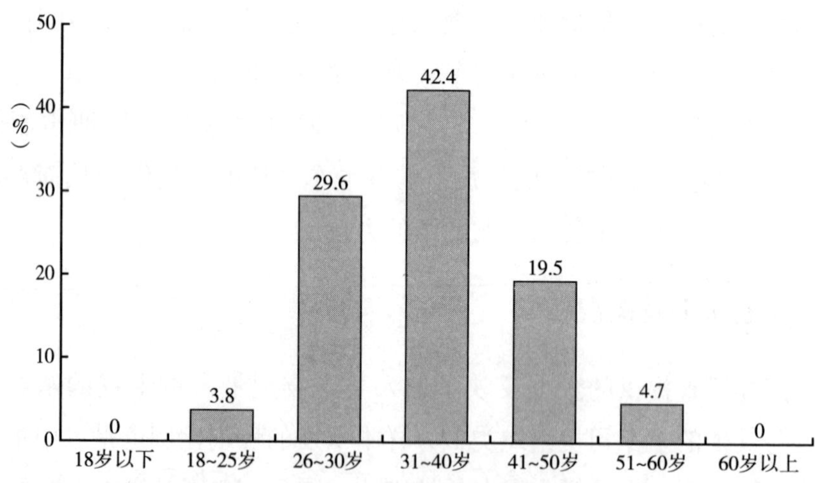


图 3-12 样本卡友的年龄分布

说明：样本量为 9112。
资料来源：2018 中国卡车司机调查。

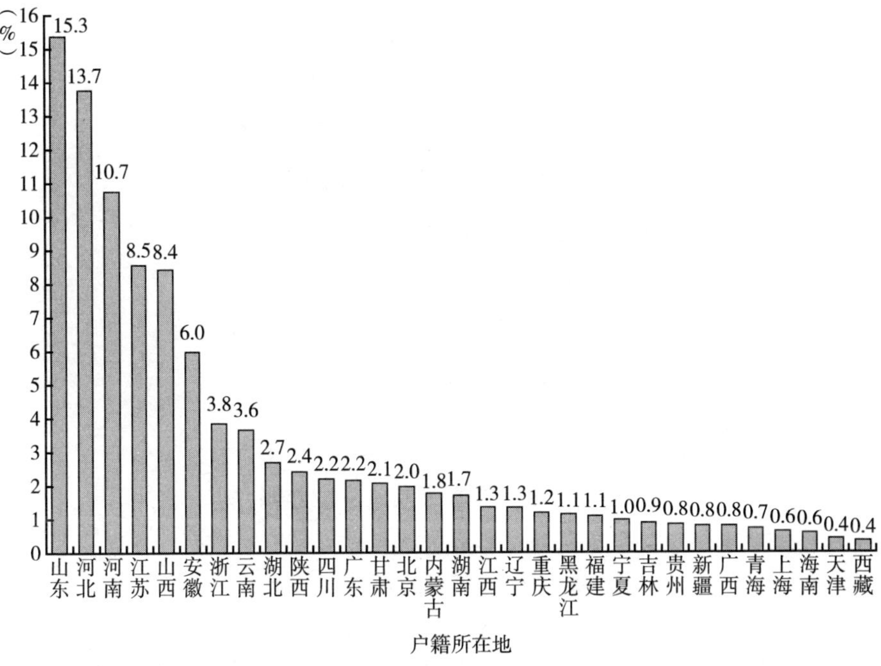


**图 3－13　样本卡友的籍贯分布**

说明：样本量为 9112。
资料来源：2018 中国卡车司机调查。

从样本卡友的从业年限上看，是以入行 5 年及以下的卡友为主体。这与其他三个卡车司机组织的状况并不相同。其他三个卡车司机组织样本成员的从业年限均以 6 年以上的老司机为主。为何在一个成立历史最为长久的卡车司机组织中会出现这种差异，是一个值得进一步深究的现象，参见图 3－14。

当被问及加入“卡友地带”的主要诉求时，样本中大多数卡友的回答是“结交更多的朋友”，这与其他三个卡车司机组织成员对同一问题的回答并无二致。与此类似，“获得道路救援”也是排在第二位的回答。但是，较靠前的诉求中包括“获得与卡车相关的商品和服务销售”，这与其他组织样本司机的回答大不相同。由此可见，在

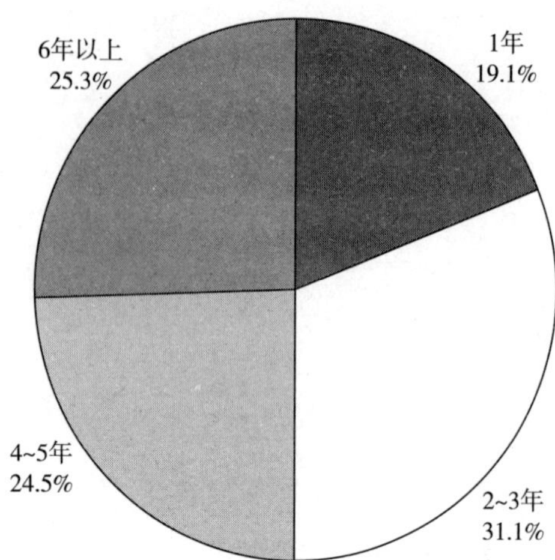


**图 3－14　样本卡友的从业年限**

说明：样本量为 9112。
资料来源：2018 中国卡车司机调查。

“卡友地带”中，商业氛围十分明显，而这显然与该组织的起源和运作手段息息相关，参见图 3－15。

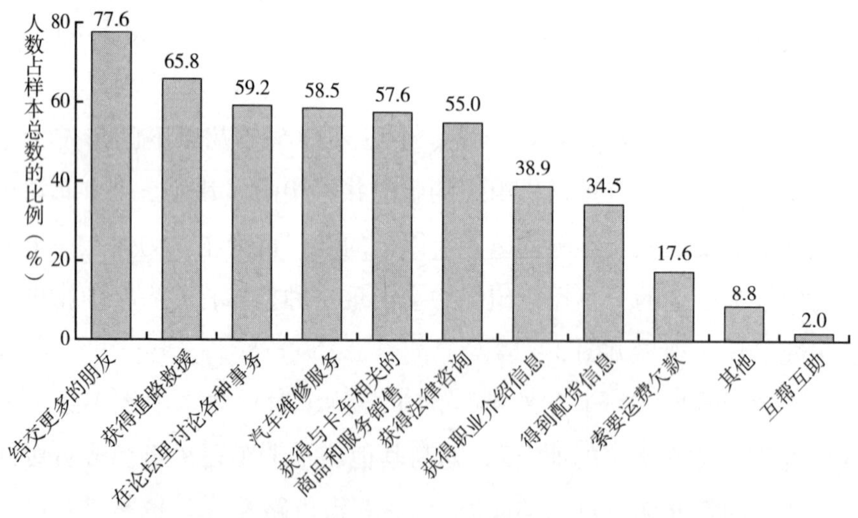


**图 3－15　样本卡友加入“卡友地带”的主要诉求**

说明：样本量为 9112。
资料来源：2018 中国卡车司机调查。

当被问及是否购买过“卡友地带”提供的商品时，约60%的卡友给予肯定的答复。在所购买的商品中，车标和服饰占到近90%，其余的则是专用加油卡、零配件等。样本卡友在“卡友地带”购买这些商品的原因主要是支持“卡友地带”，质量、价格的考虑还在其次。这表明这些卡友是非常热爱自己的组织的，参见图3－16、图3－17和图3－18。

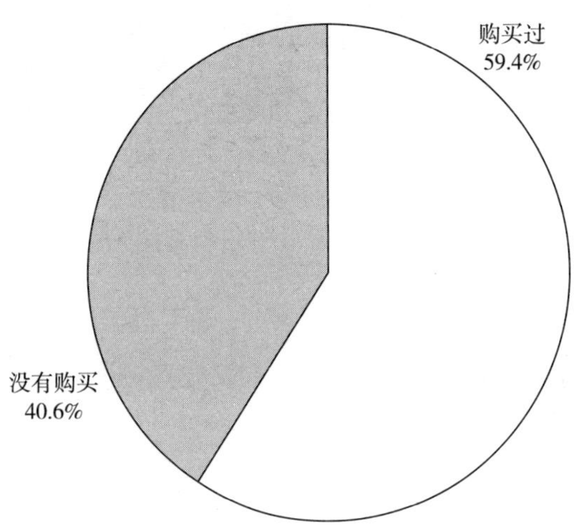


**图3－16　是否在“卡友地带”购买过商品**

说明：样本量为9112。
资料来源：2018中国卡车司机调查。

与其他卡车司机组织成员一样，样本卡友相互交流的最主要的工具也是微信。排在第二位的是电话。专门的App则只占40%左右，参见图3－19。

作为一个大型卡车司机组织的成员，样本中高达75%以上的卡友参加过“卡友地带”组织的线下聚会。聚会的形式首选为“聚餐”，其次则为“年终聚会”和“5.2卡友节”，参见图3－20和图3－21。

与其他三个卡车司机组织成员一样，样本卡友加入“卡友地带”

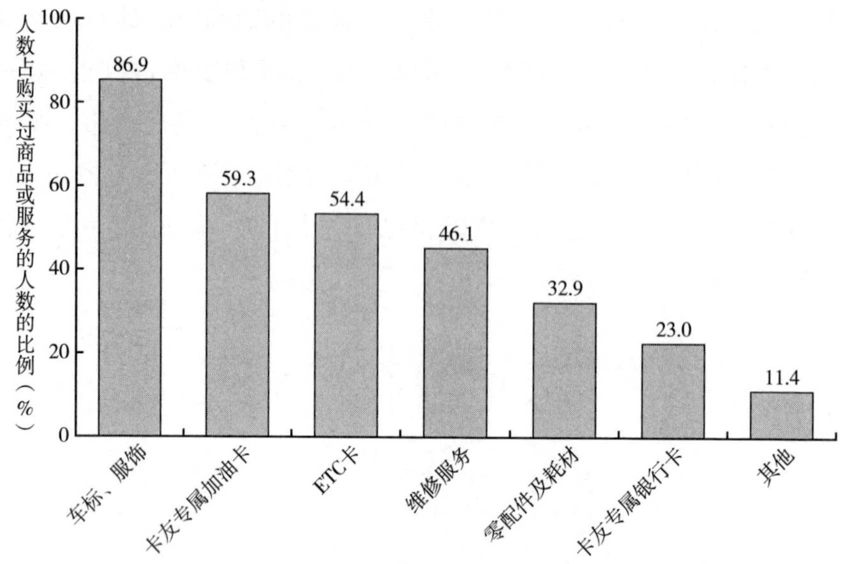


**图 3－17　在“卡友地带”购买过何种商品**

说明：样本量为 9112。

资料来源：2018 中国卡车司机调查。

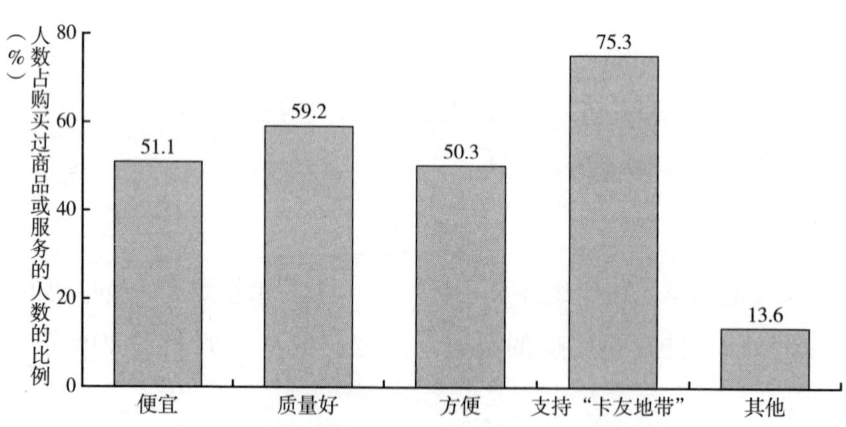


**图 3－18　为何购买“卡友地带”的商品**

说明：样本量为 9112。

资料来源：2018 中国卡车司机调查。

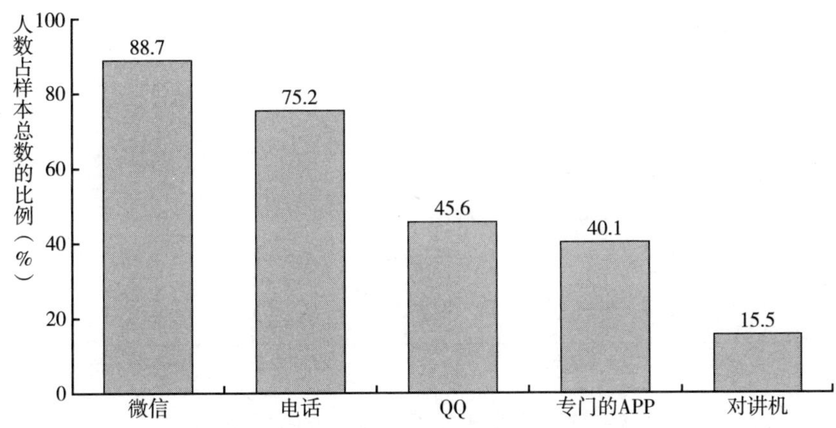


**图 3－19　样本卡友的主要沟通和交流方式**

说明：样本量为 9112。
资料来源：2018 中国卡车司机调查。

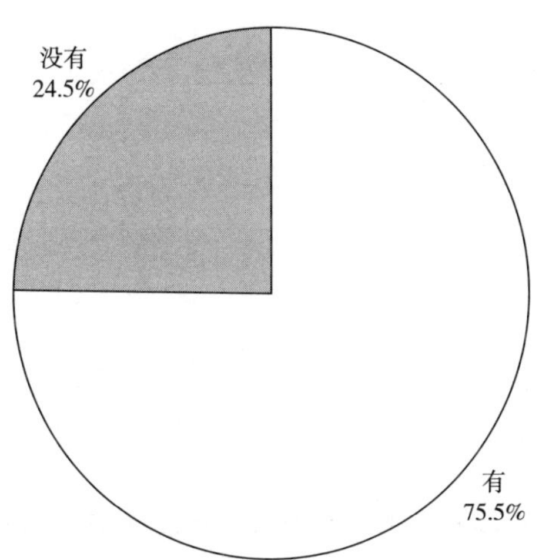


**图 3－20　样本卡友是否有线下交流**

说明：样本量为 9112。
资料来源：2018 中国卡车司机调查。

也多半依靠朋友介绍，这个比例超过 80%，而样本卡友中也有超过 80% 的人介绍过自己的朋友加入“卡友地带”，参见图 3－22、图 3－23。

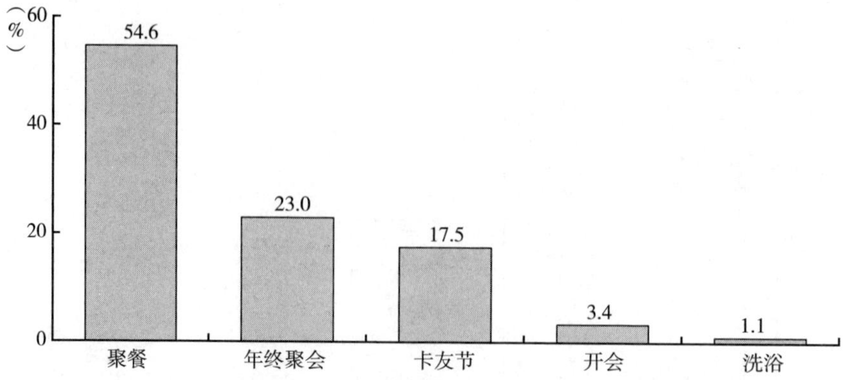


**图 3－21　样本卡友线下交流的主要形式**

说明：样本量为 9112。
资料来源：2018 中国卡车司机调查。

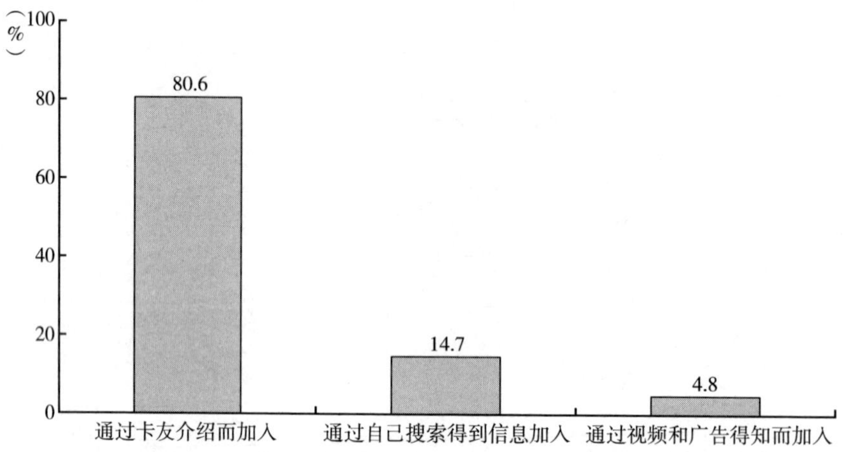


**图 3－22　样本卡友加入“卡友地带”的方式**

说明：样本量为 9112。
资料来源：2018 中国卡车司机调查。

综上所述，加入“卡友地带”的卡友的状况，与其他三个卡车司机组织的成员并无多大区别。但是，在“卡友地带”的制度熔炉里，他们无疑会被锻造出自己独有的特殊面向。

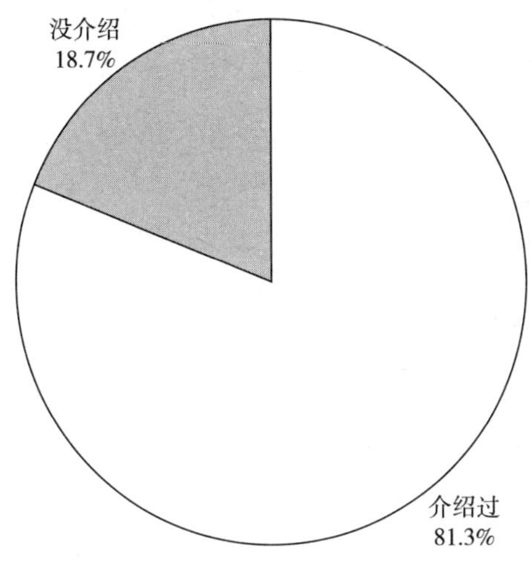


**图 3－23　样本卡友介绍朋友加入“卡友地带”的比例**

说明：样本量为 9112。
资料来源：2018 中国卡车司机调查。

### （八）组织愿景

迄今为止，“卡友地带”仍处于组织扩张的过程中。从样本卡友中 71% 为“普通卡友”以及他们的年龄分布和驾龄分布来判断，近年来一大批年富力强的卡友加入了“卡友地带”。有论者推断，到 2018 年底，“卡友地带”所组织的卡友实际上将远远不止 80 万人，很可能朝着百万卡友的数量前进。可以预见，“卡友地带”将会更加巧妙地运用商业资源和商业手段，将卡友的再组织推向一个新的阶段。

## 四　基于公益理念的组织：“传化安心驿站”

2017 年 12 月 26 日，面对卡车界的首个公益项目——“传化安心驿站”（以下简称“安心驿站”）在北京正式启动。来自项目资助方“传化慈善基金会”（以下简称“传化基金会”）、卡车界、公益界、学术界和新闻界的数百名代表参与了启动仪式，全国各大媒体均报道了这一消息。这个公益项目的问世立即震动了“卡车界”。

## （一）组织缘起

### 1. 两个关键人物

“安心驿站”作为“卡车界”首个公益产品的迅速问世并立即发挥巨大影响，得益于两个关键人物。

“传化集团有限公司”（以下简称“传化集团”）是一家大型私人企业，以化工、物流、农业和投资为四大主营产业，集团总部位于浙江萧山。2017 年 5 月，“传化集团”拨款 33 亿元人民币，宣布成立“传化基金会”，聘请著名公益人 TM 为秘书长，并且确定“传化基金会”首期资助的一个项目，就是面对卡车司机群体的帮扶工作。

据说帮扶卡车司机的决策来自“传化集团”董事长 X 先生内心中一个存之久远的夙愿。X 先生早年做化工产品，为解决运输货物、原料面临的巨大困难而自行开办物流产业，从而与公路货运的卡车司机多有接触。卡车司机在运输途中风餐露宿、艰难困苦的工作和生活条件给 X 先生留下了难以泯灭的深刻印象。是故，一成立基金会，X 先生首先就提出要帮扶卡车司机。

目标确定之后，关键就是要寻找实际操盘运作的人物。X 先生和“传化基金会”的幸运就在于找到了著名的公益人 TM 作为基金会秘书长，具体负责这一项目。2018 年 50 多岁的 TM 出生于湖北江宁的一个乡间小镇，1979 年从镇立中学考入华中师范大学中文系就读，毕业后旋即进入团中央工作。20 世纪 90 年代初转入中国青基会，参与和主持运作“希望工程”项目，自此踏入公益界，在这里活动近三十年。2017 年，TM 从中国青基会秘书长的职位上转调同为团中央所属的“光华基金会”任秘书长。在体制内，这两个岗位都属于厅局级，在一般人眼里职位已经不低了。但是，对于一心要做点实事、成就一番事业的 TM 来说，这个职级并不足惜。

因此，当 X 先生辗转找到 TM 时，两人一拍即合，似有相见恨晚之感。TM 凭着多年从事公益活动的经验，得出“做公益需要有两个条件，一个是要有格局，一个是要有情怀”的结论（CH－TM 访谈录）。按照 TM 的解释，前者是指眼光远大，后者则是指慈悲之心。TM 在最终认定 X 先生完全具备这两个条件，且能够为自己提供做一番事业的机会和条件之后，决计加入“传化基金会”。2017 年 6 月，TM 正式辞职，离开团中央系统，转往“传化基金会”报到并开始工作。两个关键人物的联手合作奏响了“传化安心驿站”萌生和发展的乐章。

2. 从慈善到公益

“传化基金会”的名称镶嵌“慈善”二字，似乎已经明晰了它的初始定位：立一个慈善组织，做一番慈善事业。但是，公益圈的人都知道，慈善和公益尽管有不少相通之处，如两者都源于博爱精神，但归根结底还是两个不尽相同的范畴。大体上说来，公益指的是公众利益，是社会组织及其成员动员各种资源，通过修复、重建和发展社会关系以解决各种社会问题的活动；慈善则多半是基于怜悯心、同情心，对陷于困境的社会成员施以救助的行动。两者的关键区别在于是否对社会事业有所助益，是否对受助群体和个人有赋权增能的效用：公益，特别是发展型公益，强调的主要是赋权增能的维度。

X 先生作为一个企业家，最初似乎并不明了慈善和公益之间的区别。在他的头脑里，卡车司机的工作和生活颇为艰苦，需要救济。因此，在出现伤病、亡故等事项时，就应当及时给予资助，帮助他们及其家庭化解困境。TM 首先将公益理念带入“传化基金会”。按照 TM 的看法，如果要从根本上帮扶卡车司机，就应当把他们作为一个新兴的职业群体来看待，要培育这个群体的内部信任和团结，增强他们的自主能力，并逐步树立他们在整个社会的良好形象。“传化基金会”应当做的不仅是扶贫济困，而且要达到一个更高的层次——赋权增能。

TM 用关于公益的理念首先打造了“传化基金会”的共识，这个共识实际上意味着“传化基金会”针对卡车司机的工作方针从单纯的慈善上升到公益。而公益共识的建立，表明即将推出的“安心驿站”项目，必定立足于一个更高的峰巅之上。可以说，即使到今天，进入“安心驿站”的卡车司机在数量上也不是最多的，但他们的境界无疑是最高的。

3. 调研与定位

公益共识建立之后，下一个阶段的工作就是调研。2017 年 5 月、6 月、7 月三个月，也就是在 TM 正式报到前后的那段时间，“传化基金会”的工作人员 WF、KZ、TX 等人，由 TM 率领，在上海、杭州、成都、石家庄等地对卡车司机开展了密集的调研工作。调研目标是切实把握卡车司机的需求，因为任何公益项目的设立都不应是公益组织闭门造车、自我设计的结果，而应当是受助者需求导向的。

与我们最初开始调研工作一样，“传化基金会”工作人员的调研工作，首先碰到的困难也是“到哪里去找卡车司机”。我们日日可见运货卡车在公路上飞驰而过，但是总不能就在路上把车辆拦停直接向司机问这问那吧？好在“传化集团”自己经营了若干公路港，而公路港作为公路货运集散地，经常有大批卡车司机在此找货、装车和休息。但即使如此，要找到能够吐露实情的卡车司机也并非易事。“传化基金会”的工作人员想出的办法，是托付“传化集团”所属各个公路港内在第一线工作的业务员，通过他们找到其所熟识的卡车司机进行访问。熟人是获得真切信息的保证，“传化基金会”的工作人员在实践中印证和运用了“社会网分析”中的“桥”理论。

扎实的调研工作提供了丰富的信息。TM 和“传化基金会”的工作人员通过深切把握卡车司机工作和生活的现状，对他们的多重实际需求加以总结，最终将援助卡车司机的项目命名为“安心驿站”。所谓“驿站”，自古即为行程途中驻足歇息之所，在此则意味卡车司机行车运货旅途中的节点。“安心驿站”的使命被概括为“车安、家安、心安”三项，表明了帮助整日奔波于路途的卡车司机努力实现车辆安全、家庭安好、人心安稳的美好希冀。古人王阳明有云：此心安处，才是真乐。在此似可略做延伸：家车人处处安好，是为至善！

“安心驿站”标志的设计，特别形象、直观地表明其“车安、家安、心安”的使命。这个据说出自一个年轻学生幼稚画笔的设计，以简约线条勾勒出一辆行驶中的卡车，车身载有一座房屋的轮廓。这个“车家一体”的图标象征着人、车、家三个元素的安全、安好和安稳。

从慈善转向公益，特别是发展型的公益理念，最为关键的着眼点就在于赋能，即努力提升受助者本身的能力。调研结果表明，对卡车司机而言，有三项能力至为重要。一是对具有高度挑战性境遇的积极态度及把控能力。车行天下，常遇险象环生、困难重重的境遇，对这种境遇做到积极应对和冷静掌控，实为卡车司机需要具备的头等重要能力。二是构造社会支持系统的能力。车行在外，一旦出现事故和意外，就需要卡车司机们相互帮扶救助，这就需要有构造、维护和发展卡车司机自身支持系统的能力。三是对生命中优先级重新排列组合的能力。对生命历程中的事项按其重要性加以排序，高度理性和有条不紊地依次处理这些事务，对处于高流动性和原子化工作状态的卡车司机是一项不可或缺的能力。

“安心驿站”的三个目标和培育卡车司机的三项能力息息相关，后者构成前者的基础——三项能力的提升是确保车安、家安、心安的条件；前者则构成后者的外在表现——三个目标的实现是三项能力增长的结果。而“自助助人”作为公益理念的核心成分，一以贯之地贯穿于三项目标和三个能力设计思想的始终。

## （二）组织历程

### 1. 寻找领头人

一个公益项目的成形，首先是要有精当的设计，其次是要确保稳妥落地。当调研结束，项目设计完成以后，重要的就是“安心驿站”公益项目如何落地。而项目落地又有关键性的环节：由谁来担纲，具体实施各地“安心驿站”的组建工作？起初，“传化基金会”曾经有过继续与公路港的业务员合作的设想，想依托他们组建“安心驿站”，但是很快就发现此路不通。行不通的原因在于业务员和卡车司机其实分属两个不同的利益群体。业务员的工作就是要从卡车司机的劳动中赚取费用，他们与卡车司机虽有许多相交之点，但是更有利益冲突之处。“传化基金会”的工作人员在调研中屡屡听到卡车司机对业务员的不满之词就证明了这一点（CH－TM 访谈录）。“传化基金会”很快认识到依托公路港业务员推动“安心驿站”落地的最初设想是不切实际的。构建帮扶卡车司机的组织，还是要扎根在卡车司机群体中，寻找卡车司机群体中自发形成的领袖人物来担当各地“安心驿站”的领头人。

基金会的工作小组在初期的调研工作中，通过公路港业务员找到了一批他们所熟悉的卡车司机，通过这些访谈过的司机，多少知晓了各地卡车司机群体中那些有能力、讲义气、可以服众的底层精英的姓名。现在的问题是如何与这类人物直接接触，考察他们的品性，并在认可条件下动员他们参与“安心驿站”的建设。在一个普遍欠缺信任的社会中，可以想见这是一桩多么困难的事情。

在“传化基金会”和卡车司机群体中至今流传着 TM 和 WF 等人当年寻找“安心驿站”带头人时发生的各种故事，其中一个广为流传的故事发生在河北省石家庄市的卡车司机群体中。M 大哥是石家庄一带卡车司机群体中一位德高望重的人物，若想在石家庄建设“安心驿站”，M 大哥实为不二人选。但是，当“传化基金会”的 TX 女士打电话给 M 大哥企图说明情况的时候，却发生了下面的故事。M 大哥说：

> 去年（2017 年）7 月有人打电话，说我是“传化基金会”的，我就想是不是忽悠我买基金的，什么乱七八糟的。我说你挂了吧，我不买基金。（SJZ－MQH 访谈录）

想必是当下各种基金推销之类的商业信息早已惹烦了 M 大哥，所以他一听到“基金会”三个字就联想到劝购，不容分说就挂断了电话。后来，“传化基金会”的工作人员又给 M 大哥发了短信，反复解释说：“M 大哥，我不是那意思，我们要成立一个卡车司机的组织，我们是公益的，不是商业的。”M 大哥那时还不懂什么叫作“公益”，但“不是商业”这四个字确实打动了他。他和他周边的卡车司机原来都是“卡友地带”的成员，他们都对“卡友地带”商业化的组织运作形式颇有微词。现在听说有人要做“不是商业”的卡车司机组织，自然乐意了解一下。于是，M 大哥和 TX 等先是相互加了微信，而后在 2017 年 7 月下旬，“传化基金会”的 TM、WF、KZ、TX 等人分别多次前往石家庄，与 M 大哥及其卡友们建立了联系。“传化基金会”的工作人员就这样通过不断寻访，找到了一批在卡车司机群体中威望高、能力强的自发带头人，如山东潍坊的 LSH、河南焦作的 ZXF、甘肃张掖的 WXF……逐个地和他们建立联系。这些人日后都成为“安心驿站”在各地的大小站长。

2. 建构信任

“传化基金会”的工作人员经过努力，终于在众多卡车司机中找到一些为人正直，也能服众的自发带头人。但是找对人并不意味着对方就乐意同“传化基金会”合作。能够合作的前提是彼此间建立信任关系。M 大哥他们与“传化基金会”之间的信任就并非一蹴而就地建立起来的，而是经历了一个曲折的过程。现在回顾起来，面谈交心、信息确认和 TM 跟车，是“传化基金会”与石家庄卡车司机群体能够最终建立信任的三个环节。

面谈交心的核心环节是 TM 会见 M 大哥。M 大哥回忆说：

> 那是 TX 跟我说完了，说 M 大哥你这两天有时间吗？有时间我们就飞石家庄。我觉得她那时候越说越玄乎，我不是那么太相信她，她就说，我们 T 秘（TM 作为“传化基金会”的秘书长，被简称为 T 秘）要去石家庄见你一面，说要面谈。我说行啊，你过来就过来吧。反正忽悠我，我也在家，我又不去你那儿。结果他们找了个茶馆，打电话说我们到了，我说行，我过去啊。我就从家里慢慢腾腾开车过去了，他们俩在屋里等我。来了他们俩就喝茶水，T 秘拿着个小平板（电脑），就给我介绍，说我们下一步就这么着，你对这有什么看法，有什么好建议，跟我谈。就是给我介绍“安心驿站”。（SJZ－MQH 访谈录）

M 大哥他们原来都是“卡友地带”的成员，在 TM 前来面访之前，M 大哥和他周边的卡车司机们慎重地商量过两天。

> 那两天，我跟老 S 和大 Z 商量的就是，假如说 TM 过来谈，咱怎么谈。因为我们在卡友地带玩得不是太顺心。……我们仨，老 S 是军师，大 Z 是堂主，我是舵主。我们一点权力都没有。（SJZ－MQH 访谈录）

但最重要的问题还不是 M 大哥批评“卡友地带”管理松散。最重要的是 M、S 和大 Z 都对“卡友地带”的商业化运作很不满意。不过应该怎么去做，他们也不清楚。TM 和“传化基金会”的工作人员到来后，给 M 大哥他们讲了很多公益方面的理念和知识。

> 后来就给我讲了慈善和公益。说慈善是慈善，公益是公益。给我讲了好多，当时我还真是不明白。慈善和公益到现在我还一知半解。说，拿个碗要饭的，你给一块钱，这是慈善。公益不是，公益是我给了你钱，让你做生意。什么“授人以鱼，不如授人以渔”。你说你想吃鱼了，给你买条鱼，不是这意思，我给你买个钓鱼竿，教你怎么钓鱼去，怎么吃这个鱼。就这意思吧，给我介绍了很多。（SJZ－MQH 访谈录）

TM 劝 M 大哥带着石家庄的卡友们一起改做公益，建设“安心驿站”。M 大哥开出了条件：

> 我是说，必须给我权力。再一个，你答应我的福利，你肯定就得给我。我本身说的，我也不懂得慈善，也不懂得公益，最起码我知道街里有要饭的，我给两块钱。反正我是这么想，别的我不懂。你许我的，给每个人，舍个保险，还有车贴、衣服都是免费的，你必须得达到。T 秘都答应了，说，“凡是我们说的这个、许的条件，一样不落，都给你们”。（SJZ－MQH 访谈录）

马大哥提出了两个条件，一是要有职有权，二是要福利兑现。T 秘一口答应。但是，仅仅谈妥这些条件才刚刚是开始。M 大哥他们还要对“传化基金会”和 TM 加以进一步的考察。M 大哥说：

> 那时咱也不知道 T 秘是谁。回来以后跟老 S 说，“百度百

度，看看 TM 是个什么人”。一百度，说了不得，以前是“希望工程”那儿的，不简单啊。“希望工程”秘书长是什么职务？这一查，正厅级干部啊，跟我们河北的交通厅厅长一个级别。说这么大干部，不在那儿干，到咱们传化这边，跟司机打交道，这家伙，有点不可思议啊。我到现在，我还纳闷，T 秘，不管是为钱、为名声，还是为……这么大岁数。你说他跟我一般大，他身体可不如我好啊。说从北京这么远，跑到这儿，做这个事，我觉得真不可思议。（SJZ – MQH 访谈录）

不管 M 大哥是否真正理解了 TM 放着跟交通厅厅长一般大的厅官不当，却跑到“传化基金会”这么个民间组织做卡车司机的工作，到底是为了什么，但是 TM 过往的身份起到了一种帮助产生信任的作用。在这群卡车司机眼中，无论如何，TM 是个正经人，在体制内有身份。他至少不是跑到这里，面对卡车司机们“忽悠”啥事、谋取私利的。

TM 跟车是促使这群卡车司机最后信服他，跟着“传化基金会”做公益的非常重要的一个环节。2017 年 9 月中旬，TM 再次来到石家庄，跟着大 Z 的车跑甘肃。那一次大 Z 是往甘肃定西运蛭石，一口气跑了 2000 公里，据说 30 个小时没停车，两个司机换着开车，途中只吃了一顿饭。这次跟大 Z 的车跑车是 M 大哥安排的，他私下嘱咐大 Z，趁这个机会多多了解 TM 和“传化基金会”，同时也“诉一诉我们自己的苦”。结果，大 Z 和 TM 聊了一路。事后，大 Z 写下一篇题为“载着 TM 秘书长，去远方”的帖子，记录了这次跑车的过程。大 Z 写道：

在路上我问 T 秘，我们的安心驿站真的是慈善、公益的吗？真的不涉及商业行为吗？T 秘肯定地回答了我。他说：“我们要做的就是帮助改变中国卡车司机的生存现状，这就是我们最真实的想法!”

……

我发现，T秘真的是一个非常、非常务实的人。从希望工程到安心驿站，他走的每一步都非常坚实，他思路清晰、经验丰富。他说既然要做安心驿站，就要了解卡车司机，就要到卡车司机中来，了解我们最真实的生活状态。他还说以后要把跟车作为基金会的一项制度，每位加入基金会的小伙伴都必须至少跟一趟车，这样才能真正了解卡车司机的生活，才能真正为我们卡车司机服务!

TM跟车使得这群卡车司机相信，“传化基金会”是真的愿意了解卡车司机的真实情况。他们替卡车司机着想，为卡车司机做事，“安心驿站”也真的是一个公益组织，不做商业活动。这就促使在“传化基金会”与这群卡车司机之间，最终搭建起信任的桥梁。

于是，M大哥带领“卡友地带”石家庄分舵的部分卡友转向了“安心驿站”。在河北石家庄地区建立的10个驿站，是“安心驿站”的第一批站点。此后，一大批散布各地的卡车司机带头人陆续转向“传化基金会”，成为“安心驿站”的第一批建设者。当然，这些带头人原先多半是各地“卡友地带”的分舵主和堂主，或者是其他卡车司机组织的成员。他们转向“安心驿站”，使我们再一次看到了前述卡车司机组织早期发展中频繁产生的现象：组织在分化和裂变中得到增长和发展。

3. 组织扩张

“安心驿站”一经问世，就以令人吃惊的高速度扩展开来。自2017年7月调研结束，开始筹备，到当年12月26日宣布“安心驿站”公益项目正式启动，已经组建成功217个“安心驿站”，覆盖全国27个省（区、市），吸纳卡车司机约8000人。经过2018年4月以来的中期调整，裁撤了102个运作不善的驿站，增加了一批新建驿站。至2018年10月底，业已建成265个驿站和6个大站，覆盖21个省（区、市），组织卡车司机12000人。按照“传化基金会”的三年规划，到2019年12月26日三年期满之际，将在全国组建420个“安心驿站”，组织起25000名卡车司机。

从组织架构上看，“安心驿站”与“卡友地带”有相似之处：在县（市区）设立驿站，在地级市（区）设立大站。驿站长对大站长负责，大站长对“传化基金会”负责。

“安心驿站”虽然在数量上组织卡车司机不是最多，但可以说在质量上是最高的。进入驿站要经过严格的选拔、评比程序，更不用说担任驿站站长了。进入驿站的卡车司机都获得了一个特别的称呼：“好站友”，要想成为“好站友”需满足诸多条件，包括倡导安全行驶、满意服务；遵纪守法，不违背公序良俗；在本驿站表现活跃，并且积极参加公益志愿活动；此外还要积极联络站外卡友。要想担当驿站长的职位，最基本的要求与好站友是一致的，如倡导安全行驶、遵纪守法等；不过还有一些更高的要求，如能够保持和提升本驿站的活跃程度、激励好站友从事各种公益活动以及动员更多卡车司机加入驿站。在这里特别要提出的是，“安心驿站”设置了非常严格的底线，无论是驿站长，还是好站友，一律不得触碰底线，触碰了就要经受除名的处分。这条底线可以称为“七不准”：在本驿站内的话题不涉及政治、宗教、营利，以及不沾黄、毒、赌、黑。据说已有多位站友因触碰底线而受到除名惩戒（CH－TM访谈录）。

### （三）公益要素的投放

在第一批“安心驿站”建立之后，“传化基金会”就陆续向驿站投注各种公益要素。粗略统计起来，迄今为止业已投入九大公益性的组织要素。这九大要素可以归为三类。第一类是符号象征性的要素，包括车贴、挂件和专用服装等；第二类是经济资助类的要素，包括站长激励金、人身意外险、互助补助金等；第三类是社会政法类的要素，包括法律援助、公益活动支持项目和“传化社工”项目。需要说明的是，所有这三类要素的投入均由“传化基金会”直接承担成本。三年内一亿元人民币的投入预算足以支撑这些公益要素的费用。换言之，在“安心驿站”所有的公益活动中，好站友都无须负担成本。任何商业化运作都被严格地隔绝于门外。

1. 象征符号类要素

车贴作为卡车司机组织特有的识别性标志物，各个卡车司机组织都有制作。“安心驿站”车贴上印制的是他们特有的“车家一体”的标志，以此为好站友彼此识别和建构认同的显要标志。与之类似，挂件是可以悬挂在驾驶室内部的饰物。“安心驿站”的专有挂件系用塑料制成，上有吊带，下垂尾穗。挂件正面印制“安心驿站”“车家一体”标志，反面印有该站友所属驿站与标号。挂件不仅可以用作装饰，而且可以作为证件使用，以表明自己的组织身份。服装则分为夏季的 T 恤和冬季的冲锋衣两种，都在左胸前部印有“车家一体”的标志。虽然服装具有明显的实用功能，但是好站友们穿在身上，主要不是为了遮风或御寒，更多的是要释放出供好站友彼此认同的象征性功用。不用说，一旦被批准成为好站友，这些车贴、挂件和服装等都是免费发放的。

2. 经济资助类要素

首先是“站长激励金”。“传化基金会”向担任驿站长和大站长两级的负责人按季度发放激励金。驿站长每季度 5000 元，大站长每季度 12500 元。“站长激励金”的发放使得卡车司机开展救援活动等有了稳定的经费支持。以往从事救助的花费都是卡车司机自掏腰包，组织者往往要承担大头，“安心驿站”的投入使得这笔费用可用激励金来支付。除支持救助活动以外，激励金还可用于支持好站友们的各种线下聚会。2018 年春节期间石家庄地区“安心驿站”好站友的年终聚会得以举办，很大一部分资金就是来源于石家庄大站长和各县区驿站长支领的激励金。其次是“传化基金会”还为好站友和驿站长们分别购买了保险。这些保险分为两类。一类是面向全部好站友的“普惠型保险”，保额为 10 万元，是中国人民保险公司为卡车司机专门定制的“人身伤害意外险”。另一类则是“奖优型保险”，“安心驿站”社群中活跃度在前 20% 的好站友能够获得保额为 100 万元的“家系列保险”。最后是好站友面对亡故、重病等重大灾难事故时的互保资金。通过好站友互助、“轻松筹”筹款和“传化基金会”匹配这三个渠道汇集资金，当事站友可以获得一笔不菲的保金和援助金。一年来，已经有若干伤病和亡故的好站友享受到了“安心驿站”提供的这份福利。

3. 社会政法类要素

在这类要素中，具有头等重要性的当然是法律援助项目的设立和安排。“传化基金会”聘请“京师律师事务所”为卡车司机提供专项公益服务，成为好站友遭遇涉诉涉法案件时的有力支撑。2018 年 5 月，全国首个卡车司机专属公益法律咨询平台上线，开始向好站友提供便捷有效的法律咨询服务。此外，为鼓励好站友向社会公益事业做贡献，“传化基金会”还设立了专项支持基金。例如，2018 年 8 月山东寿光遭受水灾后，寿光附近驿站的好站友们立即开展了公益支持活动。“传化基金会”对此给予资金支持。在所有社会政法类要素的投放中，即将开展的“传化社工项目”意义尤为重大。“传化基金会”尝试通过该项目，将企业社会工作的基本公益理念引入“安心驿站”社群，旨在提升好站友素质，将他们自发的互助行为，从基于原初自发的素朴团结甚至“江湖义气”，逐步提升到以现代社工“自助助人”的理念为根本指导。

综上所述，三类九种公益要素的投放，使得“安心驿站”成为当代公益性格最为突出的卡车司机组织。可以说，被组织在“安心驿站”中的好站友，不仅正在逐步将自己锻造成一个规范的、充满活力和富于能力的现代运输业职业群体，而且正在逐步将自己规范成一个具有明显公益性的社会群体。职业性和公益性成为“安心驿站”好站友社群一体两面的突出品格。一年多来，“安心驿站”的好站友们不仅在自己的卡友群内积极参与互助工作，而且还频频参与各种社会公益活动，使用自身资源为其他社会群体提供公益服务。河南与甘肃站友免费接送高考学子往返考场、山东站友努力支援寿光受灾菜农，以及更早一些的为九寨沟地震受灾地区提供免费运输等活动，都体现出“安心驿站”的好站友们不仅在卡车司机群体实践公益理念，而且还为卡车司机群体以外的社会其他群体提供公益服务。

### （四）“安心驿站”App

2017 年 10 月 17 日，“安心驿站”App 正式上线。“安心驿站”App 具有能使好站友们便捷从事即时互助、发帖议论、聊天交友、在线问答、道路救援、法律援助等多方面的功能。通过 App，“安心驿站”将全国现有的 265 个驿站紧密连接起来，构成一个巨大的网上社区平台。实际上，“安心驿站”的诸多活动都是借助这个社区平台开展的，成千上万名好站友每日在线上互动，构造和深化了社群归属感。自“安心驿站”App 问世以来，在一年多内保持了 35% 的用户活跃度，社区发帖数达 12 万多篇，跟帖评论 127 万多条，互动频次 259 万多次，线上求助 11128 次，向站内外卡友提供帮助 142 万次，线下现场救助 2500 人次。这无疑是一个充满活力的 App，构成了“安心驿站”好站友的网上纽结和制度支撑。

### （五）推动社区自治：好站友组成的七个治理小组

一般说来，公益性社会组织的管理体制不应该是集权性质的，公益组织理应培育起民主的管理体制。如果说，此前在我国的公益组织中，尤其是在劳工 NGO 之类的公益组织中，我们还鲜少看到有哪个组织真正践行了民主的管理理念，那么现在可以说，我们在“安心驿站”中看到了公益组织走向民主管理的曙光。在“安心驿站”的体系框架基本打造成形之后，它的设计者和缔造者就开始努力将“安心驿站”的管理体制向民主化方向推动，试图在“安心驿站”中形成好站友民主共治的治理格局。这个努力无疑很难，但是具有非比寻常的意义。“安心驿站”民主化管理的方向具体体现在 2018 年夏季以后，陆续推出的七个治理小组上。这七个小组分别是：审核各地申请建立和加入驿站的“资格审核协商小组”、主持驿站系统内各种重大救援工作的“救助协商小组”、维护驿站社区纪律的“秩序守护协商小组”、管理驿站 App 的“App 建设与运营协商小组”、主导驿站文化建设的“文化建设协商小组”、负责好站友能力建设的“培训与能力建设协商小组”以及面向好站友家庭的“关爱卡嫂和家庭协商小组”。七个小组均由各驿站推选出的好站友代表为主体组成，由“传化基金会”派员联络，面对“安心驿站”工作的各个主要领域，发挥调研、建言、决策和主导功能。七个小组均突出“协商”字眼，透显出浓厚的协商民主意味。七个治理小组的构建表明了“安心驿站”与其他卡车司机组织的不同，表明它正在打造一个“自上而下”与“自下而上”相结合的组织结构。“安心驿站”的民主管理体制经由好站友的自治而日益明确地展示出来。

### （六）好站友概况

“安心驿站”参加问卷应答的好站友，在性别比例上与其他卡车司机组织差别不大，也是以男性为主，占比达 97.76%；女性占比极低，只有 2.24%。图 3 – 24 表明了这种情况。从应答者的年龄来看，也是中年人居多，31 ~ 50 岁的司机占 85% 以上，参见图 3 – 25。

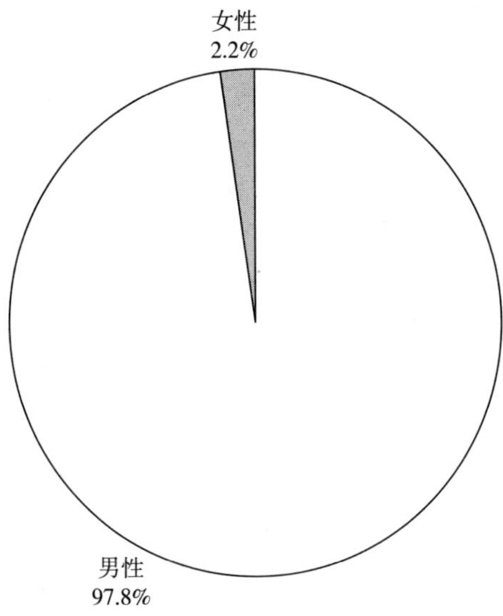


**图 3－24　样本好站友的性别比例**

说明：样本量为 1073。
资料来源：2018 中国卡车司机调查。

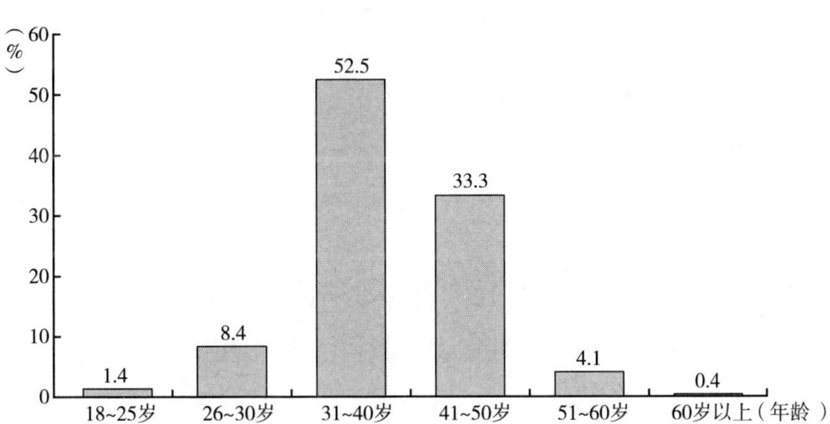


**图 3－25　样本好站友的年龄结构**

说明：样本量为 1073。
资料来源：2018 中国卡车司机调查。

好站友的户籍与“中国龙”和“东北虎”相似，以河北、山东、甘肃、河南等地为主，但是也涉及其他 26 个省（区、市），安徽、黑龙江、辽宁、四川等是几个除上述四省外占比较高的省份，表明好站友的籍贯分布更加均匀，对主要依靠“原生性社会关系”建群的那类中小型卡车司机组织的局限有所突破，见图 3－26。

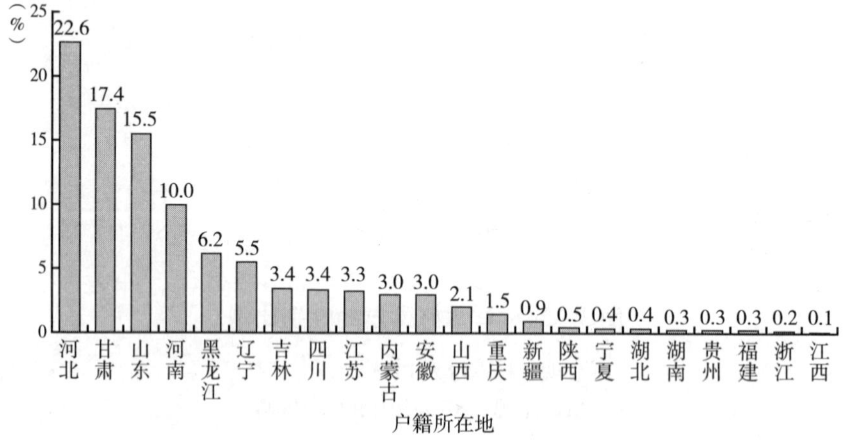


**图 3－26　样本好站友的户籍分布**

说明：样本量为 1073。
资料来源：2018 中国卡车司机调查。

在从业时间方面，样本中 80% 以上的好站友从业时间达 6 年及以上，参见图 3－27。

在被问及参加“安心驿站”的主要诉求时，前三位的回答依次是：“结交更多的朋友”、“获得道路救援”和“在论坛里讨论各种事务”。获得救援虽占据高位，却不是第一位的。占第一位和第三位的都属于交友互动、发表言论范围，表明在好站友中，满足精神和情感方面的需求占据首位，参见图 3－28。

在问及“安心驿站”的主要互动手段时，与其他卡车司机组织成员一样，在回答中排在首位的是“微信”。但与中小型卡车司机组

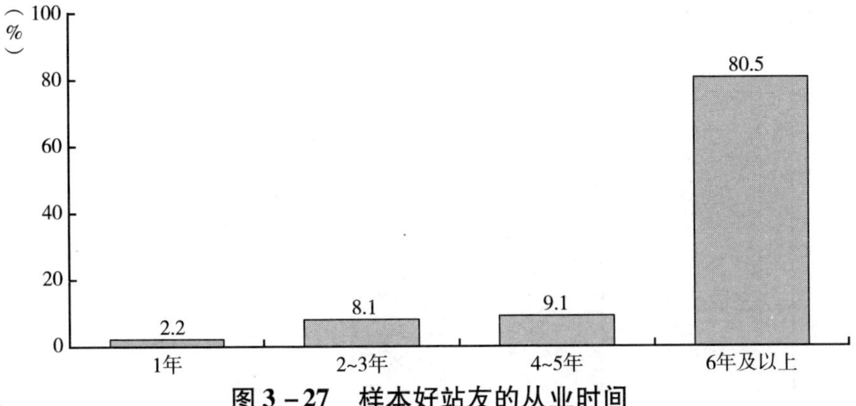


**图 3－27　样本好站友的从业时间**

说明：样本量为 1073。

资料来源：2018 中国卡车司机调查。

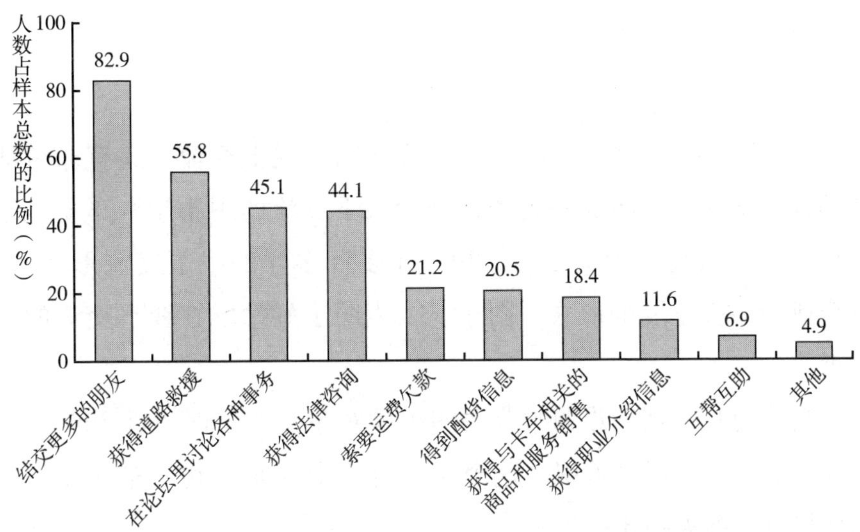


**图 3－28　样本好站友加入“安心驿站”的主要诉求**

说明：样本量为 1073。

资料来源：2018 中国卡车司机调查。

织不尽相同的是，通过“安心驿站”App 联系的好站友也接近 70%。这至少表明在样本好站友中，有近 70% 是“安心驿站”App 的活跃用户，参见图 3－29。

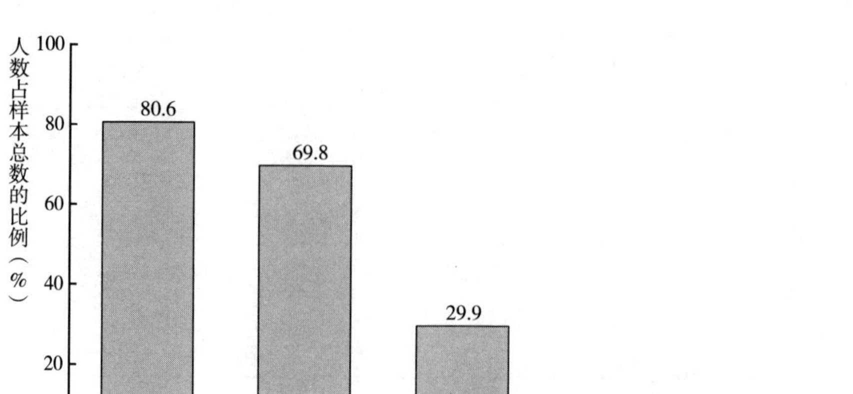


**图 3－29　样本好站友的主要沟通和交流方式**

说明：样本量为 1073。

资料来源：2018 中国卡车司机调查。

“安心驿站”的好站友不仅保持活跃的线上交流，还有非常活跃的线下交流。这与那些无条件开展线下交流的中小型卡车司机组织形成鲜明对比，参见图 3－30。在多种多样的线下交流形式中，聚会成为一种主要的形式，图 3－31 表明了好站友在线下交流的诸多形式。

当被问及“遇到难题时首要的求助对象是谁”时，近 70% 的好站友认为是卡车司机组织。这个比例与“中国龙”和“东北虎”的比例接近，参见图 3－32。

与其他卡车司机组织一样，超过 90% 的好站友是经由朋友介绍而加入“安心驿站”的，更有超过 92% 的好站友曾介绍过自己的朋友加入驿站。这表明即便是“安心驿站”这样规模较大、财力较为雄厚的卡车司机组织，至少在建立初期也在很大程度上依赖“原生性社会关系”运作，参见图 3－33 和图 3－34。

由上可见，从好站友本身的情况来看，他们在群体特征和组

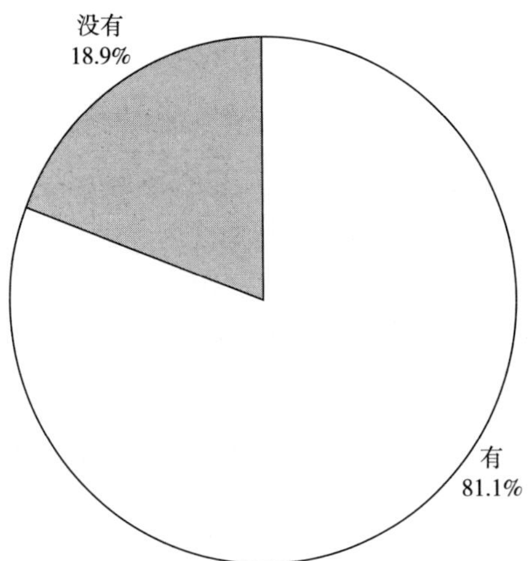


**图 3-30　样本好站友是否有线下交流**

说明：样本量为 1073。
资料来源：2018 中国卡车司机调查。

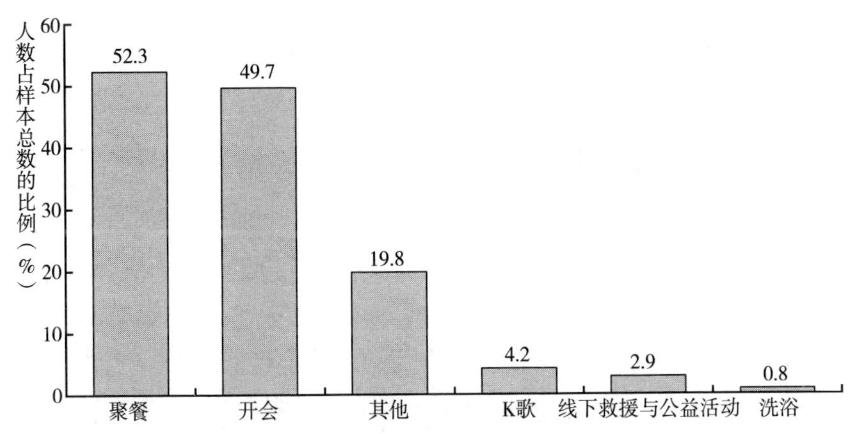


**图 3-31　样本好站友线下交流的方式**

说明：样本量为 1073。
资料来源：2018 中国卡车司机调查。

织诉求等方面，与加入其他组织的卡车司机似无很大差别。但是，各个组织的基本框架不同，特别是组织理念不同，将会把这些加

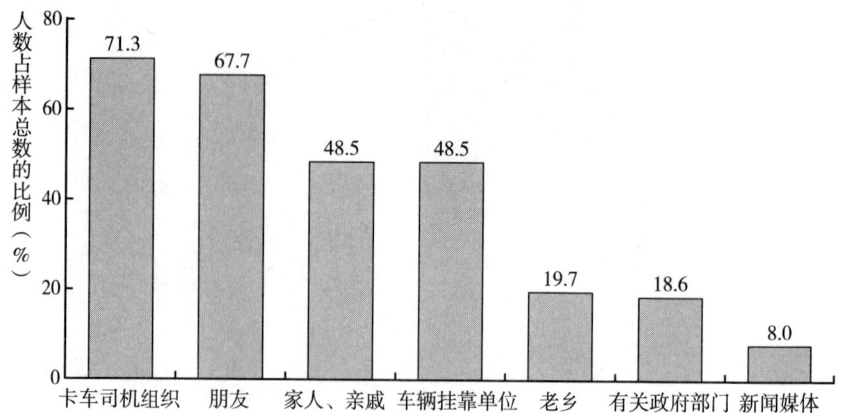


**图 3－32　样本好站友的求助对象分布**

说明：样本量为 1073。

资料来源：2018 中国卡车司机调查。

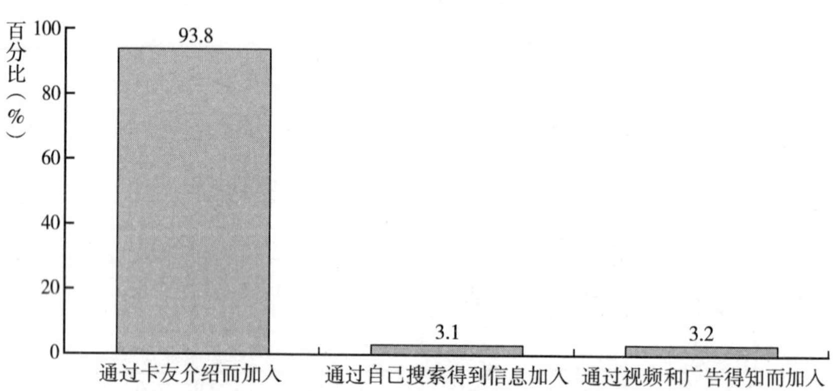


**图 3－33　样本好站友加入“安心驿站”的途径**

说明：样本量为 1073。

资料来源：2018 中国卡车司机调查。

入不同组织的卡车司机，塑造成具有不同取向和行为方式的职业群体，就如同不同的熔炉会将同样质地的坯料锻造成不同的产品一样。

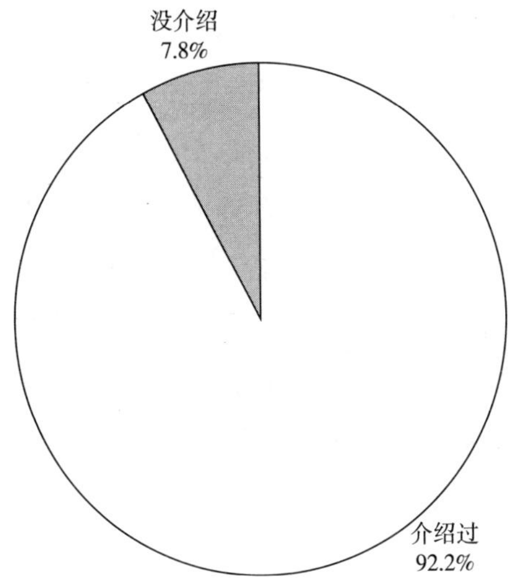


**图 3－34　样本好站友是否介绍过他人加入“安心驿站”**

说明：样本量为 1073。
资料来源：2018 中国卡车司机调查。

## （七）组织愿景

从 2017 年 12 月 26 日“安心驿站”公益项目正式问世，到 2018 年 10 月我们的调查结束之际，在不到一年的时间里，“安心驿站”获得了长足的发展，一跃而成为卡车界中最有影响的卡车司机组织。“安心驿站”所追求和践行的公益理念，也越来越影响到“卡车界”中其他卡车司机组织的成长发育。

不过，对“传化基金会”来说，现在已经到了进一步思考“安心驿站”之愿景的时刻。到 2019 年，在三年基本目标实现之际，“安心驿站”将要向何处去？近一段时间，TM 和“传化基金会”的工作人员讨论最多的就是这个问题。截至目前，基本思路业已大体明确：那就是将“安心驿站”进一步打造成“卡车界”公益组织的孵化器。

按照TM等的初步设想，“安心驿站”最终将转化为“卡车界”公益组织的孵化器，将着力选拔和培育那些在卡车司机群体中冒尖的有理想、有能力、有干劲的领袖人物，把他们吸纳到孵化器中，主要从理念、组织架构和组织运作等方面入手培养，经过一段时间培训后，从孵化器内直接放飞，由他们自己在各地独立注册，创立服务于卡车司机的公益机构。这些机构或将嫁接“安心驿站”的品牌，甚至在初期还会得到“安心驿站”在注册和启动资金方面的支持，却是具有高度自主性的公益服务机构。它们将扎根在全国各地，从事对卡车司机的公益帮扶事业。

## 五 锻造卡车司机的多维面向

至此我们已经描述了三种不同的卡车司机的组织形态。三种卡车司机的组织形态都有其存在的合法性，都是卡车司机组织化的必然结果；三种组织形态也都在帮助卡车司机维权、化解他们在劳动过程中面临的诸多困难方面做了大量的工作。因此组织形态固然不同，却无孰优孰劣之分。但也不可否认，由于锻造组织的理念不同、借助的资源不同以及所设置的组织运作的手段和机制不同，三种形态的卡车司机组织各自对自己成员的影响和模塑，实际上分别凸显和强化了卡车司机群体的三个不同的面向。

直接建造在“原生性社会关系”之上的“中国龙”和“东北虎”，以最为简单、粗放的组织形态把卡车司机团结起来。它们动员和组织了卡车司机之间大量的互帮互助活动，并通过各种救援活动等强化了卡车司机本身固有的向善之心，巩固了他们互助友爱的良好品质，并且放大了他们的素朴团结。

“卡友地带”则从另一个角度赋予卡车司机力量。“卡友地带”当然也大力开展了从救援到讨债等一系列的卡友互助活动，但它的主要贡献却不在于此。“卡友地带”本身直接成长于厂商组织，这使得它从一开始就能够把商业资源嫁接到卡车司机组织之中，并直接用各种商业化手段动员和组织卡友。通过“全生命周期定制计划”等一系列项目的运作，提升了卡友的理性化计算水平，并增强了他们在货运市场中的生存和竞争能力。在“卡友地带”锻造出炉的是一个高度理性化的运输业职业群体。

“发展型公益”是“传化安心驿站”自成立伊始就大力提倡的理念，该理念是从外部直接注入卡车司机群体的。当公益理念与卡车司机自身固有的善良和友爱等品质融合到一起时，就立即迸发出巨大的影响力。公益精神正在慢慢地改变好站友的精神面貌，使他们不仅开始变成一个具有内聚力和活力的运输业职业群体，而且正逐步从“江湖儿女”转型为公益先锋，开始作为一个公民群体而活动。越来越多的面向社会的公益活动表现出卡车司机的公益面向，而紧随其后的正是卡车司机面向全社会展示出的群体尊严。

# 第四章　争取承认的实践

## 一　卡车司机组织化的历史定位

卡车司机的组织化是近年来在“卡车界”中出现的一个引人注目的发展趋势。我们或许可以把2014年当作一个分界点：在此之前，“卡车界”中虽然也潜藏和运行着各种各样的卡车司机组织，但一般都是规模较小、地域性强，而且似乎很少发现它们发展出完整的组织框架和系统的组织理念；在此之后，一批大规模、跨地域、有理念的卡车司机组织在“卡车界”中相继问世，映射出一个新时代来临的曙光。

不过，如果放长眼光、展宽视界，从社会运行的长时段来看，把这一轮卡车司机的组织化置放在从计划经济时期到改革开放以来的历史长河中去观察，那么我们不仅能够对之赋予一个明确定位，而且能够揭示其更深更远的意义。从长程运动着眼，我国的卡车司机职业群体在组织化历程中经历了三个阶段。

### （一）第一阶段：计划经济时期的“他组织”状态

自20世纪50年代到80年代，我国的经济发展历程经历了五个“五年计划”，一般把这个时期称为我国的计划经济时期。在这个时期内，国家对主要生产资料和消费品实行计划生产和计划供应。从流通领域来看，铁路运输在货运业中占据绝对支配地位，相形之下，公路货运业并不发达，只是起到衔接和补充的作用。公路货运业务基本上由各家企业的自有车队承担，专门的货运公司不多，即使有也多半属于全民或者集体企业。国家不允许个人拥有货运卡车之类的生产资料。

在企业中，卡车司机属于工人群体的一部分。卡车司机是一个技术工种，与大多数其他工种相比收入较高，而且工作较为自由，因而是一个令人羡慕的职业。在政治上，卡车司机属于作为领导阶级的工人阶级的一员，享有较高的社会地位。与此相对应，当时的卡车司机作为企业的正式员工，基本是被体制内的各种正式组织如党群组织和工会组织等所覆盖的，特别是其中的积极分子，通常都被吸纳在这些正式组织之中。用社会学的语言说，这体现出典型的“他组织”状态——卡车司机个人无足轻重，企业和党团工会组织占据绝对的支配地位。但无论如何，这个时期的卡车司机毕竟还是有组织的。组织以“庇护关系”形式保护了那个时代卡车司机享有的权利。

### （二）第二阶段：市场改革以来的“无组织”状态

20 世纪 80 年代以后的三十多年间，中国进入改革开放时期。计划体制向市场体制的过渡使得整个国民经济结构发生了根本改变。仅就与公路货运业有关的那些因素来看，一方面，国有企业改革导致的大批企业自有车队的消散、国营专业性运输公司的倒闭和绝迹、现代意义上的物流业的兴起和成形、经济增长为公路货运提供的似乎运之不竭的货源、高度发展和完善的高速公路路网以及近年来电商的迅速崛起所造就的城乡人口消费方式的改变，所有这些因素都为重组和扩张公路货运业提供了巨大动力。另一方面，随着各项相关政策规定的调整和放宽，从允许个体、民营企业进入物流业，到以各项优惠政策支持运输业个体户贷款购车并进入公路货运市场，促动大批青壮年，特别是乡村青壮年涌入公路货运行业。他们的进入改变了卡车司机职业群体的基本成分：过去，卡车司机主要是国企或集体企业的正式员工，现在的主体则大部分是来自乡村的个体户，他们不再像他们的前辈同行那样作为国家正式职工而得到体制的庇护，他们更亲近市场，距离体制则远而又远。

大批人车爆发式地涌入公路货运市场，相应的管理规制又没有及时跟上，这就导致一个后果：整个市场陷入愈演愈烈的竞争状态。与此种激烈竞争相匹配，在相当长的时间内，物流业中的卡车司机堪称处于真正的“无组织”状态。大多数卡车司机以个体车主身份进入市场，他们不属于任何机构，他们挂靠的那些公司和找货的大小信息部，也没有一个能够支持和覆盖他们，并帮助他们解决行车配货中碰到的各种问题。纵使这些个体车主中的某些个人在进入货运市场之前或许是乡村中的党团员，但这样的人似乎为数不多，而且即便有，他们也从来没有依据这种身份组织任何活动。在这个意义上说，整个货运市场可以说是一片散乱，呈现出“布朗运动”的典型特征。①

如果说，在经济上行周期，货运市场的混乱无序还不至于给卡车司机造成太大的伤害，那么到了经济下行周期，伴随着相关政策的调整和改变，货运市场的混乱加剧，对卡车司机的伤害就严重得多了。货源减少、供大于求等因素导致“恶性竞争”。“恶性竞争”反过来又进一步培植和加固了原子化个体车主的机会主义心态，这就会进一步破坏市场秩序，极大地恶化卡车司机之间的关系。

我们前文所说的“四大需求”正是在这种形势下日渐彰显，转化为对卡车司机的组织化压力。为了化解货运市场的困境，努力应对“四大需求”，原子化的卡车司机们不得不“把头攒在一起”，作为一个组织来行动。各式各样的卡车司机组织自此时起应运而生，卡车司机的组织化进入新时期。

### （三）第三阶段：卡车司机的“再组织”状态

我们把 2014 年当作改革开放以后卡车司机组织化的新起点。在

① 热力学用语，意指微型颗粒之间的无规则运动。

这一年之前，或许已有一些基于原生性社会关系的小型、松散和非正式的卡车司机组织产生出来，但对“卡车界”的影响似乎微乎其微。而在这一年之后，首先是“卡友地带”成立，而后是“传化安心驿站”问世，整个“卡车界”目睹了迄今为止两个最大、最强的卡车司机组织的诞生和成长。这无疑标志着卡车司机从“无组织”阶段转向“再组织”阶段的发端。

需要强调的是，眼下这一轮“再组织”的特点，表现出卡车司机群体“自组织”的强固趋势。此时的“再组织”不是简单重演第一阶段的“他组织”，而是卡车司机在变化了的复杂环境下意欲实现自身预期的“自组织”：他们再度走向组织化，不是旨在复制“庇护关系”，不是源自外力的强制、推动和吸纳，而是源自卡车司机群体自身的内在动力，源自卡车司机头脑的日益觉醒——他们真正地意识到，不依赖组织的力量，就无以应对劳动过程中的“四大需求”，就无法化解目前货运市场的种种混乱困局，也就找不到根本出路。因此，必须自己解放自己，自主地组织起来。现在的卡车司机们开始有了自己的组织，但这个组织不是别人给予的，而是主要由他们自己锻造的。

综上，从长时段的观点出发，可以将“卡车界”中眼下涌动的组织化趋势简单地界定为一种“再组织”：卡车司机这个职业群体在漫长的岁月里走了一条从计划时期的“他组织”，到市场改革前中期的“无组织”，再到眼下的“再组织”的道路。当然，在卡车司机组织形态的转换中也伴随着这个职业群体主要成员的身份转换。用最学究的话语说，在组织化的历史长途中卡车司机走了一条“之字形”道路，或者说“否定之否定”的螺旋式上升的道路。不过，必须强调的是，卡车司机眼下的“再组织”不仅不同于此前的“无组织”，而且与计划时代的“他组织”更不可同日而语。卡车司机眼下的“再组织”本质上是一种“自组织”。

## 二　卡车司机实现和维系组织化的三个条件

卡车司机的组织化之所以能够迅速发展起来，仅靠群体内部的意念冲动和内部动力是不够的，还必须有助其成功的基本条件。我们认为，卡车司机的组织化至少得益于三个基本条件：技术条件、社会条件和资源条件。

### （一）技术条件：互联网及其“组织乘数效应”

卡车司机锻造自己的组织，所依靠的技术条件就是互联网和智能手机。对卡车司机严重依赖互联网和智能手机的状况，以及他们由此形成的“虚拟团结”，我们在第一个报告中已加以陈述。但是我们在那里仅仅描述了“虚拟团结”的形态，还没有触及其机制。为什么借助于互联网和智能手机就能够做到以前做不到的事情，实现这种形态特殊的团结呢？答案就在于互联网和智能手机所提供的一种特殊效应，即“乘数效应”。卡车司机实现其“虚拟团结”，建造自己的组织，正是主动地利用了互联网和智能手机这一特殊效应的结果。因此，可以把将这一特殊效应在组织形态上的使用，界定为“组织乘数效应”。“组织乘数效应”使卡车司机得以突破原子化劳动的边界约束，聚到一起，实现团结。

“乘数效应”的实质是放大和造成连锁反应。[①] 我们在此用“组织乘数效应”来说明，借助互联网和智能手机，原先由公路货物运

① 凯恩斯最先将“乘数效应”运用于经济生活的分析，邱泽奇、刘世定等将“乘数效应”运用于对互联网的分析，他们提出的“互联网资本”理论，突出了互联网对边缘性需求和边缘性供给的放大作用，使得原先不能形成供求关系的因素汇集起来，形成供求关系。参见凯恩斯《就业、利息和货币通论》，商务印书馆，2005；邱泽奇等《从数字鸿沟到红利差异》，载《经济社会学研究》第四辑，社会科学文献出版社，2017。

输这种分散的特殊劳动过程切割开来的原子化卡车司机彼此迅速连接起来。透过放大和连锁，单个卡车司机的团结需求得以显现，成为可观察、可关联和可操作的，由此才可能形成“虚拟团结”，而“虚拟团结”的进一步制度化和符码化，就形成各种各样的卡车司机组织。

由此也可以说明，为什么恰恰是在21世纪的第一个10年以后，卡车司机的组织化才似乎突然迸发出来——大体上正是在这个时点前后，我国的互联网发展进入第三阶段，在技术和普及两方面都获得长足发展，这两者的大发展都惠及卡车司机。他们跨越了当年所谓“数码鸿沟”，在自己的工作和生活中深度接纳了互联网和智能手机，不仅用于找货，而且用于团结和建立组织。

### （二）社会条件：卡嫂建构的独特社会支持系统

在卡车司机构造自己组织的过程中，除了技术条件，还有一个重要的社会条件，即卡嫂构造的独特社会支持系统。正如在卡车司机的日常工作和生活中，卡嫂们在生产和再生产两个领域都做出了巨大贡献一样，在建立、维持和发展卡车司机组织方面，卡嫂也构造出一个独特而强有力的支持系统，做出了巨大贡献。可以说，若没有广大卡嫂，很多卡车司机组织根本难以建立，或者是即使建立起来也难免运转不灵。

首先，很多卡车司机组织在申请建群之初，使用的就是卡嫂的ID。山东潍坊地区的卡嫂们就用这样的方式，为潍坊地区第一批“安心驿站”的建立和发展做出了自己的贡献（WF－LSH访谈录）。其次，很多卡车司机组织的运转，实际上都有卡嫂在旁协助，有些组织甚至是由卡嫂在实际主持。很多情况下，卡车司机出车忙于运输生产之际，卡嫂就常常承担起管理和维护微信群并组织各种活动的责任。河北石家庄和甘肃张掖等地卡嫂在这方面所做的大量工作就是例证（SJZ－HJH访谈录、MQH访谈录）。最后，卡嫂还介入了几乎全部卡车司机组织的重要活动。不仅在救援活动中可以看到卡嫂的身影，而且在追讨拖欠运费时也常常是由卡嫂来打头阵，讨债时很多“文戏”折子都是由卡嫂首唱的，先礼后兵地用短信、微信等与货主们好言相商。在发生各种事故甚至冲突时，也往往可见冲在第一线的卡嫂，她们把司机丈夫拦在身后，自己与交警、与路政人员、与发生冲突的村民等巧妙地进行周旋和交涉。她们是卡车司机组织背后最重要的支撑点。图 3 - 35 显示了本次调查中得到的卡嫂参与卡车司机组织建立和活动的状况。

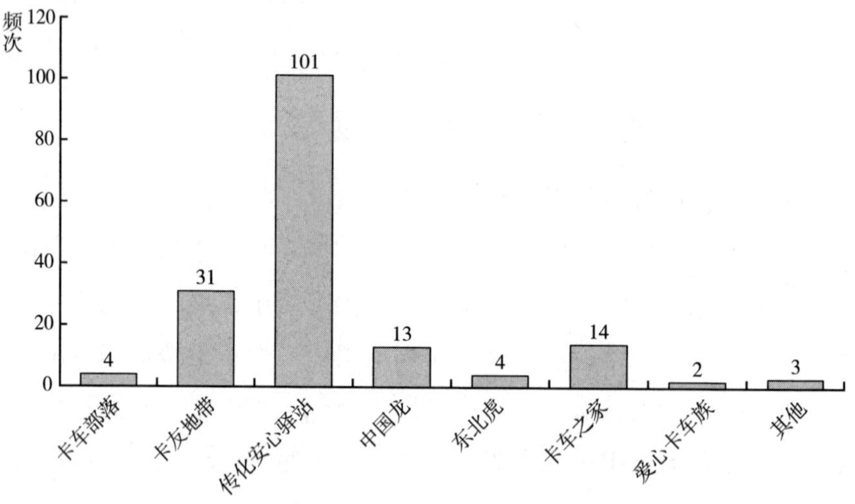


**图 3 - 35　样本卡嫂参与卡车司机组织状况**

说明：样本量为 223。
资料来源：2018 中国卡车司机调查。

由此可见，若无卡嫂，很多卡车司机组织就不会建立起来，更不会运作得那么顺畅。在有些地区，卡嫂在卡车司机组织中的活跃程度甚至不低于卡车司机本身。图 3 - 36 表明了卡嫂参与卡车司机组织的活跃程度。

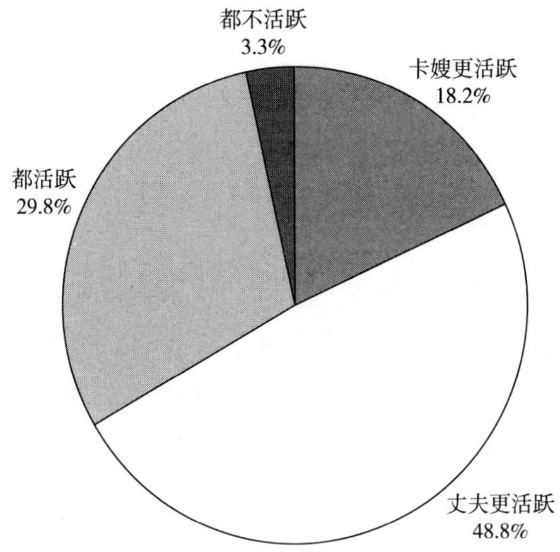


**图 3－36　样本卡嫂与卡友在卡车司机组织中活跃状况对比**

说明：样本量为 223。
资料来源：2018 中国卡车司机调查。

## （三）资源条件：对地方性资源的依赖和运用

当卡车司机们动手搭建自己的组织的时候，最初他们是没有多少资源可资利用的。体制垄断的各种资源，如制度、规范、福利、补贴、观念等都被严密地封闭在体制之内，他们作为体制外的“个体户”是无缘使用的。他们能够利用的无非是自己触手可及的有限资源——自己的各种社会关系、基于生命历程和多年生活智慧形成的行动谋略，再有就是自己为数不多的那点收入——从事各种救援互动往往是自掏腰包。只是在那些较大的、有一定经济力量的组织介入之后，他们在救援等事项上才开始得到接济。但是前两种资源，即卡车司机自己的关系和经验，仍然是他们处理各种事项时主要的资源依靠。我们把卡车司机建造和运作组织时所依靠的这些资源称为“地方性资源”，以与体制内的资源区分开来。

卡车司机组织在两个方面特别依赖这种“地方性资源”。第一个方面是实施各种救援。从事“技术救援”时需要依靠他们自己的人际关系来动员修理工上高速公路救助、到自己熟悉的店铺购置价廉物美的零件以及在必要时将外地卡友的故障车送到和自己有关因而信得过的修理厂家去维修。从事“事故救援”时需要动用自己的人际关系和各种资源摆平交警、路政人员和当事的乡亲们，以期使事故得到妥善化解。即使不得不诉诸法律，在法律覆盖之外的那些层面也还是需要动用关系去加以运作。第二个方面是追讨运费。由卡车司机组织出面，通过关系去说和，往往是追讨欠费之第一阶段即“文戏”的重要途径。即使谈判破裂，不得不上演“武戏”，开展“电话攻击”，也需要知晓欠费货主的各种情况，了解其主要亲属关系和社会关系，以便必要时将压力扩散到这些关系上以增大效力。前述“东北虎”的讨债过程就是一例。而对这些具体情况的把握显然属于“地方性知识”。

综上所述，互联网特有的“组织乘数效应”有助于卡车司机实现“虚拟团结”，卡嫂构造的独特社会支持系统使卡车司机组织得以构造成形和顺利运转。最后，卡车司机身边的“地方性资源”构成他们建造组织并使之运转的主要依赖。它们共同构成卡车司机组织化得以实现和维持的三个条件。

## 三　增长、分化与组织身份重叠

卡车司机组织化过程中表露出一个值得关注的现象，就是增长与分化的共振。卡车司机组织数量的增长，往往是与组织分化同步进行的。“中国龙”最初是基于某个地方性小群分化和成长的，“东北虎”最初是从“唐山 L 群”和老“东北虎”群中分化出来的，甚至“安心驿站”这样的大型组织，其部分骨干成员，即现在的“河北石家庄大驿站”和“山东潍坊大驿站”，最初也是从“卡友地带”分化出来的。在卡车司机组织化过程之初，增长总是与分化相伴生。

增长中出现分化，往往被当成增长势头放缓的表现。[①] 但在我们看来，至少在卡车司机组织化的领域中，情况恰恰相反：组织分化和组织裂变并不意味着增长放缓，反而意味着增长加速和组织规模的扩大。

在卡车司机组织化的过程中，至少在早期不断出现组织分化的现象，大体有两个原因。一个原因是社会性的，部分组织成员不再认同原组织的价值理念，因而断然出走，另行建群。我们目前看到的组织分化主要是这个原因造成的。“中国龙”和“东北虎”，以及“安心驿站”的部分成员，都是对原组织日渐强烈的商业化倾向不满而裂变出局，另立组织的。

还有一个原因是技术和管理成本方面的，虽说现在或许还没有明确地显现出来，但是随着卡车司机组织化过程的推进，一定会凸显出来，成为造成组织分化的动因：由利用微信建群本身造就的组织容量边界和管理成本约束。卡车司机组织主要建基于互联网和微信群的技术基础之上，按照微信建群的条件要求，30 人之上就可以建群，但一个群的最多容量是 500 人，超过 500 人就需要另建新群。随着越来越多的卡车司机卷入组织化进程、加入卡车司机组织，每个组织需要建立和管理的群数都在直线增长。但是每个组织可以直接控制的微信群数终归有一个界限，超过这个界限，从技术上说就会成为难以实现的目标。此外，大多数卡车司机组织都主要依赖“地方性资源”来运作，没有充分的经济支持，群数的扩张造成的管理成本增加，就更成为一个难题。因此，从技术角度和成本角度来考虑，像“中国龙”和“东北虎”这样总群数各在 100 以内的组织，直接管理或许还没

① 似乎区域经济学和空间经济学在解读经济增长时就抱持这样的观点。

有太大问题，管理成本也尚可负担；但到了“安心驿站”这个级别，现在已经掌控265个群，日后将要管理420个微信群，从技术角度来看，难度将大大增加。当然，“安心驿站”得到“传化基金会”的财政支持，在经济成本方面尚无大碍。但像“卡友地带”这样的庞然大物，在技术支持和管理成本方面，可能就显得非常吃力了。对下属的1440多个微信群，“卡友地带”不得不采取分级管理的办法，由288个分舵和近1500位堂主分头管理，但是在诸多方面都难免产生“鞭长莫及”、管控不力的后果，管理规模的扩张一定会造成各种各样的系统扭曲。此外，在“卡友地带”总部的上百位社区管理员也耗费了巨大的开支，构成一项巨大的管理成本。据此可以推断，如果找不到更新、更有成效的技术支撑，对眼下这种以微信群为基础的管理而言，技术边界和管理成本就决定了单个卡车司机组织的规模界限。一些现在已是规模巨大的卡车司机组织在扩张到其组织容量的边界时，一定会出现分化——一部分成员溢出旧有的组织边界，另建新组织。

正是由于卡车司机组织化过程中不断出现的分化与增长共存的现象，或者说，在初始阶段增长总是通过分化实现的，因此就出现了所谓“组织身份重叠”现象：一个卡车司机往往可以同时是几个卡车司机组织的成员。对于“你是否还参加了其他卡车司机组织”这个问题，四个组织中的多数样本成员做了肯定的回答。图3－37、图3－38、图3－39和图3－40分别表明了“中国龙”、“东北虎”、“卡友地带”和“安心驿站”此种“组织身份重叠”现象。

我们在这里不涉及如何才能消除他们的多重组织身份，使之归于单一的途径。或许，“组织身份重叠”这一现象表明，这些卡车司机正在寻找他们认为最适宜于自己的组织。我们在这里只是指明，在上述四个卡车司机组织中，都有一多半的成员持有多重组织身份，说明组织身份重叠情况应该是非常多样和复杂的。或许这就是卡车司机组织化早期阶段通过分化而实现增长的一个表现。

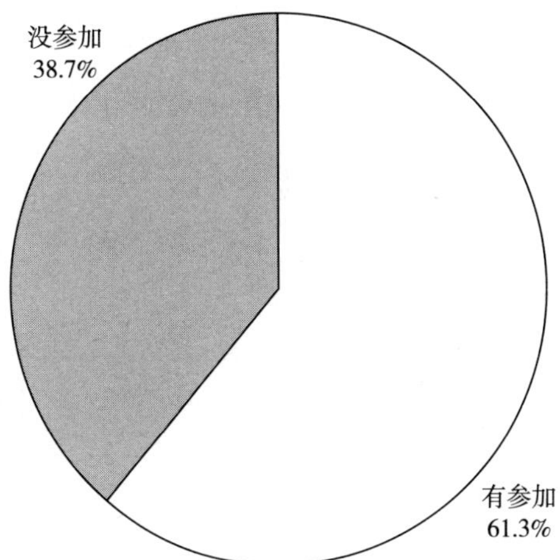


**图 3－37　“中国龙”样本成员的多重组织身份**

说明：样本量为 771。
资料来源：2018 中国卡车司机调查。

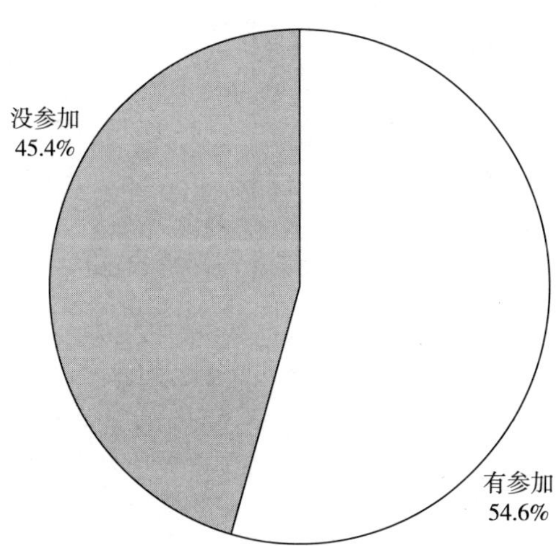


**图 3－38　“东北虎”样本成员的多重组织身份**

说明：样本量为 2747。
资料来源：2018 中国卡车司机调查。

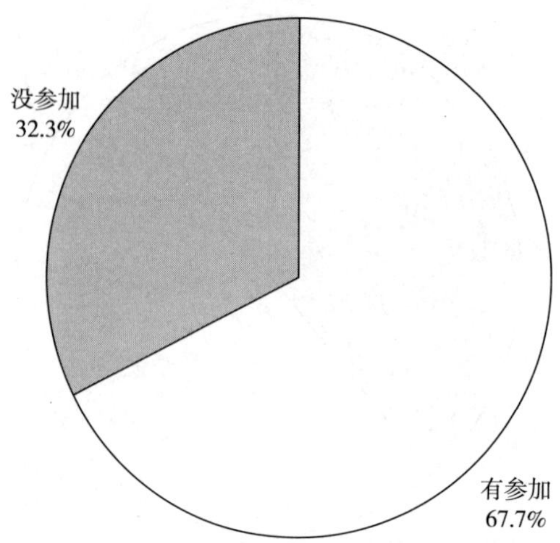


**图 3－39 “卡友地带”样本成员的多重组织身份**

说明：样本量为 9112。
资料来源：2018 中国卡车司机调查。

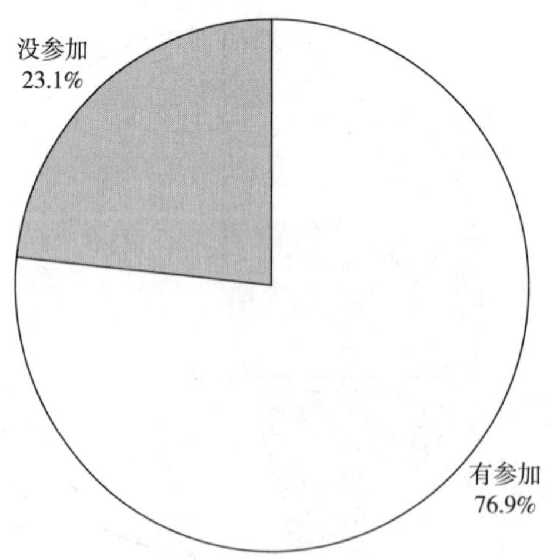


**图 3－40 “安心驿站”样本成员的多重组织身份**

说明：样本量为 1073。
资料来源：2018 中国卡车司机调查。

## 四　争取承认和尊严的实践

当代社会哲学将“承认”界定为最为重要的一个社会政治范畴。“承认”意味着一个社会中的各个群体全都具有确定的社会存在形式，相互之间获得尊重，并在此基础上构造起稳定的社会秩序。这里所说的“社会群体”含义广泛，包括各个不同的阶级、族群和性别群体，也包括各种各样的职业群体。在一定意义上说，近现代社会政治生活的每一个群体的社会实践，都可以归结为是以获得承认为基本目标的。

毫无疑问，“承认”当然也是当代中国转型社会中的一个重要的实践范畴。改革开放以来，中国社会经历了巨大的变迁，原有的社会结构发生分化，新兴的社会群体不断产生。这些新老社会群体都在开展各种伸张权益、表达诉求的活动，其实质无非是要求确定自身的存在形式、保护自身的应得权利。业主为其产权、农民为其地权、劳工为其劳权，都在开展各式各样的实践活动。归结到一点上，这些实践活动无不是为了获得承认。

卡车司机群体也不例外。作为一个特殊的职业群体，他们绝大多数自乡间而来，依靠微薄积蓄和贷款购置了养家糊口的生产工具——载重货车，日复一日奔波在路途之上，跑遍大江南北，运输各种物资。他们把自己戏称为“公路上的游牧部落”。多年来，严酷的工作环境、日渐低迷的市场货运价格、原子化和高流动的劳动过程中产生的各种困局，严重地困扰着他们。巨大的压力逼迫他们不得不组织起来，借助组织的力量来应对那些个人无力应对的困局和压力。

前述“四大需求”共同形成的动力，推动卡车司机以各种形态组织起来，而无论是原生性社会关系、商业资源和关系，还是公益理念和手段，都可以成为创立卡车司机组织的基础。卡车司机在组织中生成的归属感，以及借助组织制度和组织符码而凝聚起来的团结，日益增强了他们的力量，最终必将在社会政治生活层面上外化为争取承认的实践。简而言之，卡车司机的组织化，起手之处是追求互帮互助，落脚之地则是争取承认，并且通过承认而获得群体尊严。

与3000万卡车司机的庞大数量相比，卷入组织化过程的无疑尚只是一小部分，甚至可以说是微乎其微的一小部分。随着卡车司机组织化的推进，必将会有越来越多的卡车司机卷入这一过程，也必将会有越来越多的卡车司机组织涌现出来。这里就产生了一个巨大的悖论：当各种类型的卡车司机组织迅速成长，进入繁花盛开之季时，我们惊奇地发现了工会组织的缺位。到目前为止，工会，这个我国最大的工人组织，似乎稳稳驻足于日渐汹涌的卡车司机组织化的潮流之外，完全不为所动。

实际上，在我们的调查中专门设置了一道有关工会的题目，试图探索卡车司机对于工会的态度。值得注意的是，三个不同类型组织中的样本司机，针对有关工会的回答是高度一致的，表达出卡车司机中蕴含加入工会的强烈诉求。图3－41、图3－42和图3－43表明了这一点。

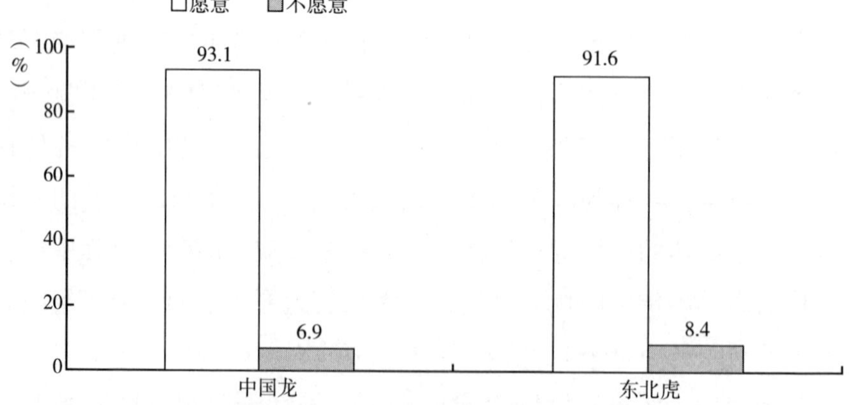


**图3－41　“中国龙”和“东北虎”样本成员参加工会的意愿**

说明：样本量，东北虎：2747；中国龙：771。

资料来源：2018中国卡车司机调查。

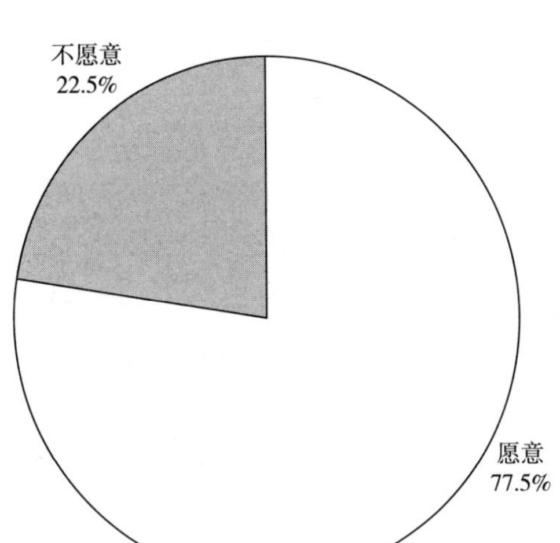


**图 3－42　“卡友地带”样本成员参加工会的意愿**

说明：样本量为 9112。
资料来源：2018 中国卡车司机调查。

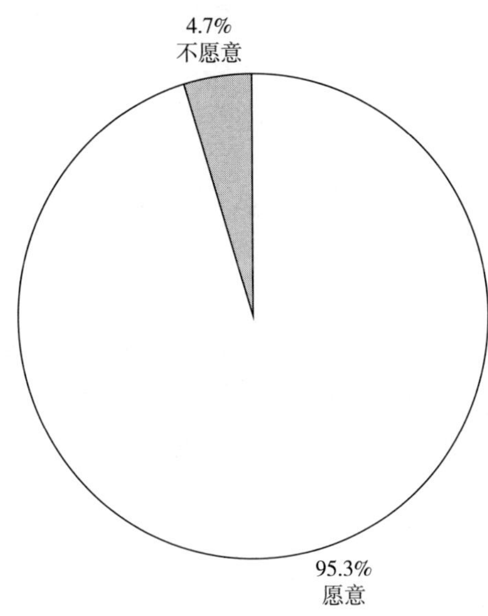


**图 3－43　“安心驿站”样本成员参加工会的意愿**

说明：样本量为 1073。
资料来源：2018 中国卡车司机调查。

由上可见，三个类型卡车司机组织的样本成员中，抱持加入工会意愿的卡友都占极高比例。其中，“安心驿站”比例最高，达95.3%；“卡友地带”比例最低，但也达到77.5%；“中国龙”和“东北虎”比例居中，分别为93.1%和91.6%：表明卡车司机加入工会的意愿强烈。而此种强烈的入会意愿则表明：第一，就卡车司机组织化来说，工会组织在当前的组织化潮流中无论如何不应继续缺位，而应尽快介入。工会的介入将有助于在“卡车界”形成组织合力，更加有效地规范公路货运市场和卡车司机的行动，保护卡车司机的各种权益。第二，就卡车司机群体来说，可以断言他们已经充分意识到，在我国现行体制下，工会的介入意味着国家机构的干预，同时也就意味国家机构的某种承认，这对于卡车司机群体确定自己的社会地位，明确自己生存的社会形式，维护和保障自身权益，最终获得整个社会的尊重，都是不可或缺的。

**图书在版编目（CIP）数据**

中国卡车司机调查报告. No. 2，他雇、卡嫂、组织化/传化慈善基金会公益研究院“中国卡车司机调研课题组”著. -- 北京：社会科学文献出版社，2018. 12（2022. 1 重印）
ISBN 978 - 7 - 5201 - 3974 - 8

Ⅰ. ①中… Ⅱ. ①传… Ⅲ. ①载重汽车 - 汽车驾驶员 - 研究报告 - 中国 - 2018 Ⅳ. ①U471. 3

中国版本图书馆 CIP 数据核字（2018）第 274166 号

**中国卡车司机调查报告 No. 2**
——他雇·卡嫂·组织化

著　　者 / 传化慈善基金会公益研究院“中国卡车司机调研课题组”

出 版 人 / 王利民
项目统筹 / 佟英磊
责任编辑 / 佟英磊　胡庆英
责任印制 / 王京美

出　　版 / 社会科学文献出版社·群学出版分社（010）59366453
地址：北京市北三环中路甲 29 号院华龙大厦　邮编：100029
网址：www. ssap. com. cn
发　　行 / 社会科学文献出版社（010）59367028
印　　装 / 唐山玺诚印务有限公司

规　　格 / 开 本：787mm × 1092mm　1/16
印 张：22. 5　字 数：300 千字
版　　次 / 2018 年 12 月第 1 版　2022 年 1 月第 6 次印刷
书　　号 / ISBN 978 - 7 - 5201 - 3974 - 8
定　　价 / 89. 00 元

读者服务电话：4008918866